ANCHORING AND BREAKTHROUGH
IN MODERNIZATION PROCESS

现代化进程中的锚定与突破

长三角一体化太湖融合创新联盟
无锡市新产业研究会　组编

上海社会科学院出版社
SHANGHAI ACADEMY OF SOCIAL SCIENCES PRESS

编 委 会

总 策 划：贡培兴　王中苏
执行总编：徐国伟　张　建
编　　委：金秋萍　王建南　胡新兵
　　　　　徐重远　张　健　魏　仁
　　　　　曹泉源　徐　增　王晓燕
　　　　　张彤玉　孙　彦　常　涛
　　　　　钱　程　凌正钢　华亦芳

目 录
Contents

上辑　锚定现代化，推进一体化

联盟简介 ··· 4
引言 ··· 5
中国式现代化进程中长三角协同构建现代化产业体系的
　　路径研究 ·· 沈开艳　7
加快长三角区域农业现代化的路径探讨 ························· 徐迪旻　15
长三角一体化战略实施成效与深化改革路径 ·········· 陈　雯　杨柳青　24
深入推进长三角一体化的产业链协同发展路径研究 ········· 管维镛　32
沐"一带一路"春风，谱开放合作新篇
　　——中国亚洲经济发展协会对外开放合作的实践与思考 ····· 权顺基　38
抢抓长三角一体化发展新机遇，加快形成"一地六县"区域合作新动能
　　——"一地六县"区域合作发展情况调研报告 ················ 王中苏　46
国际规则在开放型经济中的应用实践研究
　　——以全球绿色贸易壁垒为例实证分析 ····················· 顾　勤　54
树标杆示范，引领长三角高质量发展翻开新篇章 ············ 丁建祖　62
保护传承非遗瑰宝，创新活化再绽新枝
　　——无锡市非物质文化遗产保护情况的调研报告 ············ 王慧芬　69
长三角慈善事业发展的无锡思考与实践 ························· 朱民阳　77
民办高等教育高质量发展的思考 ·································· 华博雅　84
高质量推进长三角一体化中共同富裕的几点思考 ············ 王国中　89

激励企业家履行使命,助推经济高质量发展 ……………… 林国忠　97
深化应用新一代信息技术,构建重大安全风险数字化应急
　　管理体系 ………………………………………………… 魏　多　108
在长三角一体化中永续利用大运河
　　——以无锡重视工业遗产保护为例 …………………… 孙志亮　115
新质生产力赋能,加快临空经济发展 …………………… 王建南　119
企业"出海"的风险应对策略 ……………………………… 刘　骏　133
独立学院转设本科高校应用型人才培养体系的构建与实践
　　——无锡太湖学院本科教育教学示范实例 …………… 金　成　136
推进长三角地区民办高校国际化办学高质量发展 ……… 周　暐　144
守正固本不辍创新,共襄中华现代文明 ………………… 庄若江　161

下辑　锚定现代化,加快创新步伐

无锡市新产业研究会简介 …………………………………………… 172
引言 …………………………………………………………………… 173
因地制宜发展新质生产力,奋力推进太湖湾科创带高质量发展
　　——关于太湖湾科创带协同创新发展建议报告
　　………………………………………… 无锡市新产业研究会　175
"又踏层峰辟新天"
　　——当前半导体行业情况的分析与前景展望 ………… 于燮康　193
奋力打造世界一流动力之城,为新时代工商名城增添新荣光
　　………………………………………………………… 朱剑明　201
从统计数字看苏锡常都市圈在长三角城市群中的重要位置 …… 朱玲燕　217
无锡发展未来产业的几点思考 …………………………… 胡新兵　223
把握科创走廊建设发展逻辑,促进环太湖"一带一圈"发展
　　………………………………………… 罗安斌　顾军厚　文　龙　228

国家高新区应走在发展新质生产力的最前列

——兼论无锡高新区发展新质生产力的思路与对策

.... 黄胜平　黄　程　238

无锡与粤港澳大湾区创新合作研究............................ 曹建标　249

破解科技成果转化难题的路径探讨............................ 肖　栋　257

无锡"跨境电商＋产业带"的发展及建议........................ 徐惠娟　265

面向人民生命健康谋"新"布局

——推动无锡生物医药产业高质量发展的调查报告

.... 谭　军　王华华　刘玉娟　易玉洁　许　阳　汤春松　275

从产品出口迈向企业"出海"

——对无锡生物医药企业融入全球发展的思考................... 徐重远　286

无锡打造车联网及智能网联汽车产业新高地研究...... 周及真　赵华伟　292

人工智能（AI）与企业发展深度融合现状探究

——以无锡日联科技股份有限公司为例的调查报告............... 毕小平　304

无锡新能源产业发展中需重点关注的问题与思考................. 刘　洋　311

全球半导体产业链重构背景下集成电路企业"出海"东南亚的发展对策

.... 沈潇雯　318

后记... 326

上辑

锚定现代化，推进一体化

"……深入推进长三角一体化发展,进一步提升创新能力、产业竞争力、发展能级,率先形成更高层次改革开放新格局……"

"……紧扣一体化和高质量这两个关键词……推动长三角一体化发展取得新的重大突破,在中国式现代化中走在前列,更好发挥先行探路、引领示范、辐射带动作用。"

——摘自习近平总书记 2023 年 11 月 30 日在深入推进长三角一体化发展座谈会上的讲话

联 盟 简 介

2018年11月5日,习近平总书记在首届中国国际进口博览会开幕式上宣布,将支持长江三角洲区域一体化发展并上升为国家战略。为积极响应国家号召,2020年11月,上海社会科学院经济研究所、上海交通大学长三角一体化发展研究院、中国亚洲经济发展协会长三角发展部等三家单位联合发起成立长三角一体化太湖融合创新联盟(以下简称"联盟")。联盟由轮值主席、秘书处和成员单位构成。联盟还邀请业内资深人士组成咨询专家团,共同为联盟的工作出谋划策、贡献力量。

联盟成立四年来,始终以"融合创新、协同发展"为宗旨,助力长三角地区经济、科技、社会、文化要素流动,促进跨界融合,为区域高质量发展贡献力量。

为扩大朋友圈,助推一体化,联盟接轨长三角区域合作办公室,将成员单位扩大到三省一市。为学习"上海龙头"的实践经验,联盟多次在上海举办畅享会、座谈会等,与上海专家探讨问题、交流经验。为综合区域内资源,更好地实现互动、互联,联盟与香港中华工商总会、中国书画收藏家协会、上海市工业经济联合会(上海市工经联)、中国国际贸易促进委员会无锡市委员会(无锡国际商会)、无锡市人民对外友好协会(无锡市友协)等单位签订合作协议,探索了资源共享、合作共赢的新路径、新赛道,助推长三角一体化高质量发展。

引　言

当我们翻开《现代化进程中的锚定与突破》这本研究文集时，便开启了一次关于区域发展的深度探索之旅。

习近平总书记指出："……紧扣一体化和高质量这两个关键词……推动长三角一体化发展取得新的重大突破，在中国式现代化中走在前列，更好发挥先行探路、引领示范、辐射带动作用。"在当今全球经济格局不断演变的大背景下，长三角地区凭借其独特的区位优势、强大的经济基础和创新活力，已然站在了中国式现代化建设的前沿，而环太湖流域，犹如这片区域的璀璨明珠，在长三角一体化的进程中发挥着关键作用。

"锚定现代化，推进一体化"，这不仅是一句口号，更是我们坚定不移的行动方向。现代化是我们追求的高远目标，它涵盖了经济的高质量发展、社会的和谐进步、生态的可持续发展以及人民生活的全方位提升，而一体化能为实现这一目标注入活力。通过打破行政壁垒、整合资源、优化配置，我们能够形成强大的协同效应，释放出巨大的发展潜能。

本书紧紧围绕长三角一体化高质量发展的核心议题，汇聚各方智慧和力量，通过深入研究和探讨，为长三角地区的现代化进程提供理论支撑和实践指导。这本研究文集，汇聚了联盟咨询专家多年实践经验，他们从不同的视角，运用多元的研究方法，深入剖析长三角一体化进程中的机遇与挑战，探索太湖融合创新的路径与模式。本书有对产业升级的深入思考，有对科技创新的前沿洞察，有对生态环保的精心谋划，也有对社会治理的有益探索。同时，本书不乏对新兴领域如临空经济、数字经济等的深入探索，以及对传统文化和非物质文化遗产保护传承的思考，体现了联盟咨询专家对长三角全面发展的关注和期待。

我们期待,《现代化进程中的锚定与突破》研究文集能为长三角一体化进程添砖加瓦,为中国的现代化建设贡献一份力量。衷心祝愿每一位读者都能从这本书中获得启发和收获。

中国式现代化进程中长三角协同构建现代化产业体系的路径研究

沈开艳

长三角作为我国主要经济增长极,拥有较为发达的经济体系和坚实的区域合作基础,在我国现代化建设大局中具有重要的战略地位。随着长三角区域一体化发展上升为国家战略,高质量发展和一体化也步入深化推进的"快车道"。2023年11月30日,习近平总书记在上海主持召开深入推进长三角一体化发展座谈会时强调,"推动长三角一体化发展取得新的重大突破,在中国式现代化中走在前列,更好发挥先行探路、引领示范、辐射带动作用"。凭借要素高度集聚、创新体系完善、产业链相对完备、对外开放水平较高等优势,长三角要紧扣一体化和高质量这两个关键词,不断地完善一体化发展体制机制,统筹上海的"龙头"带动作用和各地区的禀赋优势,开展优势互补、合作联动,加强科技创新和产业创新的跨区域协同,着力推动高水平科技创新和现代化产业体系的构建,引领发展新质生产力,在因地制宜、各扬所长中充分释放各地区发展潜力。

一、推动长三角一体化发展,引领中国式现代化

(一)加强创新与产业协同联动,构建现代化产业体系,发展新质生产力,推动高质量发展

高质量发展是中国式现代化的核心内涵,要将新质生产力作为推动高质量发展的重要着力点,加强科技创新,构建现代化产业体系,而这对资源配置效率和技术创新水平有着更高的要求,更加依赖产业与创新的循环联动,内在

地需要通过区域一体化发展加强城市之间的分工与合作,从而形成发展的相互支撑与合力。这正是长三角一体化发展的核心内涵,即依托密集的科技创新资源和雄厚的产业发展基础,站在全球技术和产业的前沿,把握经济发展的新产业、新业态、新模式,促进优势互补、紧密协作,推动高水平科技创新,发展壮大战略性新兴产业,提高经济发展质量和效益。

(二) 协调好国内和国际两个市场,加强国内大循环与国内国际双循环的联动,构建新发展格局

构建新发展格局,是根据我国所面临的新的发展阶段、新的历史任务和新的环境条件作出的重大战略决策,也是推进中国式现代化的必由之路。长三角既是我国区域一体化发展程度最高的地区,也处于我国对外开放的前沿,需要利用好国内国际两个市场、两种资源,协调好"两个扇面",着力推动构建新发展格局,努力成为畅通我国经济大循环的强大引擎和连通国内国际双循环的枢纽。为此,一方面要进一步完善一体化发展体制机制,有效破除地方保护、行业垄断和市场分割,打通国内经济循环中的各类制度"堵点";另一方面要协同推进更高层次的对外开放,提升制度型开放水平。

(三) 协同推进绿色发展,加强环境共保联治,探索"绿水青山就是金山银山"的实现路径

中国式现代化是人与自然和谐共生的现代化。推动绿色发展和双碳转型,加强生态环境保护是中国式现代化的重要内容。加强生态绿色的合作,协同谋划减污降碳,促进经济与资源环境的协调发展,也是长三角一体化发展的重要方面。一方面,通过要素的优化配置来提高资源的利用效率,发展绿色生产技术和绿色低碳产业,推进绿色低碳转型;另一方面,要加强节能减排、减污降碳领域的政策协同,完善生态保护的合作机制与生态补偿机制,建立跨区域排污权交易制度,推动在大气污染、水污染等方面的联防联治。同时,合作探索推动生态产品的价值实现,拓宽生态优势转化为经济优势的路径。

(四）在各扬所长、优势互补中充分释放发展潜力，以更高质量的发展来促进实现共同富裕

共同富裕是中国式现代化的本质要求，要将实现人民对美好生活的向往作为现代化建设的出发点和落脚点，着力促进全体人民共同富裕。推动长三角一体化发展，重点也要在有效实现要素流动和集聚经济的基础上，增强先发地区对后发地区的辐射带动作用，因地制宜、各扬所长、优势互补，促进各地区禀赋优势和发展潜力的充分发挥，以更高质量的发展来推动区域间的相对平衡，在提高效率的同时有效缩小收入差距、促进共同富裕。在此进程中，不断完善土地、户籍等配套政策和地区间利益协调体制机制，加强优质设施和公共服务资源的共享，为区域和城乡发展创造均衡有效的机会和环境。

二、精准切入，强化上海的"龙头"带动作用

上海作为长三角的中心城市，承担着国内国际要素汇集和配置资源的枢纽作用。推动长三角一体化发展，既体现了上海"四个放在"的战略定位，同时是上海从自身的城市发展和城市功能提升出发的必然选择，有利于拓展发展空间，助力"五个中心"建设。对此，一方面要依托上海的发展优势，形成发展的势能；另一方面，要对标中国式现代化的要求和上海的城市功能定位，明确上海的发展在哪些地方还存在短板和不足，推动上海与长三角发展的双向赋能。

（一）"有"万亿级高端产业集群，"需"生产端对接合作目的地

上海的高端产业引领功能显著，先进制造业与现代服务业发展水平较高，当前要重点推动三大先导产业发展和六大重点产业集群建设，积极布局四条新赛道和五大未来产业，着力打造"五型经济"。在此过程中，上海应当进一步将长三角纳入自身高端产业的布局分工、梯度转移与服务辐射版图，抓住关键高能级要素，通过生产性服务业赋能、终端产品带动、产业有序梯度转移，实现与长三角其他地区在产业链、创新链、人才链、资金链上的融合发展，形成体现资源禀赋和比较优势的产业分工协作发展格局，找准自身功能定位和节点位

置,发挥区域产业创新发展的引领示范作用。

(二)"有"高水平基础研究能力,"需"科技成果产业化双向链接

上海拥有全国顶尖的基础研究和产业创新能力,着力建设的张江综合性国家科学中心,重点实验室、技术创新中心、大型仪器、大科学装置等科研机构、平台,和设施资源丰富的多家国家实验室完成高质量入轨运行,取得一批重大原创性成果。在推动长三角一体化进程中,上海需要依托创新优势,着眼于在疏通基础研究、应用研究和产业化双向链接的快车道,推动创新成果转化与产业化方面的现实需求,结合其他地区的资源禀赋、产业结构、消费需求等,务实高效地开展科技合作,瞄准双向耦合科技这一重点领域开展人才交流合作、联合技术攻关与科技成果转化等,通过长三角一体化发展打通科技成果应用与转化的通道,有力推动上海丰富的基础研究成果的转化。

(三)"有"大规模高端消费市场平台,"需"高质量特色产品供给

上海着力打造国际消费中心城市,其消费市场规模优势明显。同时"小红书""拼多多"等新型消费电商平台的异军突起,也塑造了上海在消费引流方面的平台优势。在长三角一体化发展中,上海也应充分发挥自身大市场、大平台、大通道的优势,充分挖掘各个地区特色优势产品,打通物流通道。一方面,提供更加优质、更具特色的产品和服务供给,满足市民的多元化消费需求;另一方面,利用上海的大平台优势和改革开放"窗口"的优势,助力地区产品进行出口,扩展国际市场。这样做不仅可以强化上海的开放枢纽门户功能,还能凸显上海作为国内大循环中心节点与国内国际双循环战略链接点的重要地位。

(四)"有"多层次技能人才就业需求,"需"充裕劳动力对沪输入

上海就业市场广阔,对多层次技能劳动力的需求旺盛。高校毕业生等新成长劳动力总量持续攀升,但就业的结构性矛盾也仍然存在;高技能人才仍存在较大缺口,同时一些制造业和生活性服务业"招工难"问题也较为突出。

2023年,上海新增就业岗位约60.56万个,完成补贴性职业技能培训达105.6万人次,支持企业开展新型学徒制培训,共计培训12 640人。在长三角一体化发展中,上海应重视劳动力和人才的跨区域合作,一方面可以促进其在区域间的协同配置,缓解各类技能人才短缺和结构性就业问题,另一方面可以推动各地区劳动力来沪参加各类技能培训和工作,有效带动劳动者增收。

(五)"有"高水平制度型开放创新成果,"需"复制推广对象腹地

对标最高标准、最好水平和国家战略需要,上海正在稳步扩大规则、规制、管理、标准等制度型开放,发挥了全面深化改革和扩大开放的试验田作用。未来,上海将依托自贸试验区等平台,加强主动谋划和系统设计,开展更大程度的"压力测试"。在这一过程中,上海需要以长三角其他地区为对象,进一步扩大自身制度型开放创新成果的对内辐射与复制推广范围,抢抓、挖掘制度创新成果复制推广机会,进一步强化上海引领改革与创新发展的功能和地位,积极推进高层次协同开放,加快推动上海的制度型开放创新成果辐射长三角乃至全国的产业升级。

(六)"有"智慧化公共服务经验,"需"数据要素市场化协同伙伴

上海正在加速推进城市数字化转型和数据要素市场建设,在运用数字技术和智慧化手段打造高水平公共服务体系方面走在前列。因此,上海可以利用自身技术优势,以数字经济为引领,与长三角其他地区在5G、智慧城市、电子商务、人工智能、大数据、区块链等领域加强合作。同时探索数据要素合作,以数据要素的市场建设为契机,谋划可行的合作模式,提升重点地区数据流通活跃度,繁荣数据要素市场的主体,加大数据供给力度和范围,加速释放公共数据要素价值,不断提升上海和长三角其他地区数字化发展的辐射力和竞争力。

三、长三角协同构建现代化产业体系的路径与举措

为在中国式现代化进程中更好地发挥引领示范作用,长三角要立足国家

战略要求与发展大局,加强产业协同,着力推进新质生产力的发展。将自身创新优势、产业优势、资金优势、人才优势、市场优势、开放优势与应用场景优势紧密结合,统筹"龙头"带动和各扬所长,因地制宜地做好资源对接与优势互补,打造科技、产业、金融、人才、市场的良好产业生态,强化服务和落实国家战略的统筹联动。

(一) 推动长三角现代化产业体系建设的协同路径

1. 加强产业与创新的跨区域协同

长三角要持续强化创新策源能力,深化科技创新共同体建设,深入开展创新资源共享、科技联合攻关、科技成果协同转化,探索面向重大需求、面向技术瓶颈、面向消费者需求的多层次创新体系。一方面,要进一步统筹推进研究和创新能力的提升。不断加强张江、合肥的"两心同创",优化国家重点实验室、技术创新中心等重大科技创新基地布局建设,构建高水平的区域重大科技基础设施集群网络,提高长三角科技资源共享服务平台等创新公共服务与资源共享平台的建设水平和利用效率,加强创新要素的流动与资源的共享,同时聚焦重大基础研究和关键核心技术开展项目联合攻关。另一方面,要围绕产业链的"补链强链",在重点领域加强产业链与创新链的跨区域融合提升,推动科技创新与产业创新的有效协同。以市场需求为导向,建立健全一体化的科技成果转移转化服务体系、技术交易市场网络和科技成果交易中心,畅通从研发、中试到产业化等环节高效衔接的科技成果转化通道,完善优化"创新券"和创新"反向飞地"等合作方式,实现创新成果跨区域的有效落地与转化。

2. 加强产业与产业的跨区域联动

长三角产业链条完整、产业结构多元、产业主体丰富,各地区之间的产业发展兼具互补性与融合性,既具有自身的特色又具有密切的关联。立足于建设现代化产业体系,推动战略性新兴产业和未来产业的发展,促进产业向高端化、智能化、绿色化转型,三省一市也积极布局,如上海市打造"(2+2)+(3+6)+(4+5)"产业体系,江苏省布局"1650"产业体系和"51010"战略性新兴产业集群,浙江省开展"415X"先进制造业集群建设,安徽省聚力汽车"首位产业"、培育"7+N"未来产业。在此基础上,进一步加强长三角地区的产业协同发展,要充分发挥各地区特色优势,因地制宜、优势互补,聚焦集成电路、人工智能、生物医药、高端装备、汽车制造、新能源、新材料、低空经济等新兴产业发展。基于其产业链供应链层次丰富、种类复杂、数量庞大等特点,围绕重点行业与龙头企业,加强产业链上下游之间的充分合作,促进研发设计、生产制造、金融法律、信息服务等跨区域关联,创新产业组织方式,共同培育具有竞争力的产业集群。要协同推动数字经济赋能实体经济发展,通过数字技术、数据要素、应用场景的联动加快数字产业化和产业数字化进程。

3. 加强产业与市场的跨区域融合

促进长三角一体化发展,关键在于不断弱化行政壁垒,持续推动统一大市场的建设。要进一步发挥市场在资源配置中的决定性作用,形成统一开放、竞争有序的市场体系,促进不同地区在市场准入、政策标准和市场监管方面的协调统一,有效破除地方保护、行业垄断和市场分割,打通经济循环中的各类制度"堵点"。积极为资源和要素流动搭建平台,促进区域资本整合、技术合作和人才流动,建立统一开放的劳动力、资本、技术、产权交易等各类要素市场。进一步促进长三角市场监管的协同合作,深入推进有关市场监管的政务公共数据的归集、整理、共享、应用,促进地区间市场监管的信息沟通,联动打造更好的营商环境。同时,长三角一体化发展,要形成合力,不断推动更高层次的对外协同开放,共同提升制度型开放水平。依托自贸试验区临港新片区、虹桥国际开放枢纽、中国国际进口博览会(进博会)等平台,进一步加强地区间的开放合作与政策对接。另外,促进长三角一体化发展与高质量共建"一带一路"发展深度融合,找准优势互补的切入点,推动更多的企业和技术"走出去"。

(二)加强长三角创新与产业协同发展的保障举措

1. 完善一体化发展体制机制,加强制度保障

不断完善一体化发展体制机制,创新合作的模式和方法,强化规划与标准的对接,将全面统筹与重点推进相结合,着力打破地区分割和行政壁垒,有效促进创新协同、产业协作、要素流通、资源共享,加强各项改革举措的系统集成和协同配合,推动一体化向更深的层次、更广阔的领域拓展。进一步发挥长三角生态绿色一体化发展示范区在制度改革上的先行示范作用,推动改革经验

举措的有效复制与推广。要不断完善区域利益协调机制,推动建立合作发展基金以及围绕重大议题的专项基金,加强财税制度的相关创新,重点建立科学合理的跨地区投资、产业转移、园区共建、科技成果落地等项目的收益分配体制。

2. 促进资金、人才优化配置,加强要素保障

不断推动资金、人才等要素进行跨区域流动、合作与配置,形成对创新和产业协同发展的有效支撑。进一步提高金融服务科技和实体经济发展的能力,切实提升科创板和注册制的功能,支持更多高质量科技型公司的上市融资。围绕重点领域的科技创新和重点产业协同发展,发挥长三角基金的支撑作用,助力长三角科技产业集群能级的提升。完善人才的培养和流动机制,加强产业和人才的供需对接,建立常态化岗位信息的共享机制,联合开展劳动力技能培训以及校企、校校合作的对接,围绕重点产业所紧缺的人才,通过定向培训等形式开展专业培训和定点上岗,共育高技能人才。

本文作者:沈开艳,联盟名誉主席、上海社会科学院经济研究所所长。

加快长三角区域农业现代化的路径探讨

徐迪旻

随着全球城市化进程的加速,城乡一体化成为世界各大城市的发展目标之一。长三角区域作为中国经济最发达、城市化水平最高的地区之一,在探索城乡一体化发展的过程中,面临着诸多机遇与挑战。为了进一步推动长三角城乡现代化进程,我们不仅要依赖科技创新、制度设计,还需要在农业生产、社会责任、环境治理和低碳生活等方面进行深度探索。特别是融入新质生产力,农业与环境、社会、治理(ESG)的关系,低碳生活方式等新理念,为长三角区域的城乡发展提供更具前瞻性和可持续性的发展路径。

一、体现农业的新质生产力

农业是城乡现代化的重要基础。实现农业的现代化,不仅仅要增加产量,还要通过科技创新实现农业的质变,推动农业进入智能化和可持续发展的新时代。

(一)科技创新推动农业质变

农业科技创新是推动农业从"量"向"质"飞跃的关键。长三角在科技领域已经具备全球领先的资源和能力,这为农业科技创新奠定了坚实的基础。未来,基因编辑技术将成为提高农作物产量、优化作物性状的重要手段。通过精准改良作物基因,农业生产可以更好地适应气候变化,减少病虫害的影响,降低对化学药物的依赖。这一转变不仅有助于提高作物的耐受性和适应性,还将减少农业对生态环境的负面影响。

以美国的农业创新为例,CRISPR① 基因编辑技术已被广泛应用于作物改良。这项技术通过直接编辑作物的基因序列,使其在抗虫害、耐旱性、农作物成熟速度等方面实现显著提高。长三角区域可以借鉴这种技术应用,与科研院所和农业企业合作,将基因编辑技术逐步应用于本地农业生产中,从而推动农业的质的飞跃。

除了基因编辑技术,长三角还可以借鉴以色列的农业创新技术。例如,以色列在滴灌系统上的突破,不仅极大地提高了水资源的利用效率,还保证了农作物的稳健生长。长三角区域可以在水资源有限的地区推广类似技术,确保水资源的合理利用,同时推动现代农业的高效发展。

(二) 智能化生产助力农业现代化

智能化农业生产是现代农业发展的必然趋势。利用物联网、大数据、人工智能等技术,长三角区域可以实现农业生产的全方位数字化转型。例如,传感器可以监测土壤湿度、光照强度、温度等信息,及时反馈给农户,帮助他们做出精准决策。大数据和人工智能算法则能够整合各类数据,对生产模式进行优化,进一步提高生产效率。

此外,无人机技术已在农业中得到了广泛应用。无人机不仅可以用于播种、施肥、喷洒农药,还能够进行精准的地理信息测量和作物监测。通过无人机实时获取有关农田的各种数据,农户能够更准确地掌握农作物的生长状况,减少浪费和损失。

例如,在荷兰的高效农业模式中,大型温室种植结合了传感器、AI 监控和精准施肥技术,农户能够通过手机实时了解农作物的生长环境并做出调整。长三角可以在郊区的农业园区引入类似技术,推动农业生产的全链条数字化升级,带动农村经济发展。

(三) 农业机械自动化的前景

除了信息化、智能化,农业机械自动化也是提高生产力的关键一环。近年

---

① Clustered Regularly Interspaced and Short Palindromic Repeats(CRISPR),中文称为随机间隔短回文重复序列聚类或簇状规则间隔短回文重复序列,常被比作"基因剪刀",是一种基因编辑技术。编注

来,农业机械自动化设备越来越多地应用在播种、灌溉、收割等领域。长三角区域可以通过政策引导和财政支持,推动农户使用现代化农业机械设备,提高生产效率,降低劳动成本。例如,智能收割机和自动驾驶拖拉机可以大幅度减少人力投入,同时提高农田管理的精度。

未来,随着人工智能和机器人技术的不断发展,农业机械的自动化水平将进一步提升。例如,机器人可以执行移栽、修剪、除草等复杂的农业任务。这不仅将大幅提升劳动效率,还能够应对农村劳动力逐渐减少的问题。

二、体现农业与 ESG 的关系

农业发展必须与 ESG 有机地结合,才能实现可持续的城乡现代化。ESG 理念要求农业不仅要考虑经济效益,还要关注生态保护、社会公平和责任履行。

(一)推动绿色生产,促进可持续农业

绿色生产是 ESG 理念中的重要组成部分。在农业生产的过程中,化肥和农药的大量使用对生态环境带来了负面影响。因此,推动生态循环农业成为解决这一问题的有效途径。通过推广有机肥料、减少化学农药的使用,长三角区域可以在保持农业产量的同时,保护土壤和水资源。

例如,丹麦的生态农业发展模式成功地通过减少农药、肥料的使用,大幅降低了农业生产对环境的影响。长三角区域可以借鉴这一模式,推广有机农业,鼓励农民使用生物农药和有机肥料,减少化学制品对环境的污染。

在生态敏感区域,可以进一步推广生态种植和水土保持技术,鼓励农民使用自然和循环的生产方式,如水稻田养鱼等。这些举措将有助于保持农村生态系统的平衡,推动绿色农业的可持续发展。

(二)提高农民福祉,推动共同富裕

ESG 中的"社会"维度不仅关心环境问题,还包括如何实现社会公平与农民福祉。提高农村的生产力不仅要依靠科技,还需要产业政策的引导和保障农民权益。

长三角区域应通过政策支持,保障农民在城乡融合发展中的权益。例如,可以在农村推广合作社模式,帮助农民组织起来,共同管理和分享农业生产的利润。同时,政府可以通过补贴或金融支持,鼓励农民进行产业升级,发展生态旅游、农产品深加工等高附加值产业,为农民提供多元化的收入来源。

(三) 环境治理与生态系统修复

环境治理与生态系统修复是实现农业可持续发展的基础。长三角应当加大在乡村地区的生态保护力度,实施大规模的生态修复工程。例如,崇明岛作为重要的生态屏障,近年来已在湿地保护和生态系统恢复方面取得了显著进展。未来,可以进一步加强湿地修复、荒地复绿等措施,确保自然资源能够长期发挥其生态服务功能。

此外,长三角区域可以通过建设生态农业示范区,将环保、节能、低碳技术应用于农业生产中,打造农业与自然环境和谐共生的新范式。

三、城乡一体化建设中的低碳生活

城乡一体化进程中,低碳生活方式的推广既是应对全球气候变化的重要举措,也是实现城乡可持续发展的必然要求。长三角区域在推进城乡一体化的过程中,可以通过推广绿色建筑、低碳交通和生活方式的转变,减少碳排放,提升环境质量。

(一) 绿色建筑与节能技术的推广

绿色建筑是低碳生活的重要组成部分。城乡建筑的绿色转型包括节能、减排、环保、舒适等多个维度。在新建和改造城乡建筑时,可以广泛采用绿色建材、节能技术、可再生能源等措施。政府应当制定相关政策,鼓励建筑企业开展绿色建筑的设计与施工。

例如,太阳能光伏发电、雨水回收利用系统等技术,能有效减少建筑的能耗。未来,长三角区域可以在新城镇和农村地区,建设一批绿色示范建筑,推动绿色建筑在城乡一体化进程中的应用。

(二) 低碳公共交通系统建设

城市的交通系统是碳排放的主要来源之一。长三角区域应当加强城乡之间的公共交通联系,提升公共交通的便利性和舒适度,以此来减少私家车的使用率。例如,可以增加城市与乡村之间的公交线路,改善交通基础设施,鼓励居民选择公共交通出行。

此外,推广电动公交车和清洁能源出租车等低碳交通工具,能有效降低交通领域的碳排放。政策层面,政府可以通过财政补贴和税收优惠等方式,鼓励企业和市民使用低碳交通工具。

(三) 低碳生活方式的倡导

在城乡一体化进程中,倡导低碳生活方式是提高居民环保意识的重要途径。通过宣传教育和社区活动,鼓励居民采取简约、环保的生活方式。例如,推广垃圾分类和资源回收利用,提高居民对环保的认知。

在农村地区,鼓励使用太阳能热水器、沼气池等低碳技术,倡导绿色消费,减少一次性塑料制品的使用。城市中的消费者也可以通过选择绿色农产品、减少食品浪费等行为,为城乡低碳生活作出贡献。随着消费者对绿色生活理念的认可和追求,绿色经济和环保消费的市场需求将不断增加,这为城乡低碳发展的可持续性提供了动力。

四、政策与未来展望

为了实现城乡一体化的目标,长三角需要在政策层面上做出长远规划。政府可以通过制定专项政策,鼓励各类创新技术在农业和城乡建设中的应用。此外,通过建立健全法律法规体系,确保低碳生活方式的推广和实施,确保绿色发展理念深入人心。

(一) 政策支持与激励机制

1. 财政补贴与税收优惠

政府可以为采用绿色技术和可持续发展模式的企业提供财政补贴,以降低其初期投资成本。同时,对于在节能减排、环境保护方面做出突出贡献的企业,可以给予税收减免或退税优惠,以激励更多的企业参与绿色发展。

2. 信贷支持与金融创新

金融支持对于推动城乡现代化同样至关重要。长三角区域可以设立专门的绿色发展基金,为绿色项目提供低息贷款或贷款担保。此外,银行和金融机构也可以开发更多与绿色发展相关的金融产品,如绿色债券、绿色保险等,以吸引更多的社会资本投入城乡现代化建设中。

3. 政策引导与市场激励相结合

政策的引导作用是显而易见的,但市场的激励机制同样不可忽视。长三角区域可以通过建立绿色产品认证体系和绿色评级标准,引导消费者选择环保产品和服务,从而形成市场对绿色发展的激励。同时,建立绿色发展指标体系,对企业和项目的绿色绩效进行评价,优秀者可以获得更多的市场机会和政策支持。

(二)教育与培训

教育和培训是提高城乡居民环保意识和技能的重要途径。长三角区域可以通过以下方式加强教育和培训工作。

1. 环保教育进校园

在学校教育中加入环保和可持续发展的课程,培养学生的环保意识和社会责任感。通过组织学生参与环保活动,如植树、垃圾分类等,让学生在实践中学习环保知识,培养他们的环保习惯。

2. 职业培训与技能提升

对于农民和农村劳动力,政府可以提供职业培训和技能提升课程,帮助他们掌握现代农业技术和管理技能。通过培训,农民可以更好地适应现代农业的发展,提高生产效率和产品质量,从而增加收入。

3. 教育内容与形式的创新

在教育和培训领域,长三角区域可以探索多样化的教育内容和形式。例如,利用数字媒体和互联网技术,开发在线教育平台,提供灵活的学习方式和丰富的学习资源,让更多的人能够接受环保和可持续发展的教育。此外,可以通过案例教学、模拟实验等方式,提高教育的实践性和互动性,增强学习效果。

(三) 科技创新与成果转化

科技创新是推动城乡现代化的核心动力。长三角区域可以采取以下措施,促进科技创新和成果转化。

1. 建立科技创新平台

建立科技创新平台,如农业科技创新中心、绿色建筑研究中心等,集中资源进行关键技术的研究和开发。通过跨学科、跨领域的合作,推动科技创新成果的产生。

2. 加强产学研合作

加强高校、科研机构与企业的合作,促进科技创新成果的转化。产学研合作,可以将实验室的研究成果快速转化为实际应用,推动产业升级和经济发展。

3. 科技创新的多元化投入

科技创新需要多元化的投入机制。长三角区域可以鼓励企业、高校、研究机构以及其他社会资本共同参与科技创新活动。通过设立科技创新基金、提供研发补贴、税收减免等措施,降低科技创新的门槛和风险,激发社会各界的创新活力。同时,建立科技创新的公共服务平台,为创新主体提供信息、技术、资金等方面的支持。

(四) 国际合作与交流

在全球化背景下,国际合作与交流对于推动城乡现代化具有重要意义。

1. 引进国际先进技术和管理经验

通过与国际先进城市和机构的合作,引进先进的技术和管理经验,加速城乡现代化进程。例如,可以与欧洲的生态城市合作,学习他们在城市规划、绿色建筑等方面的经验。

2. 参与国际项目和国际倡议

积极参与国际项目和国际倡议,如联合国可持续发展目标(SDGs)等。通过国际合作,共同推动全球的可持续发展。长三角区域可以在国际舞台上展示其城乡现代化的成果,吸引更多的国际关注和资源。

3. 国际合作的平台建设

国际合作需要有效的平台支撑。长三角区域可以利用自身的国际影响力,建立和完善国际合作平台,如国际研讨会、科技博览会、国际教育交流项目等,为国际合作提供便利和支持。通过这些平台,长三角区域可以与世界各地的合作伙伴共享发展经验,共同探讨城乡现代化的创新路径。

五、社会参与与公众动员

城乡现代化不仅仅是政府和企业的责任,也需要社会各界的支持和参与。长三角区域可以通过以下方式动员社会力量。

(一)公众教育与意识提升

通过媒体宣传、社区活动等方式,提高公众对城乡现代化重要性的认识。让公众了解城乡现代化的好处,如提高生活质量、保护环境等,从而获得他们的支持和参与。

(二)社会组织与志愿者参与

鼓励社会组织和志愿者参与到城乡现代化的各项工作中来。例如,可以组织志愿者参与农村地区的环保教育、垃圾分类指导等工作。通过他们的努力,提高农村居民的环保意识和参与度。

(三)公众监督与反馈机制

建立公众监督和反馈机制,让公众能够对城乡现代化的进程进行监督和评价。通过收集公众的意见和建议,政府可以及时调整政策和措施,确保城乡现代化工作更加符合公众的需求和期望。

(四)社会参与的机制创新

社会参与是城乡现代化的重要力量。长三角可以通过建立社会参与的激励机制,如志愿服务时间银行、社区参与奖励计划等,鼓励更多的社会组织和个人参与到城乡现代化的进程中来。同时,通过建立社会参与的反馈和评估机制,确保社会参与的质量和效果,形成良性的社会参与循环。

六、实施路径与监测评估

(一)实施路径与监测评估

城乡现代化需要明确和具体的实施路径。长三角区域可以制定详细的行动计划和项目清单,明确各项任务的责任主体和完成时限。同时,建立有效的监测评估机制,定期对城乡现代化的进展进行评估和总结,及时发现问题和不足,调整和优化实施策略。

(二)持续改进与创新发展

城乡现代化是一个动态发展的过程,需要不断地进行改进和创新。长三角区域应当建立持续改进的机制,鼓励社会各界提出意见和建议,不断优化政策措施和发展策略。同时,要敢于尝试新的发展理念和模式,如绿色经济、循环经济、共享经济,以创新驱动城乡现代化的持续发展。

七、结语

长三角区域作为中国的经济中心之一,其城乡现代化的发展不仅关系到自身的未来,还对全国乃至全球的可持续发展具有示范性作用。通过科技创新、政策支持、教育培训、国际合作等多维度的努力,长三角区域完全有能力在城乡一体化的道路上走在前列,为其他城市提供宝贵的经验和启示。城乡现代化是一个长期而复杂的过程,需要政府、企业、社会组织和大众的共同努力。只有通过全方位的合作和持续的努力,我们才能实现城乡现代化的目标,为子孙后代创造一个更加美好、可持续的未来。

本文作者:徐迪旻,联盟名誉主席、上海交通大学长三角一体化发展研究院院长。

长三角一体化战略实施成效与深化改革路径

陈 雯　杨柳青

长三角区域一体化发展国家战略实施以来,三省一市坚持系统谋划和上下联动,通过政府、市场及各界力量共同努力,取得了显著成效。面向未来,长三角一体化发展仍面临着深化体制机制改革的重点任务。

一、长三角一体化战略实施行动与成效

(一) 建立健全运转顺畅、务实高效的政府工作推进机制

在决策层面,中央推动三省一市各省(市)委、省(市)政府专门成立省(市)推进长三角区域一体化发展领导小组,由国务院副总理任组长,负责组织领导和统筹协调三省一市贯彻实施长三角区域一体化发展国家战略。每年一次的长三角主要领导座谈会是其主要的工作平台。在协调层面,三省一市联合组建了跨行政区域的常设机构——长三角区域合作办公室,主要负责研究和拟订长三角协同发展的战略规划,协调推进区域合作中的重要事项和重大项目。在执行层面,各省市建立了省市县(区)的联动机制,并聚焦交通、信息、科技、环保等13个重点领域,分别设立专题工作组,负责区域合作项目的对接与执行。作为长三角区域一体化发展国家战略的先手棋和突破口,上海市青浦区、江苏省苏州市吴江区、浙江省嘉兴市嘉善县三地联合成立了长三角生态绿色一体化发展示范区执委会,作为理事会的执行机构,负责示范区建设的各项工作。为保证区域合作的公平性,长三角建立了省级主要领导座谈会和一体化示范区理事会"双轮值"工作制度,三省一市轮流"坐庄"。

(二) 强化顶层设计,坚持规划引领,明确实施重点

中共中央、国务院颁布的《长江三角洲区域一体化发展规划纲要》和国家发改委发布的《长三角生态绿色一体化发展示范区总体方案》分别是指导新时期长三角生态绿色一体化示范区高质量一体化发展的纲领性文件。沪苏浙皖四地人大常委会表决通过的各地区《关于支持和保障长三角地区更高质量一体化发展的决定》和沪苏浙两省一市人大常委会共同发布《关于促进和保障长三角生态绿色一体化发展示范区建设若干问题的决定》,分别是长三角顺利推进生态绿色一体化示范区进行一体化体制机制创新与示范的重要法律保障。长三角主要领导座谈会审议通过、长三角区域合作办公室印发的两轮《长三角地区一体化发展三年行动计划》,长三角生态绿色一体化发展示范区执委会印发的《长三角生态绿色一体化发展示范区建设三年行动计划》,以及各省市研究制定的《〈规划纲要〉实施方案》,包括印发实施重点工作任务、重大平台项目和重要改革举措清单,是长三角一体化有序推进的时间表和路线图。规划纲要、法律保障、实施方案、行动计划等系统构建了推动国家战略落实落细的制度体系。

(三) 产业科技联盟和产业链合作推动制造业创新协同发展

截至2024年8月,长三角地区累计成立67个产业联盟,签订89项产业合作协议,成立44个科技创新合作联盟,签署45项科技创新合作协议。沪苏浙皖联合开展国家战略科技力量的建设,长三角建成和在建的重大科技基础设施共计28个、大型科学仪器超4.6万余台(套)、服务机构3 100余家,有效降低企业研发与创新的成本。科技部和三省一市政府共同出台《长三角科技创新共同体联合攻关合作机制》,推动长三角科技创新共同体的实体化运作,首批15个联合攻关项目正式启动,2023年第二批28项重点任务清单对外发布。三省一市共建长三角国家技术创新中心,与行业龙头企业联合建设403家创新中心,合作实施了22项关键核心技术攻关项目和9项重大科技成果转化项目,着力解决企业的技术需求。三省一市联合实施了长三角产业链"补链、固链、强链"行动,落实了长三角制造业协同发展规划,集成电路、生物医

药、人工智能等长三角产业链、供应链的韧性和竞争力进一步加强,其产业规模分别占全国的 3/5、1/3 和 1/3。数字长三角方面,累计建成 5G 基站超 66 万个,全国一体化算力网络长三角国家枢纽节点也在加快建设。

(四) 推动基础设施互联互通

交通一体化、便利化大步推进,在《长三角地区区域一体化发展三年行动计划(2024—2026 年)》的推动下,16 条省际"断头"路实现贯通,甬台温高速公路复线灵昆至苍南段、杭绍甬高速公路杭绍段、杭甬高速公路复线宁波段一期、苏锡常南部高速公路常州至无锡段、钱江通道北接线、常宜高速公路等已实现通车。开通商合杭、沪苏通、连淮扬镇、盐通、杭黄、池黄、徐盐、杭绍台、杭台、徐宿淮盐、连淮、杭温等高铁;实现了多地跨行政区轨道交通互通(宁句城际轨道、绍兴市轨道交通 1 号线、苏州轨道交通 11 号线);截至 2024 年 8 月,长三角高铁里程已突破 7 000 千米,陆域所有地级市都有动车通达。

(五) 推进生态环境联保共治领域,水气质量明显好转

三省一市联合打好了蓝天、碧水、净土的保卫战,制定了包括大气治理、湖泊河流治理、固废合作治理和生态保护等方面的合作备忘录、工作方案、任务清单、技术标准规范,共计 60 余项。沪苏浙联合研究制定《推进新一轮太湖综合治理行动方案》,沪苏皖共同建设长江、淮河等重要生态廊道,完成长江保护年度重点治水工程 500 项。苏皖合作开展了"2+12"大气污染联防联控,建立健全长江流域跨省横向生态保护补偿机制,联合治理跨界水体,共同整治危险废物。2023 年,长三角地区 594 个国家地表水考核断面水质优良水体比例为 93.4%,41 个城市 $PM_{2.5}$ 连续四年达到国家二级标准,太湖成为良好湖泊。

(六) 推进公共服务共享,一体化的民生感受度明显提升

已开通 173 项跨省通办服务应用,全程网办超 700 万件,40 类电子证照在长三角实现互认。沪苏浙皖共同完成了《推进长三角区域社会保障卡居民服务一卡通规定》立法,以社会保障卡为载体,实现 52 个居民服务事项的"一卡通用"。长三角区域首个社会事业类地方标准《劳动争议联合调解和协同仲裁服务规范》通过沪苏浙皖市场监督管理局、人力资源和社会保障厅(局)联审。三省一市人力资源和社会保障厅联合印发《长三角地区劳务派遣合规用工指引》。沪苏浙皖实现异地门诊医疗费用直接结算互联互通,共建长三角区域利福平耐药结核病(RR-TB)协同防控中心,依托上海市肺科医院建立长三角区域 RR-TB 远程会诊平台。

(七) 勇担"先手棋",加快示范区一体化建设

按照"不破行政隶属、打破行政边界"的要求,沪苏浙全力推进长三角生态绿色一体化发展示范区建设。共同编制的全国首部跨省域法定规划——《长三角生态绿色一体化发展示范区国土空间总体规划(2021—2035 年)》获国务院批复,共同编制完成 8 个专项规划;跨区域统一的国土空间规划管理体系初步形成。共同健全"三级八方"工作机制,完善"理事会+执委会+平台公司"三层架构治理体系,64 家高能级单位组成的开发者联盟为示范区建设注入强劲发展动能,"机构法定、业界共治、市场运作"的跨域治理新模式不断优化。联合推出两批 39 条高"含金量"政策,推动示范区累计形成 136 项一体化制度创新成果,其中 38 项创新成果面向全国进行推广。共同实施示范区重大项目建设三年行动计划,全力推进 145 个重大项目,"水乡客厅"项目进入实质性建设阶段;加快建设太浦河沪湖蓝带计划汾湖段一期综合整治工程,沪苏嘉城际铁路实现三地同步开工,元荡岸线生态修复及功能提升工程成为跨域河湖水生态综合治理的生动案例。推动民生福祉共建共享,示范区 85 家医保定点医疗机构实现门诊、住院、部分慢特病的跨省医保直接结算,跨域公交线路建设达到 8 条。(以上数据截至 2023 年底)

二、当前长三角区域一体化发展的特征和规律

自 2018 年起,长三角区域一体化被上升为国家战略,长三角各区域的合作进入了由国家战略驱动发展的阶段。自上而下的统筹性与自下而上的能动性相结合,长三角区域一体化发展呈现出以下阶段性特征。

合作领域由单一走向多元。随着国家战略的推进,长三角各地方不仅在经济和基础设施领域继续深化合作,还拓展到科技创新、环境保护和公共服务等更加多元的领域,全面系统的区域合作为区域一体化奠定了坚实的基础。

由政府主导到市场跟进。政府主导依然是长三角各区域合作的重要特征,但随着一体化红利的逐步显现,市场主体间的区域合作也逐渐增多。众多长三角产业链联盟、开发者联盟自发成立,推动要素在区域间自由流动和高效集聚,有效促进了区域内资源的优化配置和共享。

制度创新成果不断涌现。为破解一体化发展瓶颈,长三角各地方主动在制度、规则、技术、管理等方面进行体制机制创新。医保异地结算率先试点,并推广向全国;在环境共保联治、设施跨界运营、项目联合审批等多个方面探索区域协同立法与执法,不断打破行政边界的藩篱。

一体化体制机制逐步完善。从自发建立"省级决策—发改协调—部门执行"三级运作机制,到中央层面推动成立长三角一体化发展领导小组、颁布《长江三角洲区域一体化发展规划纲要》,再到各省份推动形成国家战略落实落细的"1+1+3"(实施方案、重点任务、三重清单)制度体系,区域一体化体制机制不断完善,政策协调性和资源整合力不断增强。

三、未来长三角一体化发展机制的创新重点

在重点任务中进一步筛选出在"十五五"期间有望实现突破、且有较大显示度的重大事项和亮点工作,进行系统谋划、重点推动,以促成其落地实施。主要聚焦于支持产业链与创新链融合的市场一体化机制。

(一)产业链与创新链相融合的区域市场一体化体制机制

协调各地政府以规范和统一的市场准入规则和市场监管政策,推动政务服务一体化,优化营商环境,让企业在不同地区都能享受到便捷、高效、透明的政务服务。推动区域产权市场、资本市场、劳动力市场、技术市场的协调发展,提高创新要素的配置效率;构建区域统一的生产要素市场,通过利益分配机制的创新,推动产业转移基地和经济合作园区的建设,促进区域产业协同发展,并完善企业和产业转移过程中的分税制模式,探索园区共建的股权投资模式。促进各地营商环境一体化,减少竞争性产业壁垒及政策高地或洼地,实现从地

方政府间竞争向企业主体间竞争的转变。

(二) 构建跨区域合作的新机制

按照成本共担、利益共享、资源共享、优势互补、互利共赢的原则,建立跨区域产业创新合作、公共服务合作、基础设施共建、生态环境共保等机制。对于毗邻地区,应做好空间协同规划,完善基础设施的同城化互联互通,并建立公共服务标准的协调机制,逐步实现公共服务的同城化待遇。同时,加强对跨区域生态廊道、河流流域的综合治理,共同推进生态修复和环境质量的改善,有效促进毗邻地区的协同发展。对于都市圈的同城化区域,按照同城化方式,推进交通规划建设与运营管理的一体化,促进轨道交通有效衔接和便捷换乘,强化市政基础设施协调布局;增强中心城市的核心竞争力和辐射带动能力,推动非核心功能向周边疏解,构建便利、共享的生活圈和一体联动的安全圈。跨区域产业合作园区的建设需要政府和企业共同努力,按照市场化规则,不断探索和创新合作模式与机制,有效促进跨区域产业园区的协同发展,实现互利共赢。

(三) 构建跨区域基础设施共建机制

构建跨区域基础设施项目评估、筛选、协商与推进机制,建立上下级及跨区域常态化协商交流、评估与动态调整机制,加强跨行政区基础设施建设成本与长远效益综合研究和讨论评估,明确不同层级政府在交通基础设施投资建设方面承担的责任边界。通过编制具有法律约束力的规划,或者经合作双方协商,将跨界基础设施纳入各自法定规划,确保合法且有迫切需求的"断头"路项目被纳入地方政府工作内容,从而保障跨界基础设施得到更多的地方政府关注和投资分配意愿。

(四) 创新生态环境共保共治的体制机制

建立健全区域生态环境共保联治体系,形成集科学研究、功能管控、标准制定、环境监管、治理修复、协调机制于一体的全链条式综合管治模式。坚持空间功能协同,按照主体功能区战略要求,统筹区域土地利用空间管控,推动源头治理,优化产业布局。坚持跨界区域协同,按照分工协作、成本共担、利益共享的思路,统筹上下游、左右岸、水陆域、城与乡的生态环境治理,构建跨界环境污染联合治理机制,推动重要跨界生态区域联动保护和重大生态环境治理修复工程。坚持环境监管协同,建立环境风险预警应急监测机制,提升跨域环境风险综合研判和处置能力。坚持多元主体协同,充分协调各类行动主体来面对复杂的环境问题治理。建立健全生态产品价值实现机制,创新适用于生态优势增强和生态产品价值提升的技术。

(五) 创新公共服务共建共享的体制机制

健全地方政府为主、统一与分级相结合的公共服务管理体制,加快推动各地区基本公共服务框架、内容和实施步骤的相互对接。综合考量各地公共服务标准的差异,尝试构建突破行政边界的区域公共服务建设标准,推进区域公共服务均衡化的制度创新,促进待遇逐步趋同的自我调节机制的形成。梳理地方政府的公共服务财政支出责任和享有权利的空间尺度配置逻辑,调整公共服务财权与事权,根据"谁享有",来划分"谁出资"和"谁建设",实现权责利相匹配。确立区域共同事权,明确区域治理主体及其权力范围。将部分公共服务的责任调整到区域层面,由当前区域权力组织负责决策,配置各地的权责关系。

不断培育和完善协同发展的平台载体建设,有效支撑创新和产业优化布局。围绕产业链的"补链强链",共建新型科研机构和协同创新平台,依托主要高新技术产业园区,如张江加强地区间的创新与产业合作,优化科技创新"反向飞地"建设。促进城市间各类园区平台的对接,鼓励中心城市的开发区利用自身的管理、人才和资金优势与周边地区开发区开展合作共建,推动产业的分工和升级。进一步利用上海自贸试验区临港新片区、虹桥国际开放枢纽等重要平台来推动长三角统一开放市场的建设与产业集群的打造,持续扩大进博会的辐射溢出效应。

四、发挥多元主体的参与合力,加强主体保障

长三角一体化发展需要政府、企业以及其他各类机构等多元主体的共同参与和推动,实现有效市场与有为政府的有机结合,同时充分发挥高校、科研机构以及商会与行业组织等的作用,形成发展合力。要发挥企业在推动产业协同发展中的主体性,鼓励企业跨区域配置资源,为企业提供更为准确科学的市场信息和通畅渠道。要搭建"产学研政"之间的交流合作平台,促进政府、企业、社会组织等不同部门机构的交流沟通,促进资源整合和信息互动。充分发挥各类商会协会、机构联盟、民间团体等的作用,积极开展组织协调、信息沟通、项目洽谈、招商引资等各类对接交流活动。

本文作者:陈雯,联盟咨询专家、江苏省政府参事;杨柳青,中国科学院南京地理与湖泊研究所助理研究员。

深入推进长三角一体化的产业链协同发展路径研究

管维镛

2023年11月30日,习近平总书记在上海主持召开深入推进长三角一体化发展座谈会并发表重要讲话,从全局和战略高度擘画长三角一体化发展新蓝图。党的二十届三中全会要求加快构建全国统一大市场、完善实施区域协调发展战略机制,推动长三角更好地发挥作为高质量发展动力源的作用。为实现中国式现代化、落实长三角一体化战略、打造新质生产力,亟须提升长三角产业链的协同发展;以目标、问题为导向,精准发力,提升产业链协同的紧密性、稳定性、可持续性和跨界融合性。

一、长三角产业链协同发展现状

作为我国经济社会发展的重要引擎之一,长三角区域以占据全国2.2%的国土面积,拥有9座地区生产总值(以下以"GDP"代称)万亿元城市,集聚全国约30%的高新技术企业,创造了全国近1/4的经济总量。近年来,长三角城市群已经成长为中国经济发展最活跃、产业体系最完备、城镇化基础最好、综合实力最强、区域一体化水平最高的城市群之一,同时是支撑和引领中国开放经济与区域经济发展的重要功能区。

从区域产业链协同看,人工智能、生物医药、集成电路、新能源汽车等一批世界级产业集群在长三角加速形成,相关产业发展在全国具有较强引领示范作用。例如,三省一市在集成电路领域已成长为中国集成电路产业龙头集聚区;生物医药产业形成了以上海的创新研发与周边省份的原料生产、加工制造、服务外包于一体的协同模式;新能源汽车产业以各主要车企为中心的产业配套网络日益成熟。

截至2024年,长三角产业链联盟数量已经高达19个,且超过半数聚焦于新质生产力;2023年,长三角区域协同创新指数为267.57分,相比于2011年的基线100分,上涨168%,并自2018年以来,长三角区域协同创新指数年均增幅达9.26%。这些都表明长三角协同创新的引领示范作用在不断加强,科技创新共同体建设迈向新阶段。

二、长三角产业链协同发展面临的挑战和机遇

在当前背景下,长三角产业链协同发展也面临新的挑战。一是产业要素流动的隐性障碍尚未根本破除。长三角处于由行政区经济向经济区经济过渡的过程中,长三角资源要素跨区域流动不畅的问题依然较明显,成为长三角产业链一体化协同发展道路上的隐性障碍。二是在外部冲击下的产业链自主性亟待解决。产业链上游的高技术核心产品仍主要依赖于发达国家的进口贸易,早日实现产业链自主自控成为目前亟待解决的问题。三是产业链各环节信息流动不畅,产业链各主体利益失衡,区域壁垒并未完全破除,技术标准尚未统一,法律法规相对滞后等。

同时,长三角产业链协同发展也面临新机遇。第一,科创共同体建设有望打造长三角发展的新动能。未来10年,全球经济增长的动力有两个,一是科技创新,二是基础设施建设。在新发展阶段,依托国家整体战略规划,稳步推进长三角科技创新共同体建设,打造具有全球影响力的科技创新共同体,既是新形势下赋予长三角一体化建设的战略使命,也是长三角产业创新发展的重大机遇。第二,数字化领域的集聚有望加速供应链创新升级。目前,多数经济体已将数字化转型和供应链风控上升到国家战略层面。长三角集聚了一大批人工智能、生物医药、高端制造企业。这些企业对数字化、智能化的需求丰富,数字化水平和渗透程度较高。近年来依托国内市场,通过不断夯实数字基建和打造有竞争力的全球开放新链接,长三角产业链协同发展正处于重要的战略机遇期。

三、长三角产业链协同发展的对策建议

在新形势下推进长三角一体化、产业链协同发展的目标,应从顶层制度、技术创新、集群生态和要素资源等4大方向"突围"。推动长三角产业链协同的顶层制度建设,打造技术创新联盟,深化产业集群式发展生态,实现资源要素在更大范围内的优化配置,不断强化制度合力、提升创新动力、激发企业活力、释放要素潜力,探索出长三角产业链协同发展的新路径。

(一) 坚持"一盘棋"谋划,形成制度链协同合力

一是要制定产业链协同发展的相关法律法规,特别是要明确新兴技术领域的监管责任和法规标准,增强政策的衔接性、协调性和可操作性,加大政策执行力度,充分发挥政策引导和激励功能。同时,要发展统一的技术标准和体系,加大知识产权保护力度,推动链上企业在技术上更好地协同,保障链上企业创新成果的合法权益。

二是协同推进高水平开放创新。发挥长三角区域推进制度型开放的先行先试优势,推动开放与创新结合,主动融入全球创新链,共建国际合作交流平台,营造更具全球竞争力的创新生态,打造联通国内国际双循环的战略枢纽。探索"联合出海"模式,在创新资源集聚的国家和地区,共享、共建一批海外孵化(创新)中心、国际联合实验室(国际联合研究中心)。

三是统筹推动长三角内部"微循环"。推动产业链的合理布局,推动区域内的制造业和服务业的有序分布,实现上下游产业链的无缝衔接。从长三角一体化出发,推进"自上而下"的顶层设计,构建沪苏浙皖四地层级有序、互补共进的功能核心,健全产业链跨区域协调机制,推动形成跨区域产业链发展的行政协调机制。例如,协同推进跨区域创新走廊建设,总结"长三角G60科创走廊"的成功经验,向东进一步从上海的松江区拓展到闵行区和浦东新区,提升上海张江、安徽合肥的综合性国家科学中心对长三角G60科创走廊的科创引领作用。

(二) 突破关键技术,提升创新链协同动力

建立长三角产业协同创新机制,在长三角产业协同升级的发展框架下谋

篇布局,更加坚定地服务国家战略,解决关键技术问题。

一是要从顶层设计出发,统筹考虑区域间的政策协同和协调发展。通过跨区域的整体规划、指标融通等方式,加强地方政府间产业、财税、金融乃至人才等方面的政策协同,推动产业链上下游在不同区域的合理分布,以发挥各个地区的比较优势,推动资源共享和优势互补,以实现产业链协同方面的跨区域合作与支持。

二是注重问题导向,促进创新链和产业链的深度融合。围绕产业界亟待突破的一批关键核心技术,充分发挥各地的比较优势进行协同攻关,尽快解决一批关键重大技术难题,鼓励长三角高校、研究机构与企业开展联合研发,共同攻克关键技术难题。推动创新成果"无障碍"转移转化,在共性技术方面进行成果共享。推动科技创新协同,建立跨区域创新合作平台,打造涵盖高校、科研机构、企业的开放式创新平台,实现创新资源的整合与共享。

三是强化协同创新,构建区域创新共同体。集中资源在长三角各地区高校院所打造一批具有世界领先水平的大规模的国家实验室,支持国家重大科技基础设施和国家重大战略项目的优先布局,支持基础性、长远性、公益性的基础研究和科技前沿工作。通过建设产业链创新联合体等方式,组建一批由政府、科研院所和企业共同参与的研发平台。

(三) 促进"集群化"发展,激活产业链协同活力

要进一步聚焦重点领域、重点环节,培育一批具有国际竞争力的本土企业,进一步激发产业链协同发展的活力。

一是协同推进现代产业体系建设,促进长三角产业链的集群化发展,形成区域性分工与协作的格局。重点打造空间高度集聚、产业高度协同、供应链高度集约的世界级产业集群,完善跨区域产业集群发展的协调机制。聚焦先进制造业,打通产业链、供应链中关键"断点""堵点",有效增强长三角产业链、供应链的稳定性、安全性和竞争力。推动长三角内部产业链垂直分工,构筑空间经济新格局。

二是推动长三角数字干线的成型。建设经长三角生态绿色一体化发展示范区,沿 G50 高速公路到芜湖、南京、合肥,特别是位于上海市青浦区的华为研发中心的长三角数字干线,并形成强大的带动效应。该数字干线全面启用后将聚集更多科技创新人才。同时可考虑研究共建沪宁合作科创走廊。该走廊连接上海、苏州、无锡、常州、镇江、南京、滁州、合肥等科创活跃城市,具备成为具有国际影响力科创走廊的条件。

三是构建深度融合型协同集群网络,打造高端、智能绿色的先进制造集群生态,壮大互促共生的优质企业群体,营造良好的产业发展生态,提升集群治理的现代化水平。同时,支持长三角国家级先进制造业集群开展跨区域协同培育试点,推动长三角先进制造业集群联盟的组织,深化集群间研发攻关、市场开拓、技术标准和人才培养等合作。

(四) 推动"全要素"贯通,释放资源链协同潜力

要促进产业链资源共享交互,全面畅通人才、技术、资金等要素流动渠道,打造统一高效的要素市场。

一是建设长三角产业信息平台,解决产业信息平台建设零散化、重复化、无法溯源等难题,推动产业链各环节间的信息要素快速流动和共享,让上游企业更加精准地了解下游企业的需求变化,提升生产和供应的匹配度,进而提升全产业链的响应速度和响应准确度。

二是促进产业要素的自由流动,实现长三角的区域价值链整体升级。促进资源共享,建立区域内的人才、技术、资金共享机制,支持各地资源互通,降低产业链协同的成本,提高整体竞争力。建立技术研发、科技服务、产业载体、商贸服务的产业共同体,畅通信息、人才、技术、资本等创新要素在产业集群中的流动渠道,构建从研发到产业化的协同创新网络体系,促进长三角产业集群形成统一高效的要素市场。

三是探索联合举办模式,充分发挥世界顶尖科学家论坛、世界互联网大会、世界制造业大会、世界青年科学家峰会等平台的引领作用,打造全球高端科技人才集聚、交流与合作的平台。探索联合引才模式,共享海外引才渠道,吸引、集聚全球高层次科技创新人才。

四是发挥社会团体、行业组织的作用,推动建立行业标准和信息披露制度,以保证产业信息发布的科学性和真实性,进而通过信息透明度的提升打破

信息垄断。通过组建产业链联盟、创新链联盟等组织形式,引导企业加强利益共同体意识,推动产业上下游企业之间的资源整合和技术协同,共同应对市场竞争和风险挑战,一起解决行业共性问题,以促进全行业的协同进步。上海市工业经济联合会作为上海产业经济领域的枢纽型社会团体,拥有200余家行业协会成员,涵盖数万家企业。多年来,该联合会积极建设深化枢纽平台、助推发展、建言献策、表达诉求、典型示范等五大功能,着力助推长三角一体化建设,先后牵头创办了长三角工业经济联合会联席会议、长三角高端产业及金融服务大会,促进长三角产业链、供应链的协同发展。

四、结论

长三角是我国经济发展最活跃、开放程度最高、创新能力最强的区域之一,同时是产业体系最完备、区域一体化水平最高的地区之一,集成电路、生物医药、人工智能、新能源汽车等一批世界级产业集群在这里加速形成。实现更高质量的一体化发展离不开稳定可靠、自主可控的产业链与供应链。未来,长三角产业链在协同发展的过程中,要坚持系统化发展,不断破除区域要素流动的隐性壁垒;也应着力强化技术创新链,持续优化企业集群链,不断提升价值链,在良好的产业基础之上进一步提升区域发展能级,为区域经济增添更强的韧性。

本文作者:管维镛,联盟咨询专家、上海市工业经济联合会(上海市经济团体联合会)会长、高级经济师。

沐"一带一路"春风,谱开放合作新篇
——中国亚洲经济发展协会对外开放合作的实践与思考

权顺基

"乘历史大势而上,走人间正道致远。"2013年,习近平主席提出共建"一带一路"倡议,成为人类发展史上极具里程碑意义的事件。"一带一路"坚持共商、共建、共享,跨越不同文化、社会制度、发展阶段的差异,开辟了各国交往的新路径,搭建起国际合作的新框架,汇聚出人类文明共同发展的最大公约数,成为开放包容、互利互惠、合作共赢、深受欢迎的国际公共产品和国际合作平台。中国亚洲经济发展协会(亚经协)积极参与"一带一路"建设,为中国和亚洲各国的合作交流搭平台、做增量、添动力。

一、亚经协与"一带一路"

"一带一路"倡议犹如一条熠熠生辉的纽带,将众多国家紧密相连,共同编织着繁荣与发展的梦想。而在中国,亚经协正以积极的姿态参与其中,发挥着独特而重要的作用。

亚经协是由中华人民共和国外交部指导成立、民政部登记的全国一级社团法人。从1992年中华人民共和国与大韩民国正式建立大使级外交关系开始,两国结束了长期互不承认和相互隔绝的历史,亚经协的前身"中韩经济发展协会"也应运而生。但鉴于当时复杂的东亚形势,国家政府层面的交往只能在表面游走,而协会就很好地弥补了此间的不足,不断地开展影响中韩民间经济的活动,得到了韩国民间组织的认可,吸引了很多韩国民间组织的参与,这为中韩经济、文化的交流合作创造了条件。经过多年中韩经贸合作的实践,协会发现,要让中国能在开放经济发展上行稳致远,日本是东亚绕不开的国家。那么,协会能否复制中韩发展的模式,来打开日本市场? 经过一系列论证研讨,于 2009 年 8 月份,协会从中韩经济发展协会更名为中日韩经济发展协会。尽管中日两国在政治上存在分歧,尤其当时两国关系处在低潮期,但作为世界经济实力强大的两个亚洲邻邦,中国和日本加强经济和贸易合作,符合两国人民的根本利益。互惠互赢是永恒的主题,通过各种形式的活动加强沟通的必要性是不言而喻的。回头来看,此举是相当超前的、成功的,中日韩三方民间社团、组织之间的合作共赢,助推了中国开放经济的迅速腾飞,也为后期的"一带一路"打下扎实基础。2013 年中国提出"一带一路"倡议,依靠中国与有关国家既有的双多边机制,借助既有的、行之有效的区域合作平台,借用古代丝绸之路的历史符号,高举和平发展的旗帜,积极发展与合作伙伴的经济合作关系,共同打造政治互信、经济融合、文化包容的利益共同体、命运共同体和责任共同体。亚经协因为多年与日韩两国开展务实合作,在当地民间组织里有着很好的口碑和影响力,也为协会在东南亚打下了扎实的合作发展基础。于是,2016 年,协会正式更名为亚经协,旨在通过原有的发展影响力来辐射亚洲其他地区,更好地为"一带一路"倡议的发展摇旗呐喊,增添助力。从协会名称的变更也不难看出,亚经协既是"一带一路"倡议十年征程的见证者,亦是"一带一路"倡议蓬勃发展的参与者。

亚经协深刻认识自身发展任务。协会自成立以来,以对日韩交往为中心,全面积极地开展亚洲各国和"一带一路"共建国家之间的民间经济文化的交流合作。通过以"广"入"微"、以"小"见"大"的思维,在"一带一路"倡议中当好实体厚实、底盘扎实、根基稳固的"重要一翼",当好构建"一带一路"倡议的"前沿阵地",当好亚洲合作共赢的"开路先锋"。

回顾历史,如果说中韩经济发展协会是亚经协根植东亚的一粒种子,那中日韩经济发展协会则是延展东南亚的枝叶,而亚经协发展为根植于"一带一路"倡议的大树。也正是在各会员单位的共同努力下,亚经协在顺应"一带一路"倡议发展的伟大进程中留下了浓墨重彩的一笔。

二、"一带一路"倡议为亚经协提供了广阔的舞台

亚经协凭借其广泛的资源和深厚的影响力,为会员单位参与"一带一路"倡议搭建了交流与合作的平台。

(一)深耕广种,助推多边贸易合作体制

亚经协多年来深耕日本、韩国、印度尼西亚、马来西亚、菲律宾、柬埔寨、老挝等东亚及东南亚国家,连续成功举办了"中韩企业家合作展望论坛""中日企业家合作展望论坛""中泰企业合作论坛""亚美欧企业合作发展论坛""中马经济发展合作展望论坛""亚洲经济峰会""亚洲杰出经济人论坛""亚洲品牌盛典"等活动,为与亚洲各国的经济合作交流奠定了坚实基础。与当地政府及企业的深入交流合作,达成了一系列具有前瞻性的合作项目。近年来,协会领导分别与老挝人民革命党中央政治局委员、老挝政府总理宋赛·西潘敦,柬埔寨副总理兼内政部长苏速卡,泰国前副总理、泰国总理政策顾问王鹏迪,韩国前副总理、京畿道知事金东兖,日本前首相鸠山由纪夫,印度尼西亚、马来西亚的外交部、商务部和华人组织等国家政要和组织进行了沟通交流,合作意向覆盖了科学技术、能源开发、金融服务等多个领域,旨在通过群策群力、求同存异、集思广益,努力寻求各方利益的最大公约数,以面对面交流的形式,为会员企业拓展国际市场奠定了坚实的基础。协会常务副会长单位红豆集团在柬埔寨设立了西港特区;协会副会长单位上海万峰房地产集团在老挝万象设立塔銮湖经济开发区;协会副会长单位康乐卫士在印尼开办生物医药产业;协会副会长单位伽力森集团借助平台,积极开拓海外市场;更多的国际性周边贸易正在如火如荼进行。

(二)设点布局,提升内外开放的合作水平

协会会长、咨询专家团队通过自身影响力,寻找优质资源,促进地方合作,结合"一带一路"倡议的影响力开展多项利民普惠的国际项目,并在多个地区设立分支机构,如东北亚合作部、长三角发展部、自贸港经济发展部、大湾区发

展部、图们江区域发展合作部、新疆办事处,以及韩国、日本、新加坡、马来西亚、柬埔寨、老挝联络处等,更好地深入开展务实合作,如自贸港国际经贸合作推介会在海南省举办,贵州省项目合作推进座谈会在北京举办,威海经济技术开发区推介会在大阪举办,唐山市招商推介会、鞍山市招商推介会、无锡高新区重点日资企业产业合作对接会、无锡滨湖区重点韩资企业(北京)产业对接会等在有条不紊地进行着。亚经协致力于通过双边合作、多边合作等形式,鼓励更多会员单位深入参与共建"一带一路",做大共同利益的蛋糕,维护、加深国际产业链合作。

(三) 服务政企,助推区域经济一体化

协会与无锡、青岛、唐山、贵州、河北、海南等省市签署招商战略合作协议,如贵州省与亚经协签订产业招商座谈会暨战略合作协议、亚经协与甘肃省人民政府驻北京办事处签署战略合作协议等,助力当地吸引外资,深化区域经济开放合作。为此,亚经协曾多次邀请国外政府代表团赴中国有关省市实地考察访问。其中无锡的"日资高地""韩资板块",就是协会与地方政府开展务实合作的结果。如今,无锡高新区的"韩资板块",已经成为无锡新质生产力"走在前"、做示范的代表。协会分支机构长三角发展部不忘初心,按照总会的战略布局,积极服务外资企业和会员单位,通过参与举办论坛、会议等交流对话形式,衍生出了多项惠民助企的务实举措,助力外资与民营企业的合作生产,进一步整合优质资源、打造健康稳固的产业合作链,进一步推进区域经济一体化、高质量发展。

三、服务"一带一路"倡议,打造开放合作的系列活动品牌

协会组织了一系列的商务活动,为企业提供了广阔的合作平台,现如今许多活动已经深入人心。

(一) 打造活动品牌,扩大协会影响

中韩经济合作展望论坛已举办了十届,受到中韩两国各界的广泛关注,人

民网、今日头条、网易、新浪网、中国城市建设网、中国驻韩大使馆官媒、韩国MBN电视台、联合新闻网、韩国NAVER新闻等众多知名媒体参与并报道。在此期间,大家不仅见证了中韩企业间互利共赢的合作成果,更是见证了中韩交往呈螺旋上升的发展历程。中韩两国作为重要的近邻和伙伴,互利合作的基础稳固且坚实。两国互为重要经贸伙伴,已经形成了产业链、供应链深度黏合的格局。

亚经协自2013年起先后在北京、首尔、长春和潍坊成功举办四届"中日韩杰出经济人论坛",论坛在推动中日韩经贸关系改善、搭建三国企业家沟通与合作的平台、促进中日韩三国经济交流等方面取得一定成果。2017年第五届论坛从"中日韩"三国提升到亚洲,是为了积极推进"一带一路"建设,加强与参与"一带一路"共建的亚洲各国的经贸合作,实现亚洲经济可持续发展。论坛以日韩交往为中心,辐射亚洲,全面积极地开展亚洲各国和"一带一路"共建国家之间的民间经济文化交流合作,多次在中国、韩国、日本等国家举办。通过举办各类展会、论坛,面对面促进民间经济文化的交流,中国企业有机会展示自身的优势产品和技术,同时让亚洲各国的企业能够深入了解中国市场的潜力和机遇,进一步打响了亚经协的品牌文化。

首届亚美欧企业合作发展论坛在印尼巴厘岛成功举办,为众多参会企业提供了建立联系与合作的机会,促进了不同国家和地区之间的商务对接,为各国企业间的合作开辟了新路径,为未来的合作奠定了良好的基础,标志着区域经济合作的新起点。

中马建交50周年庆典盛宴暨"昌明丝路"经济论坛在马来西亚吉隆坡成功举办,不仅是对中国与马来西亚过去50年友好关系的回顾和对未来合作前景的展望,加深了双方关系,展示了文化多样性;还提供了一个独特的平台,各界人士在此分享了关于"一带一路后十年""经济合作与投资""昌明经济"及"科技与创新"等重要课题的见解与经验。大会希望通过这一次交流,进一步促进中国与马来西亚的合作与发展。

中国·东盟传统医药国际论坛在印度尼西亚巴厘岛成功举办,致力于响应"一带一路"倡议的号召,为中国与东盟各国在传统医药领域的同人搭建一个交流互动的平台。本届论坛的成功举办,不仅推动了中医药企业走出海外,推动了传统医药知识的传承和创新,也为增进各国人民的健康福祉和文化交流作出了贡献。

中泰友好交流座谈会发挥了服务中国企业"走出去"的作用,引导企业到泰国开展新能源、文化、旅游等多方面合作,为构建中泰命运共同体、促进两国民心相通再添助力。

(二)深化教育合作,助推文化交流

在"一带一路"倡议的框架下,亚经协还注重推动人文交流,增进各国人民之间的相互理解和友谊。例如韩国亚洲大学与协会开展深入合作,在中国设立了韩国亚洲大学驻中国联络办公室并挂靠长三角发展部,开展韩语培训、留学招生等项目,助力人才人文交流,以人才培养为抓手来推进国际高等院校之间的合作。从引、育、用、留四个方面,培养国内外人才,提高了企业人才的评价和使用的自主权,借鉴先进国际教育理念,整合优质教育资源,培养具有国际视野和跨文化交流能力的优秀人才。

四、"一带一路"倡议成果丰硕,协会发展任重道远

"一带一路"倡议自提出以来,犹如一颗璀璨的明珠,在国际舞台上绽放出耀眼的光芒,取得了丰硕的成果。参与"一带一路"倡议的国家的基础设施建设得到了极大的改善,一条条公路、铁路蜿蜒伸展,一座座港口、机场拔地而起,为这些国家经济的发展搭建起坚实的"骨架"。贸易往来日益频繁,商品、技术和服务在各国之间自由流动,不仅促进了各国经济的增长,也丰富了各国民众的生活。人文交流不断深化,文化、教育、科技等领域的合作日益紧密,各国人民之间的相互了解和友谊不断加深。然而,在"一带一路"倡议推进的过程中,协会的发展任重道远。协会作为连接各方的桥梁和纽带,肩负着重要的使命。在"一带一路"建设征程上,要进一步强化协会的发展规划,进一步提高协会的组织化程度,进一步优化协会的工作平台,谱写"一带一路"开放合作新篇章。

(一)要把增长"一带一路"倡议的国际影响力作为协会的立身之本

在"一带一路"倡议的春风下,作为推动国际多双边框架下的开放经济合

作组织,亚经协已经成了普惠、均衡、创新、包容、合作共赢、共同繁荣的国际化、高端化、专业化的交流合作平台。要更好发挥出国际化平台的载体功能,服务"一带一路"建设的发展,遵循平等互利、开放包容、互利共赢的合作原则,找准深化务实合作的结合点、对接点,进一步拓宽国际合作项目,实现优势互补、协同并进,产生"一加一大于二"的效果,推动更多会员单位的优质产品技术和服务走向世界,同时要开展多层次、多渠道、多沟通磋商,深挖国家、地方、民间有关"一带一路"的历史文化遗产,联合举办专项经贸、文化交流活动,开展更多层次的国际对话活动,打响"一带一路"品牌,形成更多可视性成果,促进"一带一路"共建国家的繁荣发展。

(二) 要把助力会员企业"走出去"作为协会工作的重中之重

自 2013 年提出"一带一路"倡议以来,中国企业在全球市场上取得了显著成就,其中中国企业在"一带一路"共建国家的非金融类直接投资达到 1 403.7 亿元人民币,同比增长 22.5%,双向产业转移趋势愈加明显。"一带一路"倡议为企业提供了广阔的国际化平台和丰富的发展机遇,要引导会员单位顺应全球产业转移趋势,把握机遇,推动自身在全球市场上的可持续发展。作为协会,要聚焦会员企业的国际化需求,为会员企业"走出去"搭建互动、交流、合作的桥梁,组建行业信息网络,做好会员企业统计和市场信息的收集、分析、发布工作,为会员企业提供准确的市场信息和政策解读,帮助企业认清市场,调整经营和管理策略,突破传统思维,更好地把握"一带一路"倡议带来的机遇。

(三) 要把助力地方政府扩大开放作为协会工作的重要任务

作为行业群体利益的代表,协会在多个层面展现出其不可替代的价值。不仅是会员企业向政府表达共同诉求的传声筒,还要积极参与并协助政府制定行业发展规划、产业政策,确保政策制定更加贴近行业实际,促进产业的健康发展。协会要凭借自身深厚的行业洞察力和与企业紧密的联系,积极投身行业发展的调查、统计、分析与研究之中,及时向政府及有关部门反馈行业动态,并提出针对性的建议与意见,有力维护并促进经济主体的权益,为政府推动产业结构优化升级提供宝贵的决策咨询支持。同时要积极发挥协会作为平台的力量，助力当地政府招商引资，把项目引进、产能引进、技术引进、资金引进、服务引进等有机地结合在一起，助推地方政府发挥好"一带一路"建设的主体作用，相互合作，扩大对外开放。

（四）要把发挥专委会的平台能量作为协会的当务之急

专委会作为亚经协的一大发展特色之一，秉持着"一专一特色、一委一精品"的发展战略，现如今已有40多个具有专业性、创造力的平台融入各自当地的发展工作大局中。而在当前"一带一路"新时代背景下，企业迎来了前所未有的发展机遇，也面临着诸多挑战，因此，协会专委会的作用愈发显著。当地专委会能更好地深入服务会员企业，为会员企业寻找市场、商机、信息及人脉资源，同时，专业性的平台建设能更好地帮扶企业构建技术、项目、人才的合作交流，挖掘会员企业潜力，拓宽其发展路径，帮助企业有效应对生产经营中的难题。因此，协会要帮助专委会搭建学习与交流的平台，组织行业技术培训，促进知识共享与技能提升，加强人才培养，吸引和汇聚一批具有国际视野和专业素养的人才，为发展注入新的活力，推动专委会整体功能的增强和行业作用的发挥，以适应日益复杂多变的国际形势和市场需求。

总之，"一带一路"倡议的成果令人鼓舞，但协会的发展仍需砥砺前行。只有不断努力，才能更好地发挥协会的作用，为"一带一路"建设的深入推进贡献更大的力量。

本文作者：权顺基，联盟咨询专家、中国亚洲经济发展协会会长。

抢抓长三角一体化发展新机遇，加快形成"一地六县"区域合作新动能
——"一地六县"区域合作发展情况调研报告

王中苏

为全面贯彻习近平总书记于2023年11月30日在上海主持召开的关于深入推进长三角一体化发展座谈会上的重要讲话精神，推动长三角一体化发展取得新的重大突破，加快推进"一地六县"的区域合作，根据长三角区域合作办公室发布的《长三角地区一体化发展三年行动计划（2024—2026年）》部署的165项重点任务中关于加快"一地六县"产业合作区建设、深化推动苏皖合作示范区的工作要求，长三角一体化太湖融合创新联盟（以下简称"联盟"）从2024年7月以来，先后对"一地六县"的宜兴、溧阳、长兴、广德、郎溪进行了重点调研。联盟通过听取介绍、座谈交流、实地走访等形式，了解了各地深化"一地六县"区域合作的工作情况、存在问题，提出了深化推进"一地六县"区域合作工作的意见和建议。

一、"一地六县"基本情况及其产业合作区的形成

"一地六县"即安徽省的上海市光明集团绿色发展基地（白茅岭农场），江苏省宜兴市、溧阳市，浙江省安吉县、长兴县，安徽省广德市和郎溪县，总面积约1万平方公里，常住人口约410万人。从地理位置上看，"一地六县"处在长三角几何中心、生态腹地，是沪苏浙皖三省一市唯一无缝衔接且相互接壤的地区，与上海、杭州、南京、合肥等城市距离均在200千米左右，这里受徽文化和吴越文化交融影响，也是"两山"理论的发源地。截至2023年底，"一地六县"地区生产总值已达6 000亿元、人均GDP近15万元，无锡、常州、湖州、宣城四

市全域纳入上海大都市圈国土空间规划。

"一地六县"区域合作是在习近平总书记重要指示的指引下,在长三角区域一体化国家战略深入推进的背景下形成和发展起来的。

2014年底,习近平总书记在视察江苏讲话中指出,"江苏……要更好辐射和带动安徽发展"。2015年12月,溧阳、郎溪、广德三地政府正式签订苏皖合作示范区框架协议。2016年12月,苏皖合作示范区三地主要领导座谈会在溧阳召开,会议原则通过三地建立决策层、协调层、执行层的区域合作机制。2018年,长三角地区主要领导座谈会在苏皖合作示范区的基础上,首次提出共建"一地六县"长三角生态优先绿色发展产业集中合作区的战略构想。同年11月,国家发改委批复《苏皖(溧阳、郎溪、广德)合作示范区发展规划》。2020年,长三角"一地六县"相关领导在浙江省湖州市安吉县召开绿色发展峰会,即首届"一地六县"峰会,会上签订了《共建长三角产业合作区战略合作框架协议》,由此,"一地六县"长三角产业合作区应运而生。2022年8月,长三角地区主要领导座谈会提出加快建设"一地六县"产业合作区,增强省际毗邻地区发展新动能。2023年6月,长三角地区主要领导座谈会在安徽合肥市召开,会议以"携手高质量一体化发展,奋进中国式现代化"为主题,审议并原则通过了《长三角区域一体化发展2023年度工作计划》,明确了长三角G60科创走廊、苏皖合作示范区、长三角生态绿色康养基地、"一地六县"产业合作区等合作事项。同年,为落实长三角地区主要领导合肥座谈会的精神,长三角"一地六县"主要负责同志在安徽宣城召开工作联席会,联席会旨在共商合作、共谋发展,进一步凝聚发展共识,探索一体化新路径。会上,"一地六县"共同签署了《2023年长三角"一地六县"区域合作·协同创新框架协议》《2023年长三角"一地六县"产业合作发展协议》《2023年长三角"一地六县"党建引领乡村振兴区域合作协议》。2024年6月,长三角地区主要领导座谈会在浙江温州召开,会议以"谱写长三角一体化新篇章,勇当中国式现代化先行者"为主题,审议并原则通过《长三角地区一体化发展三年行动计划(2024—2026年)》《关于强化长三角区域合作办公室职能建设的实施方案》,明确了持续深入地推进长三角一体化发展,包括"一地六县"区域合作高质量发展的若干重大事项。2024年7月,长三角区域合作办公室正式发布《长三角地区一体化发展三年行动计划(2024—2026

年)》,在公布的165项重点任务中明确提出:加快"一地六县"产业合作区建设,深化推进苏皖合作示范区建设。

2024年10月17日至18日,习近平总书记再次视察安徽,并希望安徽在打造具有重要影响力的科技创新策源地、新兴产业聚集地、改革开放新高地、经济社会发展全面绿色转型区上持续发力,在深度融入新发展格局、推动高质量发展、全面建设美好安徽上取得新的、更大的进展。2024年10月20日,习近平总书记对国家级经济技术开发区工作作出重要指示:新时代新征程,国家级经济技术开发区要……紧紧围绕推进中国式现代化,不断激发创新活力和内生动力,积极参与构建新发展格局,以高水平对外开放促进深层次改革、高质量发展。为落实习近平总书记的重要讲话精神,2024年10月25日,上海市市长龚正专程赴安徽,视察了"一地六县"的白茅岭绿色发展基地、广德市、郎溪县,旨在进一步深化推进沪皖战略合作。当前,"一地六县"区域合作正面临一个千载难逢的时机,加快推进"一地六县"区域合作的意义重大、前景广阔。

二、"一地六县"区域合作的进展及取得的成效

近年来,在长三角区域一体化国家战略的引领下,三省一市紧扣"一体化"和"高质量"这两个关键词,在科技创新协同、产业合作发展、基础设施互联互通、生态环境联保共治、公共服务便利共享等方面都取得了长足进展,有力地带动和促进了"一地六县"的区域合作。

(一)产业协作取得新进展

从区域产业合作的条件来看,安徽宣城的郎溪、广德有着独特的区域空间优势,也是承接上海、江苏、浙江地区产业合作成效较为明显的地区。尤其是"一地六县"区域合作以来,郎溪、广德两地承接了一批上海、江苏、浙江的智能制造产业和新兴产业项目,形成了"一地六县"绿色智能制造产业联盟、"一地六县"数字长三角协同发展联盟、"一地六县"名优农产品产业联盟、"一地六县"文旅联盟等10多项成果。随着长三角"一地六县"产业合作区、示范区、产业联盟等一批重要发展载体的加快建设,"一地六县"区域间产业合作的空间正在逐步打开。

(二) 互联互通实现新突破

长三角三省一市共同出台了示范区综合交通专项规划，建立联席会议制度，协同推进"十"字形高铁大通道和"七横九纵"干线公路网等建设，长三角交通一体化已步入扩容期和布网期，高铁与城际铁路、市域铁路、城市轨道"四网合一"的节点布局有序推进。预计到2025年，长三角铁路网密度将达到507公里/万平方千米。纵横交错的交通路网，基础设施的互联互通，为长三角"一地六县"高质量一体化发展奠定了坚实基础。

(三) 文旅融合焕发新光彩

联合发布苏浙皖合作精品旅游线路，开通长三角"一地六县"旅游公交专线。依托"一地六县"文旅联盟，签订"一地六县"文旅一体化融合发展合作协议，建立资源共享、区域联动、线路互推、客源互送、信息互通、市场互融、合作共赢的平台。开展环太湖文化旅游生态圈暨长三角产业合作区（一地六县）文化旅游执法"沿边执法"联合行动，积极构建文化市场的执法联动、案卷联评等工作机制。文旅融合更加高效，服务效能更加优质。

(四) 生态共保见到新成效

以联席会议、联合执法等方式建立"一地六县"生态环境、自然资源保护管理和执法合作机制，协同推进跨区域河流和主要入湖河道的水环境综合整治，确保国控、省控断面水质稳定达标，探索建立跨界河湖联合河（湖）长制，分别在"一地六县"的重点区域开展联合河（湖）长制工作试点，其中苏皖生态环境共保联治机制获首届苏皖合作示范区和"一地六县"合作区制度创新最佳案例奖。区域生态环境质量持续改善，加深了"一地六县"绿色发展的底色。

(五) 民生共享迈出新步伐

成立"一地六县"教育联盟，加大长三角"一地六县"区域教育资源的合作交流；探索建立"一地六县"人员异地参保、就医住院费用实时结算合作机制；加强"一地六县"优质医疗资源的合作共享，试行《"跨省通办"工作实施方案和事项运行机制》,推进跨区域异地养老机构建设。深化完善"一地六县"在教育、卫生和就业等领域的合作联盟机制、血防联防协作机制、人力资源信息共享机制,推动区域民生建设迈上新台阶。

"一地六县"区域合作的实践充分证明,在习近平总书记重要讲话的指引下,在长三角区域一体化深入推进的大背景下,区域间的资源共享、优势互补、协同创新、融合发展,正在成为一种趋势、一种共识、一种自觉。"一地六县"区域合作所取得的成效,为进一步深化区域合作作出了初步的探索,提供了有益的启发和借鉴。

三、"一地六县"区域合作中面临的主要问题

推进长三角"一地六县"的区域合作是全面推进长三角区域一体化国家战略的重要内容,进一步深化长三角"一地六县"的区域合作,既是长远的战略选择,也是现实的发展需要。"一地六县"区域合作形成以来,各地围绕深化区域合作进行了一系列的探索和实践,有了一些实质性的推进。但对照国家深化推进长三角区域一体化的战略要求,对照三省一市党政主要领导工作座谈会和"一地六县"党政主要领导联席会议工作部署的要求,"一地六县"区域合作在工作机制、工作创新和工作成效上还存在一些压力和挑战,主要表现在:

第一,"一地六县"区域合作在长三角区域一体化发展大局中的功能地位、规划布局、发展战略、产业导向尚不够清晰;体制机制、服务保障、政策支持、考核体系尚不够完善;"一地六县"作为长三角区域一体化的重要组成部分,相应的规划目标尚未深度融入长三角区域一体化发展总体规划布局,相关工作在长三角区域一体化发展大局中体现得不够充分。

第二,"一地六县"之间的紧密合作机制尚未形成,受制于行政区划分和行政管理体制的限制,在跨行政区域的利益平衡机制缺失的情况下,推动"一地六县"区域间实施优势互补、资源共享、区域协同、各方联动、融合发展等方面的工作存在一定的困难。

第三,协调"一地六县"区域合作的管理体系和组织架构尚未建立,推进区域合作的责任落实还不够有力,统计监测和信息发布制度尚未形成,区域间的合作大都还处在比较松散的自发状态,没有形成执行层面的组织调度、协同推

进机制,区域合作的社会影响力和关注度不够。

第四,"一地六县"产业的特色化、差异化不明显。近年来各地都在抢占新赛道,大力发展新质生产力,但在产业培育上同质化现象突出,产业发展的竞争大于合作,区域间特色主导产业尚不能得到合理布局,资源优势得不到最大的释放。

四、深化推进"一地六县"区域合作的建议

为深化提升"一地六县"区域合作的水平并取得实质性成效,联盟在对"一地六县"进行调研和听取建议意见的基础上,就如何抢抓机遇、融入大局、创新机制、重点突破、干部交流、探索立法等六个方面提出了工作建议。

一是要有紧迫感,要进一步强化落实习近平总书记的重要指示精神。抓住国家"十五五"前期研究工作启动的重要时间节点,抽调人员组成专门班子,早作思考和研究,主动对接,精心谋划一批可落地的战略性、标志性重大项目,争取纳入国家、省、市"十五五"规划基本思路,使"一地六县"区域合作发展更好地融入国家重大发展战略,更好地体现国家重大发展战略的要求,从规划层面上全面提升"一地六县"区域合作的层次和水平,使之成为长三角区域一体化发展大局中重要的绿色生态产业基地、科技创新和新经济崛起的摇篮、长三角宜居宜业的后花园。

二是发挥"一地六县"良好的地理优势和生态优势,以更加开放的姿态,主动融入和服务于长三角区域一体化发展的大局。积极争取长三角区域合作办公室的支持和指导,围绕上海都市圈、长三角G60科创走廊、宁杭生态带建设、沿江产业带等做好"一地六县"产业布局规划,借力上海、南京、杭州、合肥等城市的科创资源,加大"政产学研"合作力度,培育和发展创新型企业,打造绿色生态和科技创新融合发展的产业生态。放眼全球市场,要"走出去、引进来"。主打绿色生态品牌,在全球范围内寻求合作,有重点地发展文旅融合产业、绿色生态产业、现代物流产业和绿色金融产业,尽快形成有"一地六县"特色的产业品牌和竞争力,在深化区域产业合作中形成新特色、新优势,在对外开放、融入大局中实现区域合作的新跃升。

三是强化区域合作的组织协调和工作落实,提升区域合作效能。将"一地六县"区域合作纳入长三角区域一体化高质量发展大局进行同步规划,并列入年度长三角区域一体化三省一市主要领导工作座谈会的重要议题,对"一地六县"的区域合作在更高层面进行统筹谋划、一体部署、协同推进。要在长三角区域合作办公室的具体领导和协调下,抽调"一地六县"发改部门主要或分管同志组建"一地六县"协同发展推进工作班子,并作为常设机构,具体负责"一地六县"合作的规划实施、任务落实、工作推进、统计监测、信息发布。

四是聚焦重点,在机制创新上率先突破,形成示范。2023年7月国家发改委对十四届全国人大一次会议第4289号建议的答复就"一地六县"区域合作的制度创新提出建议:"长三角生态绿色一体化发展示范区率先探索将生态优势转化为经济社会发展优势、从项目协同走向区域一体化制度创新,打破行政边界,不改变现行的行政隶属关系,实现共商共建共管共享共赢。"制定统一的生态经济发展规划,明确生态保护红线和经济发展重点区域。将"一地六县"视为一个整体生态经济系统,合理布局生态保护区、农业生产区、工业聚集区和旅游开发区等具有不同功能的区域。建议鼓励发展生态农业,推广有机种植、生态养殖模式。建立农产品质量追溯体系,打造区域生态农产品品牌,提高农产品附加值。例如,联合开展有机农产品认证,举办农产品展销会,提升品牌知名度。发展循环经济,引导工业企业向生态工业园区集聚。推广清洁生产技术,加强工业废弃物的回收利用。对符合生态环保标准的企业给予政策支持,如税收优惠、财政补贴等。共同推进生态旅游,整合各地的自然景观和人文资源,开发多样化的生态旅游产品。比如,打造跨区域的生态旅游线路,串联起湖泊、山脉、古镇等景点。同时,加强旅游基础设施建设,提供高质量的生态旅游服务。共同建立区域内的生态补偿制度,对承担更多生态保护责任的地区给予经济补偿。资金来源可以包括财政转移支付、受益地区支付生态补偿费用等。通过生态补偿,平衡各地的利益关系,提高生态保护的积极性。

五是建立"一地六县"干部交流挂职或任职制度,通过区域间干部的异地交流,建立干部之间在发展思路、工作举措、服务基层、对接资源等方面更加直接的交流渠道,建立更加紧密的工作联系,形成更加自觉的责任担当。

六是积极发挥各地人大代表、政协委员的聪明才智,为深化"一地六县"区域合作建言献策,并建立人大、政协定期听取政府关于推进"一地六县"区域合作情况的工作报告制度。在广泛调研、充分听取社会方方面面意见和建议的基础上,积极探索制定《促进"一地六县"区域合作高质量发展工作条例》,以地方人大立法的方式,从法律和制度上保障并促进"一地六县"的区域合作。

本文作者:王中苏,联盟咨询专家、无锡市第十六届人大党组成员。

国际规则在开放型经济中的应用实践研究
——以全球绿色贸易壁垒为例实证分析

顾 勤

国际规则是规制和约束国际贸易行为的通行条款,也是在触发一定条件时各国可行使特定条款的总框架,不可随意超越,若要超越则需必要、适当的理由。吃透、用好、用足国际规则显得十分重要,尤其是在当下,欧美贸易保护主义抬头,脱钩断链、"小院高墙""友岸外包"(friend-shoring)等各类手段层出不穷,以国际规则应对国际规则更显得不可或缺。值得关注的是,绿色贸易壁垒(Green Trade Barriers,GTBs)[①]正在渐渐演变成一些发达国家假借保护环境,变相对本国企业进行贸易保护的新型规则。吃透吃准国际规则尤其是绿色贸易壁垒在开放型经济中的应用,更好地统筹高质量发展和高水平安全,是摆在当下商务、海关等开放型经济主管部门面前的现实课题。

一、全球绿色贸易壁垒发展态势的现实认知

(一)绿色贸易壁垒的"共识性"加速形成

全球主要经济体先后提出相关绿色贸易壁垒,并呈现出组合化推进的新趋势。目前,世界上共计137个国家在进口时采用了绿色贸易壁垒措施。在所有的出口贸易产品中,受到绿色贸易壁垒限制影响的产品比例达到了76.2%。而且,因单项绿色贸易壁垒的影响度有限,发达国家开始出台一揽子绿色贸易壁垒政策。以我国机电产品出口为例(无锡地区机电产品出口占比

---

① 原指在国际贸易活动中,进口国以保护自然资源、生态环境和人类健康为由而制定的一系列限制进口的措施。

接近70%),发达国家的绿色贸易壁垒措施主要有:一是在产品包装与标识上增加特殊要求。美国对我们出口的某些具有强腐蚀性或易燃易爆属性的电子产品,要求其包装必须满足特殊性标识规定,不但要检查原产地和特殊标识,还要检查其贴标方式是否符合他们的特殊要求。二是针对特定商品发布产品检验新规则。欧盟颁布进口电子产品检测新条例,要求对其进口的移动电话、电脑、汽车电子器械与航空器等产品检测锡、钽、钨等金属含量,影响涉及供应链上400多个进口商,间接传导给出口商,提升其产品标准。三是增加指定的第三方强制检测程序。欧美等国家或组织要求我国对其出口的电子产品,需按照相应出口国的认证要求,到其指定机构进行产品合格评估,如电视机不是由美国联邦通信委员会(FCC)检验认可的,就不得在美国市场上销售。

(二) 绿色贸易壁垒的"歧视性"日趋明显

面对中国等新兴贸易国家的发展,发达国家揭开了贸易保护主义面纱,开始利用绿色贸易壁垒的形式的合法性、技术的高标准性、内容的广泛性、手段的灵活性、保护方式的隐蔽性等特点保护本国贸易系统,而且规则的"歧视性"正在从隐蔽走向公开化。一是产业"单边主义"歧视性增大。发达国家制定的绿色贸易壁垒主要集中于农产品、制造业及机电、化工等附加值较高的产业,此类产业多属于劳动密集型行业、高能耗高污染行业,主要集中于发展中国家,本质上而言是给发展中国家制定的规则,是事实上的"单边主义"政策,带有明显的歧视性。如,无锡地区的光伏产品(高能耗多晶硅),频遭欧盟的贸易调查,进而导致企业出口下降,产能利用严重不足。二是标准技术更新换代加速。国际贸易规则有关的标准制度体系主要是由欧美发达国家主导制定的,具有技术标准高、环境法律法规严格等特征,发展中国家技术和产品难以达到要求;而且标准规则更新速度快,发展中国家运用相关标准规则来适应国际市场存在一定滞后性,与发达国家间差距越来越大。如,美国对集成电路企业的实体名单制裁,完全是一种技术垄断性封锁打压,为此无锡地区的集成电路产业发展受到不小影响:内资企业无法购买先进级别以及次先进级别的光刻机,产品迭代、技术升级受到影响;即便是在美国豁免清单内的外资企业也需要由其集团母公司代为完成部分工序,增加了企业在我国境内生产运营的成本。

(三) 绿色贸易壁垒的"约束性"加剧

伴随创新技术在国际贸易规则中应用的持续深化,各国都在着力加强加大对规则适用的研究和发展的力度,越发重视对国际规则尤其是绿色贸易壁垒的参与和制定,更有甚者打着绿色经济发展要求的旗号开始将绿色贸易壁垒"武器化"并将其使用到贸易战之中。一是适用范围的扩大。伴随物流供应链的发展,绿色贸易壁垒业已开始从产品的环保性监管向产品研制、原料购买、产品生产、包装设计、产品运输、市场销售等整个产品生产全过程监管转变,甚至对厂房环境、工作人员的健康状况都有具体要求。二是自愿性措施向强制性技术法规转变。以"绿色"为目标的技术性贸易措施数量不断增多,根据美国消费品安全委员会发布的产品召回通报统计,2022年美国发布了293例通报信息,其中157例来自中国,较上年同期增加17.2%,占总召回案件数量近六成。ISO 9000、ISO 14000、各种环境标志认证、HACCP认证、有机食品认证等这些技术性法规和标准,早期作为自愿性措施,正在与强制性措施结合,并有向强制性法规方向转化的趋势。三是以"碳"为核心的新规则正在被重视。2023年10月,欧盟碳边境调节机制(CBAM)正式生效实施,随后日本、英国、加拿大等发达国家也相继出台相应的碳税政策。2024年9月13日,美国贸易代表办公室发布新闻稿表示,将对原产于我国的钢铁、铝、电动汽车电池和关键矿物等产品加征25%的关税;9月10日加拿大政府宣布将对来自我国的钢铁和铝产品征收25%的额外关税。

二、系统应对全球绿色贸易壁垒的践行方向解析

只有全面、完整地解读绿色贸易壁垒,才能知其然、更知其所以然,明方向、知应对。

(一) 注重沟通与应对,战略布局"碳"规则落地

碳关税已在欧盟等西方主要经济体付诸实施,必将深远改变国际经贸规则。我国作为外贸第一大经济体,"碳"规则必将是绕不开的一道坎。一是组建适用国际的行业性本土化碳基础数据库。细化碳核算认证基础通用标准,以电动汽车、纺织等产业为突破口建立本土化碳基础数据库,规范生命周期,

精细化数据获取和质量控制,提升碳排放核算的科学性和国际认可度。二是加强对欧盟等国际碳核算体系及碳市场机制的研究。结合我国贸易深度,研究分析碳关税政策;运用WTO规则,针对碳关税、数字产品护照、碳足迹与碳标签等碳规则,推动碳足迹因子、碳排放数据、核算方法标准获得国际认可;通过市场互认实现碳关税抵扣甚至豁免,维护出口权益。三是聚焦高耗能、高排放产品,创新协同监管模式。商务、环保、海关等部门要围绕绿色低碳、节能环保各司其职,海关、贸易促进等部门要依托原产地证书签发机制,开展碳证书签发,与全国碳市场登记结算机构开展信息联网;加强与欧美海关机构协作,协调碳证书双多边互认,开展碳证书验核合作,防止碳义务跨国规避。

(二) 注重适应与升级,全局谋划实践赶超策略

绿色贸易壁垒属于环保议题、经济议题,其在开放型经济中的影响巨大,但并不是不可逾越的,关键在于能客观认识、统筹谋划、理性应对。一是增强主观能动性,辩证地提升认知能力。绿色贸易壁垒客观而言是一种"小院高墙",但是其本质上也是当下我们前进奋斗的目标,对外贸转型升级有着莫大的内生驱动力,比如我国为应对全球绿色贸易壁垒的发展趋势,加快了制定各类商品在生产和销售中有关环境保护的标准和法律法规,促使对外贸易的环境管理与国际环保法规和管理接轨,全面提升我国外贸产品的绿色核心竞争力。二是聚焦热点,集中资源,重点攻关,增强博弈筹码。在贸易实践中,绿色贸易壁垒的影响正日益超出经济范畴,绿色贸易壁垒业已成为全球大国博弈的重要手段和中美全面竞争的重要战场,因其本身主要散落隐藏于具体的贸易法规、国际条约执行的过程中,才会在关键时期或节点上,堂而皇之地成为拒绝出口产品的有效杀伤武器。如,我国应围绕"双碳"目标,凭借在新能源汽车、光伏等产品上的优势地位,科学地提出环保技术标准,破除西方的"绿色霸权",为世界各国在统一的环境管理标准下平等竞争创造条件。三是主动出击,积极参与,持续拓宽国际市场贸易份额。基于深度调整的国际格局和不断重构的全球贸易体系,针对以美国为首的西方发达国家主导的规则体系,我国在主动适应的同时,应找准时机,如,在《区域全面经济伙伴关系协定》(RCEP)等高标准国际经贸规则下,主动设置与绿色贸易规则相关的议题,加强与主要贸易伙伴就绿色贸易规则和标准的衔接,增强贸易黏性,不断拓展全球市场份额。

(三) 注重联动与协同,整体推进规则实施路径

目前,有关绿色贸易壁垒,我国涉及的监管部门多,法规依据分散,监管合力未形成。建议政府牵头,联动整合监管主体。一是要坚持实用导向,提升掌控力。联合组建多部门参与的绿色贸易措施评估基地,统筹开展绿色贸易壁垒信息收集、分析研判及合规应对等工作,对国际环保标准的变化进行密切跟踪,实时了解、掌握变动信息,对国外的环境标准进行广泛收集。二是要坚持政企协作,提升应对能力。进一步细化应对绿色贸易壁垒的各部门责任,构建跨部门联动协作应对机制,深化与专业研究机构的协作,帮助和指导企业积极调整进出口策略,协助解决绿色贸易壁垒争端。三是要坚持研用结合,提升支撑力。主动开展政策研究,前瞻性加强在绿色产品的生产工艺、加工水平、检测技术、标准体系等方面的技术储备;针对出口企业在进出口全流程、各环节及延伸配套服务上的需求,有条件地主动开展境外商法、出口信用保险方面等方面的政策支持。

三、我国高水平"绿色"开放格局构建策略探究

了解了绿色国际贸易规则,明确了使力方向,只是迈开了实质性应对的第一步。虽然在行动上结束了被动的局面,但在未来,想要取得更多的成果成效还需要更多的努力,在大局、变局和新局中谋求战略突围、战术突破,以实干立新破局。

(一) 强化战略重视,推动构建绿色开放新格局

将应对绿色国际贸易壁垒提升至国家战略高度,立足当下、放眼长远、整体统筹推进,聚集全国资源,主动对接国际高标准经贸规则和全球绿色贸易制度机制,边实践、边建设、边完善碳排放监测与计量、碳足迹核算与评价等相关标准体系,打造透明、稳定、可预期的绿色贸易制度软环境。

一是视"绿色"为制度型开放的重要标识。聚焦"绿色",全面贯彻落实党的二十届三中全会进一步全面深化改革中有关制度型开放的主旨精神,积极

参与全球绿色经济治理体系改革,加快建立与国际绿色投资、绿色贸易新规则相融合的制度体系,有序推动商品、服务、资本和劳务等市场资源的"绿色"化发展,在着力推动国内传统产业转型升级与绿色发展的同时,有意将数字、绿色等规则纳入我国产业高质量发展评价的重要指标体系之中,促进我国绿色经济发展良性循环局面的形成。此外,同步建立绿色认证产品快速通关制度,扩大面向全球的高标准自由贸易区网络,提升我国自由贸易协定开放水平。

二是探索绿色法规制度,创设贸易开放平台。积极借鉴国际碳关税等绿色规则的先进经验,在研究、吸收、消化的同时,对标国际、立足国内,率先在国内进行碳关税立法,应用国内碳税规则去应对国际碳税规则。同时,以绿色低碳发展和高水平对外开放为引领,探索设立绿色开放平台,更好培育绿色贸易竞争新优势。如,可在全国布局,分批次建设"国家绿色贸易发展示范区",探索基础条件不同地区的绿色贸易发展路径和模式,形成良好的区域示范和带动作用。此外,在自贸试验区积极探索更加开放的金融先行先试改革,如绿色信贷、绿色债券、绿色保险、绿色主体公募基金等绿色金融产品和服务。

(二)注重战术实施,全面探索绿色接轨新支点

战略目标确定后,要实现预期目标,起关键作用的就是战术。为此,应能够从本质上认识到"绿色发展是高质量发展的底色,新质生产力本身就是绿色生产力",进而在我国工业体系和国际贸易体系中全面树立"绿色产业"发展理念,以战术视域、改革思维,全面开启绿色国际规则实践、探索、创新之路。

一是要围绕进出口产品,重点攻克绿色技术难关。聚焦重点领域和关键环节,统筹产业发展与绿色转型,提升绿色产品和服务供给能力,不断激发绿色产业发展的动力和活力。同时,积极引进先进生态环境治理与低碳技术,科学制定绿色低碳产品进出口货物目录。一方面,聚焦企业绿色生产需求,用"一揽子"政策扶持企业研发和生产符合国际环保要求的"绿色产品",争抢和拓宽国际"绿色市场"空间;另一方面,同步厘清国际绿色低碳产品进出口货物的重点领域,鼓励发展绿色技术,支持绿色产品、绿色技术和绿色服务"走出去"。

二是要围绕外贸转型,分类指导绿色产业的发展。积极引导外贸企业前瞻性布局低碳、高潜力绿色赛道,支持外贸转型升级基地、进口贸易促进创新

示范区的建设,同步出台财政、税收、贸易便利化等配套支持政策,促进以低碳为特征的产业体系、外贸体系的形成。同时,制定绿色设计、产品碳足迹、绿色生产、新能源汽车等重点领域标准和核心技术装备标准;构建绿色工厂、绿色产品和绿色供应链等评价标准体系;强化评价体系绿色发展导向,提升绿色产品贸易便利化水平,助力企业开拓国际市场,吸引和引导外资投入清洁低碳能源产业领域。

(三) 突出战法应用,深化强化绿色治理新成效

战法是战略与战术的进一步细化。具体来讲则是应对绿色国际贸易壁垒的各种技巧和方法的实践选择。好的战法是赢取最终胜利的关键核心,在国际规则这场没有硝烟的贸易战中,同样有着不可或缺的重要性。为此,应善于在复杂关系中厘清主线。

一是要坚持"斗而不破",善于在斗争中求合作。为塑造绿色发展的核心竞争力,多数大国制定了国际贸易规则,都想在全球绿色议题上获得更多话语权。虽然在国际贸易规则的实践中,我国主要处于守势,发达国家一直处于攻势,但面对强势的对抗,谋求谈判仍是最优选项。然而,主张谈判不意味着中国要一味妥协,应在保持合作对话的可能性同时,针对美欧等发达国家组合化推出的绿色壁垒,在竞争中掌握主动,在斗争中赢取优势,坚决给予适当且必要的反制措施,进而能在确保自身底线不破的前提下,更多地刺探对方的底线,使谈判朝着有利的方向发展,从而降低绿色贸易壁垒对我国对外贸易的冲击,维护我国的正当利益。同时,要能均衡考量各方利益,使绿色规则能够最大地吻合各方利益的契合点和合作的最佳切入点,团结和代表发展中国家发声,赢取更多国际尤其是发展中国家的支持。

二是要奉行"主动出击",善于在践行中促提升。主动出击,而不是被动跟从,就是要变被动为主动,在对标屈从的实践中,善于挖掘自身、善于发声主张权利,主动创造或参与创造新规则,在贸易中磨砺自己、成长提升。一方面,要跳出贸易的传统思维定势,深入了解国际贸易的相关规则,多元地参与有关"绿色"贸易新条款的制订,并在实施前充分表达主张与意见。在表明中国保护环境、节能减排的态度和决心的同时,更好地树立和彰显良好的大国形象。

另一方面,要善于挖掘自身的优势和特长,如,借助强大的国内市场,主导与我核心利益相关的国际绿色贸易规则的制定与谈判,修订和完善国际规则标准;主导倡议建设金砖国家自贸区联盟,增进友好地区国家间的协作,一些共识规则可以在区域内先行先试,用实际成效扩大辐射影响力。

三是要倡导"精准施策",善于在危机中育先机。"惟其艰难,才更显勇毅;惟其笃行,才弥足珍贵。"我们现在在国际贸易规则中所处的是一个船到中流浪更急、人到半山路更陡的境遇。面对绿色贸易壁垒,屈从或一味对抗都是不可取的,唯有认识和把握规则规律,发扬斗争精神,坚持系统理念、抢抓机遇。一方面,客观正视与发达国家在绿色技术方面的差距,不简单屈从、更不灰心弃从,要善于在新局、变局中孕育新机,找短板、查不足;引进国内外先进技术,搭建绿色科技创新促进平台,加快绿色技术创新主体与绿色技术成果的培育,主动开展产业升级,提前消除潜在的绿色贸易壁垒。另一方面,围绕国家碳达峰和碳中和的重大战略部署,建立光伏、风电、氢能、电池材料等能源转型和绿色低碳重点建设项目优先支持清单,对标国际,提前谋划前沿技术标准,改被动跟跑为主动领跑,力争形成一批在我国有制造优势、能够被国际所认可的或能引领国际走向的产业标准体系,打造另一个全球绿色技术策源增长极。

本文作者:顾勤,联盟咨询专家、南京海关学会会长。

参考文献:

王丽平、廖月平:《全球绿色贸易壁垒下的纺织产品发展对策》,《印染助剂》2023年第1期。

张真齐、王志远:《面对欧委会"关税大棒",中国车企如何应对》,《中国青年报》2024年6月20日第8版。

符大海、王妍、张莹:《国际贸易中的碳规则发展趋势、影响及中国对策》,《国际贸易》2024年第4期。

汪万发:《理解全球绿色治理:一个整合性分析框架》,《亚太经济》2023年第6期。

树标杆示范，引领长三角高质量发展翻开新篇章

丁建祖

2024年11月，长三角一体化发展示范区迎来揭牌成立五周年，成就非凡，硕果累累。长三角区域一体化发展战略的"蓝图规划"在示范区正逐步落地成为"现实画卷"。

习近平总书记强调："深入推进长三角一体化发展，进一步提升创新能力、产业竞争力、发展能级，率先形成更高层次改革开放新格局，对于我国构建新发展格局、推动高质量发展，以中国式现代化全面推进强国建设、民族复兴伟业，意义重大。"

实施长三角区域一体化发展战略五年多来，长三角地区的整体实力和综合竞争力持续位居全国前列，其作为我国参与国际竞争合作的重要平台的作用日益显现，为构建新发展格局、推进高水平对外开放赢得了战略主动，高质量发展的中国式现代化新模式正在成型。

在长三角一体化发展的背景下，作为中国经济发展最活跃、开放程度最高、创新能力最强的区域之一，长三角地区以不足4%的国土面积，连年保持占全国约1/4的经济总量，也让人们对这片土地有了更多期待。

在中国式现代化建设的新征程中，需要大力推进长三角联动融合发展，谱写长三角一体化高质量发展的新篇章。

一、示范区为区域协调发展提供生动样板

长三角一体化发展示范区横跨沪苏浙，毗邻淀山湖，区域覆盖上海青浦

区、浙江嘉兴嘉善县、江苏苏州吴江区,是长三角区域一体化发展战略的先手棋和突破口。

五年以来,长三角一体化发展示范区的产业、生态、民生齐头并进,充分展现了协调发展的强大优势与独特底蕴,开辟了高质量发展的新模式。

(一)在民生方面,共建共享公共服务

经过五年的布局和建设,长三角一体化发展示范区的路网越织越密,原先省界的交通洼地不断抬升。如今,在示范区内,沪苏湖高铁、上海地铁17号线西延伸线等多条高铁线、城市轨道交通线即将建成通车,未来示范区内将实现30分钟快速互通到达。示范区正着力打造"半小时通勤圈"。跨省域道路对接进一步完善,跨省公交也在持续扩容。东航路至康力大道正式通车,打通了省际"断头路",使青浦到吴江的通勤时间缩短了近九成;580米长的元荡慢行桥连接沪苏两地,十分钟步行跨省"串门"不再是奢望。

不仅路通了,随着长三角一体化发展走深走实,医疗、教育、养老的"跨域无感"成为示范区居民真实的生活体验。在原有的基本公共服务基础上,长三角一体化发展示范区两区一县联合推出"共建共享公共服务项目清单",涵盖卫生健康、医疗保障、教育、养老、政务服务、综合应用等多个领域。

医保电子凭证实现跨省"一码通行",近千家定点零售药店支持异地医保直接结算。通过整合青吴嘉三地的线下办事大厅、综合自助终端以及政银合作网点,示范区政务服务地图实现了"一图尽览、一键预约"。

(二)在产业方面,以科技创新引领高质量发展

五年来,示范区紧扣时代脉搏,把握发展趋势,引领科技潮流,区域内的各产业以科技智慧驱动绿色创新融合发展,形成了一条条产业链。

示范区瞄准科技创新这个第一生产力,加速推进新质生产力建设,不断释放协调高效发展的优势与魅力。北斗西虹桥基地正在迈向未来空间产业新蓝海,作为空间信息产业的桥头堡,以策源、赋能、创新、链通、融合为抓手,形成了全方位、立体化的先导产业创新生态体系。

华为青浦研发中心结合长三角区域定位,借助"高地"优势全面布局,以在青浦建设的科创中心为根基,通过创新中心模式持续赋能长三角数智产业,以开放、合作、共赢的理念,加速生态发展,推动产业繁荣。全国首个跨省域的高新技术产业开发区——长三角生态绿色一体化发展示范区跨省域高新技术产业开发区涵盖青浦、吴江、嘉善三个片区,依托长三角区域丰富的科技创新资源和高新技术产业发展基础,让自主科技创新成果在相对集中的区域得到复制与推广。

而青浦西岑科创中心园区,毗邻华为青浦研发中心,目标是要成为"世界级科创小镇",正在实践跨域科创。园区对标配套华为上下游产业链,如芯片、通信等电子和数据类企业。园区通过打造开放式活力混合社区,融入新江南水乡的生活方式,来吸引全球年轻科创人才。园区到周边吴江、嘉善的车程在10分钟左右,方便了跨区域人才的流动。

(三) 在生态方面,共保联治实现水清岸绿

人与自然和谐相处,是高质量可持续发展的根本前提。五年来,沪苏浙在长三角一体化示范区实施生态共保联治,坚持城水共生、活力共享、区域共享的发展理念,在水环境治理、大气治理、土壤治理、空间规划等各方面集中实践。

作为示范区第一条建立"联合河长制(专为解决跨域交界河湖存在治理难题而提出的制度创新)"的河道,五年来,太浦河的水域整体治理已经建立五大跨域联合机制,包括联合巡河、联合管护、联合监测、联合执法和联合治理,工作机制的制定和落地改善了跨界河湖可能出现的权责不清问题。最重要的是,太浦河的水域生态环境和面貌得到了极大的改善,惠及了沿湖的居民和企业。

2024年10月底,位于沪苏省际边界、示范区"水乡客厅"北缘23千米的元荡生态岸线全线贯通。从曾经的劣Ⅴ类水,到现在水清岸绿、鸥鹭翩飞、游人如织,元荡岸线成为长三角一体化发展示范区的发展缩影。

长三角一体化发展示范区为高质量发展的协同系统、有机集成、融合联动提供了生动样板与标杆旗帜。长三角绿色生态一体化示范区彰显了协调、联动、系统、整体发力的优势所在,更折射中国特色社会主义制度的强大政治优势与鲜明特征。

二、长三角一体化高质量发展翻开新篇章

经过五年的奋斗,示范区硕果累累:从整体来看,自2018年11月5日长三角区域一体化发展上升为国家战略以来,江苏省、浙江省、安徽省和上海市等长三角三省一市紧紧围绕"高质量发展""一体化发展"两大时代主题,因地制宜地培育和发展新质生产力;区域协调发展取得重大突破,改革开放迈出新步伐,"长三角新坐标"在全球经济地理版图中更加醒目。

(一) 握指成拳,协同发展,遍地开花结果

长三角区域一体化发展上升为国家战略以来,三省一市各扬所长、紧密联动、相互成就,持续推进产业链深度融合,为区域经济的发展插上了翅膀。

上海国产大飞机C919总装所需约10%的零部件、50%的铝材和50%的复合材料结构件是江苏"镇江制造",空气冲压涡轮发电机舱门则是浙江一家公司提供;每12分钟下线一台的"全长三角造"机器人,轴承来自温州,伺服电机来自衢州,谐波减速机来自苏州……类似的事例比比皆是。上海提供芯片、软件,江苏常州提供电池,浙江宁波提供一体化压铸机,通过产业集群协同发展,一家新能源汽车整车厂可以在4小时车程内解决所需配套零部件供应,在长三角地区形成了体现现代化产业体系特征的"4小时产业圈"。

产业链深度融合,也在助力产业结构加速迈向中高端。在长三角,集成电路、生物医药、人工智能的产业规模已分别占全国的3/5、1/3和1/3。最新数据显示,长三角产业链联盟数量已经高达19个,其中超过半数聚焦于新质生产力。

坚持一体化发展战略的长三角,联动融合发展,不仅成为国家经济增长的引擎,还为其他地区的协同发展提供了可供学习、复制的样本。"长三角新坐标"被点亮、焕新,这对于提升国家在全球经济中的地位和影响力,同样具有非常重要的意义。

(二) 深度融合,协同创新,跑出"加速度"

在长三角这片面积约35.8万平方公里的发展热土上,"一体化"和"高质

量"这两个关键词引领着华东地区乃至长江经济带的集群化发展,使得基础设施更加联通,产业协作更加扎实,协同创新更加活跃。尤其是科技创新和产业创新的深度融合正在有力有序推进。

作为长三角建设跨区域创新网络的重要措施,长三角G60科创走廊从"上海松江科创走廊1.0版"起步,再到"沪嘉杭2.0版",最终发展为覆盖长三角三省一市九城共建的"3.0版"。其跨界合作的机制不仅有效地打破了传统的行政壁垒,还推动了各地创新资源的共享协作,取得丰硕成果。数据显示,截至2024年6月,长三角G60科创走廊九地的GDP占全国比重上升到1/15,研发投入强度均值达到3.77%,高新技术企业约占全国1/7,科创板上市企业数超全国1/5。

在长三角G60科创走廊的带动下,整个长三角的创新也跑出了"加速度"。近三年,长三角区域技术合同成交额增长率位居全国第一,达到332.2%;长三角科技资源共享服务平台已集聚4万余台大型科学仪器、22台大科学装置、2 377个服务机构和3 180家科研基地;长三角科研合作网络密度提升0.04,至0.74。

(三) 在新征程中,以"龙头"带动全国统一大市场

在中国式现代化建设新征程中,构建以国内大循环为主体、国内国际双循环相互促进的新发展格局,是实现社会经济高质量发展的重要抓手。为此,作为中国经济发展的"排头兵"与"桥头堡",长三角在新征程上的新任务就是要进一步破除行政壁垒,加快区域市场体系的一体化进程,进而在全国统一大市场建设中发挥龙头带动作用。

在发布《长三角地区一体化发展三年行动计划(2024—2026年)》之后,2024年9月13日,为进一步发挥长三角地区在建立全国统一大市场中的龙头带动作用,上海市、江苏省、浙江省、安徽省共同制定发布《推进长三角区域市场一体化建设近期重点工作举措(2024—2025年)》。

"三年行动计划"坚持全球视野、战略思维,将长三角一体化发展进一步推向深化,提出三省一市要科技创新协同,打造世界级产业集群;还提出要协同建设长三角世界级产业集群。通过这一系列举措,相信长三角地区将不断增强科技创新和产业创新能力,建设一批具有国际竞争力的世界级产业集群,为

推动高质量发展注入新动能。

随后发布的"重点工作举措"则对长三角一体化作了更加具体的工作安排,其中提到:加快基础制度规则统一,为区域市场一体化提供保障;加快市场设施高标准联通,提升区域互联互通水平;打造统一的要素市场,促进要素和资源畅通流动;打造统一的商品和服务市场,促进消费提质升级;营造有利于区域市场一体化发展的环境。相信借助长三角一体化发展示范区五周年的成功经验,依靠三省一市近几年的探索成果,长三角一体化发展一定会进一步走深、走细,在全国统一大市场建设中发挥出龙头带动、示范引领作用。

三、推动长三角一体化发展迈向更高层次的协同开放

实施长三角区域一体化发展战略,是引领全国高质量发展、完善我国改革开放空间布局、打造我国发展强劲的活跃增长极的重大战略举措。如今,长三角高质量发展翻开了新篇章,要继续深入推进长三角一体化发展,就要加快从区域项目协同走向区域一体化制度创新,推进跨区域共建共享,使长三角真正成为区域发展共同体,进而在全国统一大市场建设中发挥龙头带动作用。

(一)迈向更高质量的创新共同体

创新是引领发展的第一动力。深入推进长三角一体化发展,要进一步加强科技创新和产业创新跨区域协同,进一步加强科技创新和产业创新深度融合,拓展发展新空间,培育发展新动能,更好地联动长江经济带、辐射全国;要以更加开放的思维和举措参与国际科技合作,营造更具全球竞争力的创新生态。

科技创新不能只盯着产业链进行,更要重视从"0到1"的突破性创新,迈向更高质量的创新共同体。其中关键之一就是要加强基础研究,目前我国基础研究的投入只占整个研发投入比例的6%,而在美国等发达国家,该比例在15%至20%,这充分说明我们整个社会对于基础研究的重视还是不够,投入还相对欠缺。长三角区域有条件、有理由发挥其在基础研究领域的模范带头作用。

要发挥长三角区域内高校和科研院所的作用,还要进一步强化企业在科

技创新中的主体地位。应该充分发挥骨干型科技企业的引领支撑作用,营造有利于科技型中小企业成长的良好环境;同时,要加强企业主导的产学研深度融合,提高科技成果转化和产业化的水平,尽快实现从"0到1",再从"1到100"的突破。

(二) 推动更高层次的对外协同开放

作为我国开放程度最高的区域之一,在长三角区域一体化发展的战略下,长三角地区应该积极推进高层次的协同开放,推进以制度型开放为重点的高水平对外开放,加强改革经验的互学互鉴和复制推广,努力带动全国统一大市场建设、畅通我国经济大循环、联通国内国际双循环。

长三角地区还是全国自贸区启动最早、分布最集中的区域之一。上海自贸区率先建成上海国际贸易"单一窗口",支撑全国超1/4货物贸易量的数据处理;不产一滴油的浙江自贸区,依托制度创新打造油气全产业链;安徽自贸区探索企业开办"一页一证一码"等改革措施,"一照通"审批事项办理时限平均压缩85%。

上海、江苏、浙江、安徽在对外开放方面,可以说是各有侧重。四地各自发力的同时,积极推进高层次的协同开放,通过加强与国际市场的连接和合作,包括中欧班列、国际陆港等项目的建设,大力发展国际贸易,提升长三角地区在全球价值链中的地位。

但长三角地区协同开放仍有提升空间,未来长三角要打造外向型经济的新高地,应对标国际最高标准,推动贸易和投资的自由化、便利化,探索建立与国际通行规则相衔接的制度体系和监管模式。要协同为外资企业提供更加便利、更加透明的营商环境;同时拿出更多的措施、更好的协同开放政策,推动长三角优势产能、优质装备、适用技术和标准"走出去";更要合力推动和支持,甚至帮助本地企业走向海外、走向世界。

本文作者:丁建祖,联盟咨询专家、上海国际商会副会长。

保护传承非遗瑰宝，创新活化再绽新枝
——无锡市非物质文化遗产保护情况的调研报告

王慧芬

非物质文化遗产（以下简称"非遗"）是中华优秀传统文化的重要组成部分，是中华文明绵延传承的生动见证，是连接民族情感、维系国家统一的重要纽带。习近平总书记指出，非遗保护是增强文化自信和提升中华文化影响力的重要途径，通过保护和传承非遗，可以更好地讲述中国故事，增强民族凝聚力和文化认同感，强调要推动中华优秀非遗文化的创造性转化和创新性发展。这意味着非遗保护不仅要保持其传统特色，还要在现代社会中找到新的生存和发展空间，使其更具活力和吸引力。

为贯彻落实习近平总书记的重要指示精神，最近，我率无锡市文化遗产保护基金会开展了非遗保护专题调研。

一、无锡市非物质文化遗产保护现状

截至目前，无锡市有市级以上非物质文化遗产代表性项目共379项（含扩展项目），其中国家级11项、省级69项、市级168项、县（区）级131项；市级以上代表性传承人有588人，其中国家级9人、省级54人、市级337人、县（区）级188人，基本形成了完整的国家、省、市、县（区）四级非物质文化遗产保护体系。非遗基地有国家级生产性保护示范基地1个、省级非遗生产性保护示范基地3个、市级非遗生产性保护示范基地18个；省级非遗传承示范基地2个、市级非遗传承示范基地46个。这些非遗基地的建成，为无锡非遗的可持续发展提供了良好保障。

近年来,无锡市坚持"依法保护、科学保护、有效保护"原则,在落实中央、省对非遗工作的各项政策制度的同时,积极开展全市非遗保护传承工作。

1. 建立健全各项规章制度,加强保护和扶持

近几年来,无锡市先后出台实施了《关于建立无锡市非物质文化遗产名录的工作意见》《无锡市非物质文化遗产项目代表性传承人认定与管理办法》《无锡市非物质文化遗产保护专项资金使用管理办法》《无锡市"百匠千品"非物质文化遗产传承创新工程三年行动计划(2023—2025年)》《无锡市国家级非物质文化遗产项目代表性传承人带徒传艺实施办法(试行)》等各项条例、规划和办法。不断健全完善非物质文化遗产的体制机制,为非遗保护工作提供了有力的政策制度保障,在非遗保护、传承和创新发展中的规范和引领作用得到了充分发挥。坚持依法科学保护,实施传承人动态管理,每年定期组织专家对国家级非遗传承人进行资质、能力和绩效考评,每两年对市级传承人进行综合评估。2022年完成了第五批市级非遗代表性项目、代表性传承人的申报评审工作,进一步推动完善非遗名录体系和传承梯队;通过开展非遗专项补助和传承培训工作,进一步推进代表性项目的传承活动;组织实施无锡市国家级非物质文化遗产项目代表性传承人带徒传艺工作,开展濒危非遗项目、高龄非遗传承人抢救性数字化记录;完成无锡惠山泥人、无锡留青竹刻、无锡精微绣、无锡道教音乐、吴歌、无锡评曲、玉祁双套酒酿造技艺、锡帮菜烹制技艺、无锡纸马、玉祁龙舞等10个项目的采录工作。同时,完成了对国家级非遗传承人喻湘涟、徐秀棠、吕尧臣,省级非遗传承人王木东、柳成荫等5位高龄非遗传承人的抢救性记录工作。国家级非遗传承人王南仙、乔锦洪,省级非遗传承人陆林生,市级非遗传承人邹文浩、翁国汉、周仁娣、俞春林等6位高龄传承人的数字化抢救性记录工作正在进行中。其中,"喻湘涟——泥塑(惠山泥人)"从全国293个项目中脱颖而出,获评文旅部非遗司授予的"国家级非遗代表性传承人记录工作优秀项目"。

2. 非遗教学进校园,推动非遗"活态化"传承

近年来,在全市范围内积极开展非遗"活态化传承""非遗进校园"活动。如,市非遗保护中心在无锡连元街小学、无锡市芦庄实验小学等10所学校开设了惠山泥人、无锡精微绣、无锡留青竹刻等多个国家级、省级非遗项目的传

承课堂；江阴市自 2010 年起至今开设了 20 个小锡班、40 个二胡班，累计培训学员 12 000 多人。同时，马蹄酥、百寿图、面塑、灰塑、砖雕、木雕、灶花、圆作（木器）制作技艺、珠绣、剪纸、发禄袋、虎头鞋帽、麦秆画、渔篮虾鼓舞、茶花担舞、龙舞、荡湖船、狮舞、蚌舞、打连厢等非遗项目也都走进了各个学校和课堂，部分学校还举办了富有地域特色的"非遗运动会""非遗小集场"等活动。

3. 非遗项目进景区，打造非遗"沉浸式"体验

"文旅融合"以来，越来越多的非遗项目入驻各旅游景点，在弘扬无锡本土文化的同时，焕发出了新的活力。如惠山古镇景区不仅有玉祁酒文化体验馆，剪纸、古琴、梨膏糖、惠山油酥、纸马、锡剧等非遗项目展示表演，还开展了惠山泥人游学体验活动；灵山、拈花湾、鼋头渚等无锡各大热门景区在春节、元宵节、中秋节等传统节日期间也都推出了非遗及传统民俗展示活动，让更多的游客和市民认识并喜爱非遗文化。

4. 宣传平台多样化，不断提高无锡非遗知名度

近年来，无锡非遗在长三角国际文化产业博览会、大运河文化旅游博览会、2021 年扬州世界园艺博览会、江南文脉论坛、国际智能传播论坛等重大文化展示平台"亮相"。无锡连续 11 届举办无锡文博会，成功举办"2021 中国大运河非遗旅游大会""2023 年大运河非遗保护传承利用工作现场交流活动"。2024 年 7 月，第二届中国非物质文化遗产保护年会在宜兴窑湖小镇举行，吸引来自全国各地 300 余项非遗项目参展，充分体现了中国非遗的深厚底蕴和独特魅力，从而有效地促进了跨地域文化交流，不断扩大对外影响力。积极探索非遗宣传新模式，特别是围绕每年"文化和自然遗产日"，连续 7 年举办非遗主题系列活动。通过举办非遗集市、非遗讲座、非遗展演展销等活动，集中宣传推广非遗文化。将非遗展示纳入各级惠民演出和民俗节庆活动中，有重点、成系列地推介非遗，不断加大宣传力度。

5. 搭建销售平台，拓宽非遗消费新渠道

举办非遗购物节：连续 4 届线上线下同步举办"非遗购物节"，举办 5 场非遗市集活动。邀请长三角 40 余个特色非遗项目、非遗文创来无锡集中展示非遗技艺、传统民俗。组织全市 100 多个非遗项目、30 多家非遗企业现场进行展示、展演、展销活动。"云游非遗·影像展"、互动体验、直播互动等 6 大活动区

域人头攒动,较好地带动了非遗企业、传承人积极对接市场需求。

推进发行数字藏品。注重数字赋能传统非遗,以非遗作品为原型,依托数字技术的创新,用年轻人爱听的语言,以年轻人爱看的形式创造数字形象,推出非遗数字藏品《留青竹刻》《惠山泥人——两小无猜》《吴歌》等 12 个系列的 120 个藏品。这些藏品一经发布,便秒杀售罄,销售额约 100 万元。无锡是全国较早规模性引入数字产品集合概念的城市,非遗文化以更为年轻化的体验方式传递给广大受众。

引导入驻线上商城。与阿里巴巴、淘宝、抖音电商等平台合作,组织宜兴紫砂、无锡精微绣、脚踏年糕等 11 个非遗项目,16 名国家、省级传承人,35 万件(套)非遗产品入驻新消费平台,用直播、预售等形式开展线上销售活动,推广个性化、定制化的非遗消费模式,培育"小而美"的非遗品牌。仅 2023 年 6 月份以来,就累计销售非遗产品 20.8 万件(套),销售金额 1 818.9 万余元。

二、目前非物质文化遗产保护传承存在的主要问题

1. 保护意识还不够强

一方面由于非遗项目为属地管理,少数区域对于所辖非遗资源重视程度不够,人员、经费、场地投入不足,存在"重申报轻保护、重开发轻传承"的现象。特别是近几年来,因财政困难,大部分地区大幅度削减甚至取消了非遗保护专项资金,有的地区连最基本的传承人补贴都难以保障。另一方面由于生活压力、社会地位、经济收入等主客观因素,部分传承人存在责任感不强、保护传承意识不够的问题。滨湖区原来建有全市首家区级非遗展示馆,不久前已被挪作他用。

2. 不少非遗项目"后继乏人"

因为许多传统技艺难度高、强度大、耗时多、收入低,所以不少民间艺术传承人面临弟子太少甚至无弟子的尴尬境地。随着老艺人的逝去,部分民俗技艺和民间工艺面临着"艺随人亡"的危险。国家级非遗项目"留青竹刻",虽然每年都有青年学徒进入工作室,但因他们的年收入仅有几万元,一旦找到收入更高的工作,便会立即离职。大部分人学艺时间不超过两年,从而导致该项目缺乏始终如一、坚持传习的年轻力量,能熟练掌握留青竹刻技艺精髓的工艺师更是寥寥无几。无锡评曲、花轿迎亲的传承人年事已高,但目前仍"后继无

人";省级项目"渔篮花鼓舞"、市级项目"滚灯""圆作(木器)制作技艺""礼社大饼制作技艺""高塍猪婆肉制作技艺""江阴申港百叶制作技艺""无锡素食制作技艺"等项目仍无传承人。

3. 非遗保护利用路径尚未拓宽

目前非遗保护工作以政府为主导,专业机构和传承人为主体,社会力量参与还不够。非遗的创新力度也不大,非遗产品的生产开发缺乏市场化能力,与现代审美风尚融合度还不高,在市场推广、形象包装、文创开发等方面需要进一步加强。如无锡精微绣项目开发的"红缘阁"系列文创产品——江南水乡书签,在发布之初曾风靡一时,深受广大年轻消费者喜爱,但由于定价高、无法批量生产,出现了无产品、无市场、无服务的窘况,结果很快在市场上消失了。锡剧是国家级非物质文化遗产、华东三大剧种之一、江苏省代表性剧种,享有"太湖一枝梅"、无锡文化名片之美誉。无锡是锡剧的发源地,锡剧品牌是无锡文化建设的重要组成部分,但锡剧传承发展仍面临多元文化冲击、获奖层次突破、青年人才培养等挑战,与实现锡剧艺术创造性转化、创新性发展等要求还有一定差距。有的非遗产品虽多点开花,但没有形成拳头产品,如阳山糕团、江阴"致和堂"膏滋药、刀鱼馄饨等,都面临这个问题。

4. 个别地区非遗进校园工作推进不力

因与学校"双减"要求相冲突,梁溪区非遗进校园活动未能列入社会实践活动,导致该区所有的非遗保护传承活动都不允许进学校,存在"一刀切"现象。这直接影响非遗项目的保护传承延续和可持续发展。

5. 非遗管理人员专业水平不高

在全市范围内,尤其是在基层,专职从事非遗管理工作的人员较少,参与非遗研究的专业人员则更少。非遗保护工作人员匮乏,专业性不强,不少人员身兼数职,既不专业又不内行,工作只能疲于应付交差,更谈不上高质量的完成,这种情况在很大程度上制约了全市非遗保护工作水平的进一步提升。

6. 区级非遗项目评审仍属空白

因为撤市设区、区划调整,目前除了江阴、宜兴两县(市)仍保留有县级非遗项目的评审外,锡山、惠山、滨湖、梁溪、新吴、经开等区都没有正常开展区级非遗项目的评定工作。无锡已成为全省13个地级市中唯一没有开展区级非遗项目评定的城市。这与无锡经济大市的地位是不相匹配的。

三、加强非物质文化遗产保护传承工作的对策

1. 加强科学化管理

一是开展分类管理。根据现有各级非遗项目的现状进行梳理分类,对于目前能够较好地开展生产性保护的项目,给予更多的政策、对接和配套服务,推动它们走得更好;对于目前能够持续开展非遗传承,但不具备生产性保护条件的项目,要为它们提供更多的平台进行展示交流,扶持它们走得长远;对于那些目前生存现状不乐观甚至濒临消亡的项目,要加大资金扶助,开展抢救性保护,支持它们走下去。同时配套数字化记录等抢救方式,将相关信息及时地记录保存下来。二是加强制度建设。进一步明确传承人的责任与义务,规范评审管理。在此基础上,对非物质文化遗产代表性传承人及其传承活动开展评估,要建立健全传承人的进退机制。对专项资金的使用开展绩效考核,奖励优秀的同时,对于已不具备保护传承能力的项目启动退出机制。三是加强属地管理。辖区文化主管部门、非遗保护部门要进一步增强属地管理责任意识,积极争取政府部门的重视和支持,为辖区内非遗项目和非遗传承人做好政策解读,提供资金扶持、辅导项目申报等帮助。

2. 提升引导有效力

一是指导传承人完善"科学选徒带徒"计划。根据实际情况,进一步对非遗传承、教学给予政策扶持和资金补助,如提供非遗教学的场所,创设非遗承教学平台,推荐非遗传承人参加各级专业培训等。科学地建立激励机制,促进传承人开展形式多样的传承与教学活动。二是逐步提高非遗传承人的社会地位,帮助其实现自我价值。非遗传承人社会地位的提升,是吸引更多年轻人投身非遗传承的关键。可以开展"年度非遗人物评选",结合"非遗进校园"等活动,聘请非遗传承人担任客座教授、老师等,让他们获得更大的社会认同感,逐步营造以传承非遗文化为荣的社会氛围。三是要畅通政府部门与非遗传承人之间的沟通渠道。各级相关部门要定期召开座谈会,针对教学方法、带徒情况开展交流研讨,在会上进行经验分享和问题探讨,让非遗传承人不再"孤军奋战",同时便于各级相关部门掌握信息,开展动态管理。

3. 提高队伍专业化水平

要与时俱进地开展好非遗保护工作,一支专业的队伍至关重要。在非遗保护、研究、活动策划等各个方面都需要专业性的人才作为基础保障。一是各级部门要配备专兼职管理人员。有条件的地区如江阴市、宜兴市可成立县区一级的非遗保护中心,专门负责指导辖区内非遗保护和传承。二是要通过完善人才培养机制、组织系统性专业培训等方式,不断提高非遗从业人员的理论水平和专业素养。鼓励美术专业院校的毕业生投身非遗工作。三是要加强"以老带新",积极融入新生力量,为非遗队伍不断注入爱非遗、懂非遗的"新鲜血液"。

4. 增强非遗亲民度

非遗只有积极融入时代、走进生活,做到"活"在当下,在日常生活中"落地生辉",才能始终保持旺盛的生机和活力。要以新创意、新手法、新形态,展现传统技艺的创新活力。一是进一步依托文化和自然遗产日、传统民俗节日等,实行非遗的多场景运用,嵌入商圈、社区、文化馆等场地空间,打造有品位、有温度、雅俗共赏的城市"艺术会客厅",创新开展非物质文化遗产的展示传播活动,提升吸引力;二是进一步大力推动非遗进校园、进景区、进社区,让非遗走到群众身边,让群众零距离体验非遗,不断扩大群众参与度和受众面;三是不断探索用数字化的手段来展示推介非遗,尤其是针对新媒体环境下群众接受信息的习惯方式来开发以非遗为基础内容的数字化产品,不断提升有效的传播力和影响力。

四、进一步做好非物质文化遗产保护传承工作的建议

1. 加大宣传和扶持力度

要充分利用新闻媒体、网络平台,开展相关的宣传活动,拓展传播渠道,扩大非遗的影响力。鼓励组织非遗项目到国外、境外、市外演出、办展,增强影响力和知名度。要切实加大资金扶持力度,县区级政府要依法将非物质保护经费列入本级预算,不得随意克扣非遗传承人补贴专项经费。

2. 加强数字化平台建设

加快推进代表性项目数字化采集工作,加强对非遗数字资源的研究、开发和利用,建立非物质文化遗产数字化平台,并充分利用各级公共文化设施,开

展相关活动。力争全面完成省级以上和濒危非遗项目的数字化采集。

3. 尽快解决区级非遗项目评定体系的缺位问题

鉴于目前我市是全省13个地级市中唯一没有设立区级非遗项目评定体系的地级市，市政府要强力督促各区尽快建立区级非遗项目的评定体系，搭建平台，盘活本地区非遗资源。

4. 加快建设无锡市非遗馆（非遗保护展示中心）

作为经济总量位居全省前列的无锡市，迄今为止尚未建成非遗馆，这与无锡城市的实力和地位是不相适应的。非遗馆是城市文化的标配项目，不可或缺。目前南京、苏州、扬州等城市都已建成非遗馆。建议市政府尽快立项，加快建设能够集中展示非遗项目的场馆。要积极倡导社会力量兴办非遗保护传承体验基地。

5. 努力拓展非遗人才的培养渠道

要高度重视非遗传承人的评定工作，建立健全非遗传承人的培训机制，组织落实好非遗传承人带徒传艺实施办法。在条件成熟时，全市各区可推广江阴、惠山等地非遗进校园的成功经验和做法。

6. 积极推进锡剧保护传承立法

基于锡剧保护传承的现状，制定一部符合无锡市情和锡剧保护传承的地方性法规，为锡剧振兴发展提供法律保障，十分必要且紧迫。通过立法，锡剧的传承和创新将有法可依，这一地方艺术瑰宝可在新的历史时期焕发出更加绚丽的光彩；通过立法，从制度层面解决锡剧保护传承中的难题、壁垒，完善机制、强化人才培养等问题。从无锡文化与城市精神定位的高度上，展示无锡作为"锡剧第一城"的担当和使命。

非物质文化遗产是活跃在当代社会中的传统文化标志、记忆和载体，是广大人民群众生活的组成部分。保护非物质文化遗产，就是传承中华民族的文脉。我们希望社会更多的群体、政府更多的部门，能够共同来关注非遗，一起来为非遗的保护与传承出谋划策，也希望通过我们的共同努力，非物质文化遗产可以更多、更好地融入群众的生活，真正活起来、火起来。

本文作者：王慧芬，联盟咨询专家、江苏省文联原党组书记。

长三角慈善事业发展的无锡思考与实践

朱民阳

党的二十大报告明确指出：扎实推进共同富裕必须完善分配制度……构建初次分配、再分配、第三次分配协调配套的制度体系。引导、支持有意愿有能力的企业、社会组织和个人积极参与公益慈善事业。党的二十届三中全会《中共中央关于进一步全面深化改革、推进中国式现代化的决定》在"完善收入分配制度"部分着重提出：支持发展公益慈善事业。这不仅体现了党和国家对慈善事业的高度重视，更体现出慈善事业在发挥第三次分配、推进共同富裕的进程中作为调节收入分配基础性制度安排重要内容的精准定位。

无锡自古享有"至德名邦"的美誉，以义庄文化为代表的公益慈善文化在全国有重要影响，近代无锡民族工商业者兴办的民间公益慈善事业更是影响深远。近年来，我们坚持以习近平新时代中国特色社会主义思想为指导，深入贯彻党的二十大精神和习近平总书记关于慈善工作的重要指示精神，围绕中心，服务大局，聚焦解决人民群众"急难愁盼"问题，积极探索在第三次分配、促进共同富裕中无锡慈善的新路径，并取得了显著成效。在扶危济困、应急救助、社会公益等方面发挥了重要作用，为中国式现代化无锡新实践贡献了慈善力量。近五年来，全市慈善会系统累计募集款物达 19.06 亿元，救助支出达 13.04 亿元。其中市慈善总会募集款物约 4.3 亿元，救助支出约 3.25 亿元，惠及困难群众 280 多万人次。

一、创新探索，推动慈善工作的转型发展

围绕打造"阳光下的善行"慈善品牌，以理念创新为引领，探索模式创新，实施举措创新，实现成果出新，推动慈善工作的高质量发展。

第一,以融入为立足点,履行慈善事业新使命。深度融入中国式现代化的伟大进程中,坚持在大局下谋划,在大势中推进。一是要坚持慈心为民,价值追求不偏移。坚持以人民为中心,着眼政府政策暂时没有覆盖,或虽然覆盖了但尚未得到切实解决的困难和问题,聚焦解决困中之困、难中之难、急中之急,实现慈善帮扶与政府救助保障制度在功能上的互补。二是要坚持融入发展大局,定位不偏移。遵循共享原则,积极引导社会成员自觉自愿参与社会财富的流动和分配,促进社会资源在不同群体之间微观均衡的流动,有效辅助政府弥补市场失灵和政策盲区,成为对初次分配和再分配的有力补充。三是要坚持政治引领,把准方向不偏移。做到理论上清晰、政治上坚定、行动上坚决。把党的领导贯穿慈善工作的各方面、全过程,引领慈善事业扛起新使命、展现新作为。

第二,以创新为牵引点,拓宽慈善募集新渠道。秉持捐赠人和受捐人双方都有获得感;对捐赠人进行"店小二"式服务,对受助人进行"感恩"式给予,积极探索以市场化劝募为特点的现代慈善筹款之路,推出"慈善＋基金""慈善＋信托""慈善＋财富管理""慈善＋网络""慈善＋产业""慈善＋社会组织""慈善＋公共服务""慈善＋现场捐"等八种慈善捐赠新模式。一是要引导企业发展与公益慈善相互赋能。重点推进"慈善＋金融"的跨界融合,围绕家风传承,环境、社会和治理(ESG)评价,企业非财务收入和社会影响力投资等,大力发展慈善信托。对标 ESG 评价体系,推动一家上市科技公司出资 1 亿元购买专属慈善理财产品,创设首个"慈善＋财富管理"和"慈善＋信托"的融合模式。积极探索不动产、股权、专利许可、著作权使用许可等非货币财产信托,设立全国首个以专利许可、著作权使用许可为委托财产的"东方云峰知识产权慈善信托",实现企业发展与慈善事业相互赋能、融合共赢。二是要推动网络技术与慈善业态相互赋能。开发建设江苏省内首个以城市为单位的,集机构入驻、项目发布、网络募捐、信息披露等功能为一体的网络公益慈善管理平台——"无锡善捐"网,实现品牌项目打造和项目筹款相结合,日常募捐和专场活动相结合,线下募集和线上募集相结合。三是要促进多方力量与慈善组织有机链接。以慈善组织为核心,加强慈善组织与捐赠者、慈善组织与受赠者、政府与慈善组织之间的有效链接,营造良好慈善生态。联合市退役军人事务局设立规模达 2 020 万元的省内首单以关心关爱退役军人为宗旨的慈善信托——"崇军关爱基金慈善信托";联合市邮政管理局成立"暖蜂行动慈善公益基金",助力快递员群体赋能提升、关爱帮扶等。加强与地区商会、行业协会等社会组织的协作联动,设立"徽州商会慈善爱心基金""中小企业服务机构协会慈善爱心基金"等,打造"慈善+行业组织"捐赠新模式。

第三,以质效为发力点,彰显慈善帮扶新成效。秉持项目化操作、品牌化运行,提升慈善帮扶精准度、颗粒度理念,坚持扩面与落点、数量与质量、过程与结果统筹谋划,有机统一,以项目化推动帮扶救助的精准化。一是要注重"雪中送炭"靶向帮扶。聚焦特殊困难群体、低收入群体和农村弱势群体,把慈善资源用到最需要的地方。元旦春节"送温暖、献爱心"项目是实施了26年的传统品牌项目;针对恶性肿瘤、尿毒症、重度慢性病等患重病支出型困难家庭,不断提高救助标准。大力推广锡山区"支出型深度贫困救助"项目,设立规模达4.5亿元的"特困帮扶基金会",围绕生活、医疗、学业、就业及精神援助等五个方面,单户救助最高金额可达20万元。二是要注重"自我造血"提升效能。针对困难群众生存型救助和发展型救助需求同时存在的现实情况,着力打造"筑梦护航"残疾人就业帮扶系列项目,通过技术培训、智力支援、产业支持等帮助残疾人在家门口就业,推动实现"他助"向"自助"转变。三是要注重"共同利益",拓展领域。加快培育和实施助力乡村振兴、医疗卫生、生态环保、社区治理等现代公益慈善项目;开展东西部对口帮扶地区儿童先心病的筛查与就诊,百名乡村医生技能培训、乡村医疗和养老设施改善等项目;开展美丽河湖建设和增强青少年长江环境保护意识的"自然笔记"系列活动;推进"社区慈善基金"建设和"幸福家园"村社互助工程等项目,全市共设立212个社区基金,引导慈善资金达6 179万元,为"五社联动"基层治理,贡献慈善力量。

第四,以规范为落脚点,构建转型发展新支撑。秉持行善因依法而更有力、行善因透明而更温暖的理念,健全有法可依、有章可循的工作制度和公开公正的工作机制,不断提升慈善公信力。一是要推进一体化建设。围绕打造成枢纽型慈善组织的目标,组建无锡市慈善联合会,实行"两块牌子一套班子"运行机制。进一步建立健全市和市(县)区工作协同机制,加快完善市、区、镇(街道)、村(社区)四级慈善工作组织网络体系,形成"横向到边、纵向到底"的慈善工作格局。二是要推进法治化建设。借助专业力量健全法律保障体系,聘请江苏联盛律师事务所、江苏公证天业会计师事务所、无锡市公证协会担任常年法律和财务顾问,不断完善监督保障体系。建立健全慈善信息统计和发布制度,做到信息公开、阳光透明。三是要推进制度化建设。建立健全队伍管理、项目管理、财务管理、信息公开等制度规定,推进慈善工作制度化、规范化建设。进一步固化行之有效的工作流程,切实加强项目评估管理,建立从项目策划、立项、签约、实施到结项的跟踪评估和闭环管理工作制度。

第五,以扬善为切入点,引领向上、向善的新风尚。秉持慈善宣传和慈善项目是发展慈善事业的两翼,扬善与行善相互融合、相得益彰的理念,在弘扬优良道德风尚上发挥慈善的引领作用。一是要打造理论研究新阵地。充分利用中华慈善总会家风传承与慈善信托(无锡)基地、无锡慈善文化研究院等平台,开展理论研究,深入挖掘无锡特有的慈善文化遗产,弘扬既延续传统慈善思想,又契合新时代和地域特色的现代慈善理念。二是要构建宣传教育新基地。助推建设国内首座慈善专题博物馆,建成无锡慈善展馆和无锡慈善大讲堂,打造贯通线上线下、链接社会各界的慈善文化传播阵地,积极引导大众践行社会主义核心价值观,树立慈善意识,参与慈善活动,推动慈善文化的传播和普及。三是要拓展扬善促善新载体。举办无锡慈善晚会暨第一届"无锡慈善奖"颁奖典礼、无锡慈善年度致敬典礼、慈善嘉年华等活动,营造浓厚慈善氛围。组建成立无锡慈善志愿者总队及公益法律、心理咨询、应急救援、乐老助老、医疗护理等30支慈善志愿服务分队,常态化地开展志愿服务活动。

虽然我市慈善事业发展成效显著,但仍存在一些短板和不足。一是在体制机制方面,市、区、镇(街道)、村(社区)四级慈善组织网络体系建设还不够完善,枢纽型慈善组织的牵引作用发挥还不到位,协同工作机制还不健全,形成有效慈善合力还需加强。二是在慈善资金募集方式上,还是以传统募集手段为主,市场化机制还较缺乏、企业参与度还不高、慈善金融产品还较为单一,全市年度捐赠额占本市GDP的比例仅为0.15%左右,低于全国平均水平。三是在慈善项目实施方面,一些慈善项目存在同质化现象,项目的质效有待提高,慈善救助的准度和力度还不够,项目的牵引力不强,能够有持续生命力和影响力的品牌项目不多。四是在慈善氛围营造方面,全社会慈善文化弘扬和现代慈善理念普及程度还不够,激励回馈机制和荣誉体系建设还相对滞后,慈善的社会面宣传有待加强,群众参与慈善的意愿还不够强烈,人人关心慈善、支持慈善、参与慈善的氛围还不足。五是在政策扶持方面,推动慈善模式创新、引导慈善资源合理流动等方面的政策意见有待强化。与慈善相关的法规条例制定相对滞后,尤其是在社区慈善、网络慈善快速发展的情况下,没有相应的政策法规引导慈善行为、规范慈善活动。

二、对标先进,准确把握慈善事业发展路径

纵观国内先进地区,特别是长三角地区其他城市的慈善工作实践,许多好的做法和经验值得学习借鉴。上海市大力发展金融工具效能,初步建立起"政府＋信托公司＋慈善组织"的联动关系,截至 2023 年底,上海慈善信托备案累计 39 单,信托财产到账金额累计约 1.15 亿元,所有备案的慈善信托财产和收益均用于慈善事业;连续举办了三十届的"蓝天下的至爱"系列慈善活动,已成长为集规律性和互动性、成长性和品牌性、传播性和系统性为一体的慈善项目,成为沪上市民家喻户晓的慈善品牌,在全国都产生了深刻的影响。浙江省于 2007 年率先在全国实现了省、市、县三级慈善网络全覆盖,在全省建立 101 家慈善基地,形成覆盖公益慈善各个领域、布局合理的现代慈善组织发展格局;成立了全国首个由多家金融机构共同发起设立、以建设共同富裕示范区为目的的"金融港湾共富慈善基金慈善信托"和首单不动产财产权信托等,累计设立慈善信托 658 单,备案规模达 18.89 亿元,位列全国第一;率先建立省级互联网公益慈善基地,以淘宝公益、蚂蚁金服公益为代表的互联网慈善募捐平台已经成为浙江网络慈善的基干力量,并助力浙江在网络慈善捐赠、募捐的规模总量和人均数量上领先全国。苏州市在省内率先出台《苏州市慈善促进条例》;打造"乐善苏州"慈善品牌,聚焦长江生态环境保护、古城保护、城市生态自然保护等方面,建立生态公益基金 11 个,对接慈善资金达 1 094 万元;建立融合发展、分工协作机制,"以社区基金为纽带,协同联动为方式,慈善项目为核心,专业服务为支撑,多元参与为保障"的基层社会治理实践模式等。

三、守正创新,积极打造现代慈善新格局的思考

面对新时代、新形势、新要求,我们要进一步守正创新、传承发展,激发慈善活力、调动慈善资源、打造慈善品牌、发挥慈善作用,助力实现共同富裕目标。

(一)完善机制,夯实慈善工作基础

按照"加快构建新型慈善体系"的要求,充分发挥慈善联合会"平台、桥梁、纽带"的引领和合作功能,加强各类慈善组织、基金会、志愿服务组织之间的沟通交流,积极推动行业合作、开展行业服务和促进行业自律,发挥行业组织的自我管理、自我监督能力,推进慈善行业的规范化、法治化、专业化发展。加快完善市、市(县)区、镇(街道)、村(社区)四级慈善网络体系,推动慈善组织向镇(街道)、村(社区)延伸,形成"横向到边、纵向到底"的慈善工作格局,凝聚各方工作合力,共同建立健全慈善工作网络,画出慈善事业的"最大同心圆"。

(二)更新理念,推动慈善事业转型发展

全面推进慈善工作由"生存型慈善"向"精准型慈善""精英型慈善",再向"全民型慈善""救助型慈善",然后到向"发展型慈善"的转变。聚焦政府保障政策暂未覆盖和救助后仍存在困难的群体,实现从单一的生活困难救助向低收入人群增收致富性救助的转变,从普惠性帮扶向个性化帮扶的转变。充分发挥无锡民营企业多、实体经济强的优势,引导高收入群体和民营企业家积极参与和兴办社会公益事业,实现传统慈善由以企业冠名认捐为主向由个体精英引领带动、社会大众广泛参与的转变。突破传统的"施"与"授"形式,拓展慈善在促进教育、科学、文化、卫生、体育、生态环境等公共服务领域的职能,助力公共服务共建共享,分层次、高水平服务保障民生,多层次增强人民群众的幸福感。

(三)创新模式,拓宽善款募集渠道

积极探索以市场化劝募为特色的慈善筹款之路,有效拓宽善款募集渠道,不断壮大慈善硬实力。推进慈善与金融相结合,引导社会各界,特别是高收入群体和企业家围绕家风传承、财富管理、非财务收入和社会影响力投资等设立

慈善信托,让资产在保值增值的同时参与公益。探索捐赠人意向基金、家族基金、知识产权、技术、股权、有价证券捐赠等新型捐赠方式,实现慈善捐赠的永续性和可持续发展。顺应数字化、网络化发展的新趋势,加快推进慈善网络建设,搭建"无锡善捐"全市域一体化网络公益管理平台,实现"指尖上的慈善"。完善社会力量参与基层治理的激励政策,深化社区慈善基金建设,建立社区募捐机制,动员多元力量参与,提供精准慈善服务,推动共建、共治、共享的社会治理格局的形成。

(四)营造氛围,大力弘扬慈善文化

充分利用各种平台载体和现代传播手段,加强慈善文化的挖掘和研究,提升慈善文化的传播力和触达率,推动慈善价值观融入社会生活,努力让慈善成为人们的一种生活习惯。进一步建立完善慈善公益荣誉体系和慈善志愿服务体系,加强对慈善贡献者和践行者的精神激励,提高慈善荣誉感,不断把慈善融入城市血脉,成为全社会向上向善的价值追求。

(五)优化环境,保障慈善事业行稳致远

加快制定并出台指引、促进、支持、保障慈善事业发展等一系列具有无锡特色、有效管用的法律法规、政策导向和制度措施,为推动慈善事业高质量发展提供系统完善的制度环境。发挥政府主导作用,打通融资渠道,为公益组织、公益资本、公益资源搭建对接平台;加大社会公益组织建设和监管力度,健全社会组织法人治理结构,强化社会组织发起人的责任。完善慈善从业人员的社会保障和激励机制,学习和借鉴国内外慈善组织的先进经验,创造条件吸引更多心有大爱、甘于奉献、善作善成的专业人才扎根慈善、建功立业,吸纳更多慈善资源,凝聚慈善事业的磅礴力量,为慈善事业的发展提供强有力的保障。

本文作者:朱民阳,联盟咨询专家、无锡市慈善总会会长。

民办高等教育高质量发展的思考

华博雅

民办高等教育属于民办教育中的高等教育层次,涵盖了独立设置的民办高等学校和独立学院等。过去二三十年间,民办高等教育从无到有、从有到多,就规模而言,已经由我国社会主义高等教育事业的重要补充发展成为中国特色高等教育体系的重要组成部分,在扩大教育资源供给、促进高等教育大众化和普及化、为国家培养各类适用人才、缓解公共教育财政压力等方面作出了积极贡献。随着我国高等教育正式迈入普及化阶段,高等教育发展的主要矛盾面临着从"有没有"向"好不好"的转变。

国家的"十四五"规划明确提出,要建设高质量教育体系,提高高等教育质量,构建更加多元的高等教育体系;党的二十大报告首次对教育、科技、人才进行了"三位一体"专章部署、统筹安排、一体谋划。高校作为教育、科技、人才的集中交汇点,需要从"数量追赶"向"质量超越"转变。可以说,高质量发展已成为新形势下高等教育发展的首要任务和战略主题。作为建设高质量高等教育体系的重要组成部分,民办高校却长期存在办学实力总体偏弱、治理体系建设相对滞后等问题。与公办高校相比,其面临的发展任务无疑更加艰巨、更加紧迫。推动民办高校从粗放式增长向集约型发展转型,探索具有中国特色的民办高校高质量发展道路,已成为民办高等教育亟待破解的一个新课题。

一、民办高等教育发展成绩显著

近年来,民办高等教育从小到大、从弱到强,在办学规模、师资队伍、办学质量、办学体制等方面实现了快速发展。

1. 民办高校数量、规模快速增长

教育部统计数据显示,2000年至今,我国民办高校数量从2020年以前的快速增长到2020年以后的趋于平稳,高校从43所增长到760余所,占全国高校总数25％左右;在校生规模始终保持平稳增长,有近1 000万人,特别是2020年以后每年保持7％—12％的增长速度。无锡市也从2000年仅有一家民办高校(无锡南洋职业技术学院)增长至2024年的4家(新增无锡太湖学院、江南影视艺术职业学院、太湖创意职业技术学院),在校生总数达到47 163人,实现了量质齐升的良好局面。

2. 师资队伍建设不断加强

民办高校教职工数呈逐年递增态势,教师培养愈发得到重视。地方政府出台了促进民办高校师资队伍建设的相关政策,如上海2023年出台了《中共上海市教育卫生工作委员会　上海市教育委员会关于加强新时代上海民办高校教师队伍建设的实施意见》,浙江树人学院、宁波财经学院、信阳学院等民办高校部分教师可以申请事业编制。

3. 办学质量和办学层次不断提升

随着我国民办高校迈向内涵提升的新阶段,学校更加重视办学质量,取得了显著成效。2020年民办高校获得21项国家社会科学基金项目、20项国家自然科学基金项目、34项教育部人文社科项目。文华学院、重庆财经学院等一批民办高校入选国家级"一流本科专业建设点",北京城市学院、吉林外国语大学等一批民办高校获得研究生招生资格。

4. 办学体制改革不断深化

独立学院转设工作持续推进,自2020年《关于加快推进独立学院转设工作的实施方案》发布后,同年就有136所独立学院陆续转设为普通本科高校。《中华人民共和国民办教育促进法》鼓励社会力量依法举办或者参与举办实施职业教育的民办学校,山东等地出台了推进职业院校混合所有制办学的文件,对混合所有制高职院校的税收、收费、财政扶持政策做出了规定。

二、民办高等教育发展仍然存在一些矛盾和问题

民办高等教育虽实现了快速发展,但对照高质量发展的要求、对照人民群

众对优质高等教育的期待,仍面临着诸多问题和挑战。

1. 师资队伍的短板比较突出

虽然民办高校的师资规模有所扩大,但在师资结构、师资水平、人员稳定性等方面存在较大短板。如在学历结构上,现有专任教师以硕士研究生学历为主,对于博士研究生,民办高校则面临着招不来、留不住的困境;在年龄结构上,民办高校的师资结构呈现两头大、中间小的两极化趋势,青年教师和外聘的退休教师占比较大,骨干教师占比小;在专业结构上,部分教师专业背景与学校专业方向不匹配,教学质量和专业指导能力不足。

2. 应用型本科建设推进不到位

目前民办本科高校大多数定位于应用型本科院校,培养的是适应社会经济发展需要的应用型本科人才,但在实际推进中仍存在问题。比如:教学方式更多还是采用传统研究型教学;产学研结合还需提升,学校教育教学与企业实践相脱节,部分学校实践教学环境差、设备落后,缺乏校外稳定、优质的实习实践基地;校企合作的深度与广度不足,学生专业能力素养与社会需求不匹配。

3. 办学质量还需提升

办学同质化问题较为突出,在定位发展目标时,一些高校没有充分考虑自身特点、地方经济发展特点、社会环境和行业背景,照搬照抄或简单移植公办学校的办学模式、专业设置和教学管理,整体办学质量与公办高校相比仍有较大差距。经费不足问题较为普遍,民办高校的经费来源主要依赖学费和捐赠,融资渠道有限,影响了教学设施建设、课程开设和教师培训等相关工作。社会声誉有待提高,民办高校的社会影响力相对较小,社会认可度不高,影响了其招生和发展。

三、推动民办高等教育高质量发展的思考和对策

建设高质量民办高等教育体系,是"十四五"时期高等教育发展的战略任务,如何实现民办高等教育的高质量发展,应该重点从以下四个方面做好工作。

1. 以健康发展为目标,坚持管理与促进并重

政府及相关部门应当认真贯彻落实《中华人民共和国民法典》《中华人民

共和国教育法》《中华人民共和国高等教育法》《中华人民共和国民办教育促进法》等相关法律法规,逐步引导民办高校的发展重点从扩大规模、快速增长转移到稳定增长、规范管理、提高质量的轨道上来。一方面,要加强对学校设立、组织与活动、教师与学生、办学与监督等方面的规范管理,推动民办高等学校依法依规办学、强化约束管理;另一方面,要加大对民办高校的支持、扶持力度,提供更多的资金、资源和政策指导,落实在土地、税收等方面的优惠政策,鼓励民办高校在教育质量、科研创新等方面进行探索与实践。

2. 以发展需求为导向,实现特色差异发展

民办高校要树立科学合理的发展定位,既要符合国家发展战略,又要积极对接(区域)地方特色产业与经济社会发展需求,在扩大适应新技术、新产业、新业态、新模式的学科专业的增设规模上下功夫。围绕产业链、创新链构建特色专业集群,积淀形成彰显行业区域特色的办学模式,也要符合学校实际情况,依靠自身在实践中的探索,努力挖掘比较优势、创新办学理念,构建活力、高效、开放、自主的办学体制和管理机制,实现特色化、差异化发展,进一步提升学校竞争力。

3. 以内涵建设为引领,提升办学层次和质量

健全人才引进和培养制度,完善教职工的管理、考核、任用、评价和激励制度,增强薪酬体系的公平性与激励性,通过科学高效的内部管理来实现人才的吸引和保留,充分激发人才活力。深化课程改革,重点建设一批符合办学定位的优势专业,发展新型交叉专业,完善课程结构、丰富课程内容和加强课程衔接,特别是应用型民办高校要注重深化校企合作、产教融合,开发多层次校企合作课程,打造实验型、场景型特色教学体系。将企业资源更多引入师资培养、科研和教学改革;整合专业、课程、教材、师资、平台等多种资源,强化应用型人才的动手实践能力、社会适应能力、持续成长能力的培养。

4. 以科学规范为抓手,提高学校治理水平

民办高校应当切实加强党的全面领导,坚定发挥党的政治核心作用,始终坚持社会主义办学方向和教育公益性原则,推动立德树人的教育实践,确保民办高校正确的办学方向。加快建立健全内部治理结构,完善学校章程的内涵和功能,夯实规范办学的制度基础,创新高校内部管理体制和运行机制,规范

财务会计和资产管理制度,完善学生日常管理和教学服务制度,提高学校治理规范化、科学化水平。加强校园文化建设,结合民办学校自身特点提炼文化品牌、积淀文化特色,着力构建完善的校园文化活动体系,增强教职工对学校的认同感、自豪感,提升学校文化育人软实力。

民办高等教育作为高等教育的重要组成部分,其高质量发展是提高高等教育整体水平的必然要求。通过调研,我们清晰地认识到民办高校在发展过程中所面临的机遇与挑战。应在此基础上采取有效的措施,以推动民办高等教育在人才培养、社会服务、科研创新等方面取得更大的进展。展望未来,我们期待民办高等教育能在高质量发展的道路上稳步前行,为国家和社会的发展贡献更大的力量。

本文作者:华博雅,联盟咨询专家、无锡市人大一级巡视员。

高质量推进长三角一体化中共同富裕的几点思考

王国中

党的二十届三中全会《决定》指出："聚焦提高人民生活品质,完善收入分配和就业制度,健全社会保障体系,增强基本公共服务均衡性和可及性,推动人的全面发展、全体人民共同富裕取得更为明显的实质性进展。"长三角地区人口约2.3亿人,经济总量约占全国1/4,拥有我国GDP万亿城市俱乐部成员的近1/3,全员劳动生产率位居全国前列;社会事业加快发展,公共服务相对均衡,社会治理的共建、共治、共享格局初步形成,是我国经济发展最活跃、开放程度最高、创新能力最强的区域之一,在国家现代化建设全局和全方位开放格局中具有举足轻重的战略地位。推进中国式现代化,促进共同富裕,长三角区域要担当作为、示范在前,为全国挑重担子、做大贡献。

中共中央、国务院关于《长江三角洲区域一体化发展规划纲要》指出:"到2025年,中心区城乡居民收入差距控制在2.2∶1以内,中心区人均GDP与全域人均GDP差距缩小到1.2∶1,常住人口城镇化率达到70%……基本公共服务标准体系基本建立,率先实现基本公共服务均等化……人均公共财政支出达到2.1万元……到2035年,长三角一体化发展达到较高水平……城乡区域差距明显缩小,公共服务水平趋于均衡,基础设施互联互通全面实现,人民基本生活保障水平大体相当,一体化发展体制机制更加完善,整体达到全国领先水平,成为最具影响力和带动力的强劲活跃增长极。"

作为衡量居民富裕程度的重要指标——收入情况,2023年,上海市人均可支配收入突破8万元并达到84 834元,稳居全国首位,浙江省、江苏省、安徽省人均可支配收入分别达到 63 830 元、52 674 元、34 893 元;长三角区域 41 个主要城市人均可支配收入 10 强城市依次为:上海、苏州、杭州、南京、宁波、绍兴、无锡、舟山、温州、嘉兴。

长三角三省一市牢记党中央重托,坚持问题导向与目标导向,按照区域强就是做大"蛋糕",富民就是分好"蛋糕"的要求,坚定不移强产业,千方百计加快富民步伐,下大力气解决好事关群众切身利益的问题,切实帮扶困难群众和弱势群体,让广大百姓得到更多实惠,推动富民工作取得人民群众充分认可的成效,努力走出一条具有时代特征、长三角区域特色的富民路子。

第一,要强化产业、创业、就业三大支撑,筑牢富民根基。一是抓好产业富民。坚持以智能化、绿色化、高端化为引领,大力发展新一代信息技术、生物医药、新能源、新材料等战略性新兴产业,超前布局人形机器人、人工智能、空天产业等未来产业,推动传统产业不断向产业链、价值链、市场链的中高端攀升,创造更多高收入的就业岗位。二是抓活创业富民。努力打造市场化、法治化、国际化最优营商环境,激发社会各个层面想创业、敢创业、创大业的热情。深入推进全民创业行动计划,加强大学生就业创业培训,营造大众创新、万众创业的良好社会氛围。三是抓实就业富民。就业是民生之本、增收主渠道。要把扩大就业放在经济社会发展的优先位置,实施更加积极的就业政策,完善经济发展和扩大就业之间的良性互动、产业结构调整与就业结构调整之间有机结合的长效机制。大力实施就业优先战略和更加积极的就业政策,就业促进力度不断加码。

第二,突出教育、医疗、养老三项重点,增强富民底色。一是要高质量发展教育事业。把教育作为财政支出的重点领域予以优先保障,确保全社会教育投入增长幅度高于地区生产总值增长幅度。二是要多渠道化解看病难题。让群众看得起病:要加强基本医保、大病保险、医疗救助和疾病应急救助等制度衔接,降低个人卫生支出占卫生总费用比重。让群众看得好病:要加强各级各类医疗卫生机构的人才队伍建设,集中力量创建一批一流医院,提高优质医疗资源供给能力。让群众方便看病:要深化城乡"健康服务圈"建设,加强长三角区域优质医疗资源共享,加快基层医疗机构提档升级,千方百计地从根本上降低群众的看病成本。三是要大力度缓解养老压力。深入开展应对人口老龄化行动,全面落实国家养老服务业综合改革要求,增加退休职工退休工资,对社会举办养老机构给予扶持。

第三,筑牢社保、扶贫、救助这三条底线,提高富民水平。一是立足保基本,排除群众之忧。要完善社会保障制度建设:全民参保计划有序推进,社会保障覆盖面不断扩大;各类保障待遇稳步提高,各类养老待遇水平均居全国前列;社保覆盖面显著扩大,利用政策杠杆助力社保精准帮扶;社保制度日益健全,提高参保人员的生活质量和人文关怀水平;加大医疗保障力度,扩大医保用药范围,进一步提高重大疾病患者的医疗保障水平;持续推进药品集中采购和医药耗材带量采购,努力为居民节约医药费用。二是加快补短板,解群众之困。强化精准识别,对贫困群体和经济薄弱村完善动态调整机制,摸清帮扶对象的底数、结构和致困原因。强化精准帮扶,把产业脱困作为根本之策,充分发挥比较优势、特色优势,宜农则农、宜商则商、宜游则游,稳步提高脱困成功率。强化精准组织,健全党政主导、分级负责、社会帮扶和自力更生相结合的帮扶工作机制,积极开展经济薄弱村结对帮扶活动。不断完善财政支农投入稳定增长机制,持续推进农业支持保护补贴政策,不断完善"惠农贷"风险补偿政策,筑牢困难群众基本民生保障底线。三是巧解救助之难,救群众之急。加强特困家庭深度救助工作,强化困难学生精准资助,推进低保制度与扶贫帮困政策有效衔接,不断扩大最低生活保障范围,积极落实低保标准自然增长机制。

第四,优化生态、平安、文明三个环境,拓展富民内涵。一是打造山清水秀的生态环境。良好的生态环境是最公平的公共产品,是最普惠的民生福祉。长江干流岸线要进行清理整治,强化太湖、巢湖、新安江等重要湖泊河流的保护。加强大气治理、绿化建设,使空气质量持续攀升、生态环境不断优化。二是创造和谐稳定的平安环境。深化平安城市、文明城市、双拥模范城市建设,积极构建"一体化、常态化、网格化、多元化"社会治理模式,使区域社会治理现代化走在全国前列。三是营造向上向善的文明环境。切实改进舆论引导工作,加强主流媒体阵地建设,推动传统媒体与新兴媒体深度融合,善于运用改革发展成果、群众身边事例讲好"致富故事"。推动文明城市建设常态化、长效化,强化劳动致富宣传教育,发挥党的领导"定盘星"作用,尊重群众工作主体地位,扩大致富带头人的作用,做到"一户富带一片富",合力营造思富、谋富、致富的浓厚氛围。

习近平总书记在主持召开中央财经委员会第十次会议时强调,共同富裕是社会主义的本质要求,是中国式现代化的重要特征,要坚持以人民为中心的发展思想,在高质量发展中促进共同富裕。习近平总书记的指示启示我们:共同富裕是全体人民的富裕,是人民群众物质生活和精神生活都富裕,不是少数人的富裕,也不是整齐划一的平均主义,要分阶段促进共同富裕。要鼓励勤劳创新致富,坚持在发展中保障和改善民生,为人民提高受教育程度、增强发展能力创造更加普惠公平的条件,畅通向上流动通道,给更多人创造致富机会,形成人人参与的发展环境。要坚持基本经济制度,立足社会主义初级阶段,坚持"两个毫不动摇",坚持公有制为主体、多种所有制经济共同发展,允许一部分人先富起来,"先富"带"后富"、帮"后富",重点鼓励辛勤劳动、合法经营、敢于创业的致富带头人。要尽力而为量力而行,建立科学的公共政策体系,形成人人享有的合理分配格局,同时统筹需要和可能,把保障和改善民生建立在经济发展和财力可持续的基础之上,重点加强基础性、普惠性、兜底性民生保障建设。要坚持循序渐进,对共同富裕的长期性、艰巨性、复杂性有充分估计,鼓励各地因地制宜地探索有效路径,总结经验,逐步推开。

贯彻落实党的二十届三中全会精神,学习领会习近平总书记重要指示要求,顺应人民群众对美好生活的新期待。长三角区域高质量推进共同富裕还存在短板和不足,主要表现为:

一是区域发展不平衡。省际发展有差异:安徽省在长三角区域中的经济发展水平相对落后,与上海、江苏、浙江存在一定差距。城市间有差异,即使在同一省份内,长三角区域各城市之间的发展也不平衡。如,上海作为国际化大都市,在经济、金融、科技等方面具有强大的优势,而一些中小城市的资源集聚能力和发展水平相对较低,城市间的产业协同发展和资源分配还不够均衡。

二是产业协同有待加强。部分城市存在产业同质化现象,城市之间在产业规划和发展上缺乏有效的协调,导致重复建设和资源浪费。产业链协同不够,在一些产业领域,上下游企业之间的联系不够紧密,缺乏有效的合作机制,导致产业链附加值不高,企业盈利能力和竞争力受到影响,也不利于区域内居民的就业和收入增长。

三是公共服务均等化程度不高。教育资源分配不均：优质教育资源主要集中在上海、南京、杭州等大城市，而一些偏远地区和农村地区的教育资源相对匮乏。医疗资源差异较大：大型三甲医院、高水平的医疗专家等优质医疗资源主要集中在中心城市，周边城市和农村地区的医疗服务水平相对较低。养老服务体系不完善：养老机构的数量和质量、养老服务的专业化程度、养老保障制度等方面存在不足，无法满足多样化养老需求，也给家庭和社会带来较大压力。

四是生态环境协同治理仍需提升。跨界污染难根治：长三角区域水系发达，河流、湖泊等水域相互连通，但在水污染治理、大气污染防治等方面，存在跨界治理难题，不同城市之间的环保标准和执法力度也不一致，导致跨界污染问题时有发生，影响区域生态环境质量和居民生活品质。生态补偿机制不完善：导致为保护生态环境作出牺牲的地区经济发展受到限制，居民收入水平受影响。

五是城乡差距仍存在。收入水平有差距：农村居民收入水平相对较低，收入来源相对单一。基础设施和公共服务有差距：农村地区交通、通信、供水、供电等基础设施不够完善，教育、医疗、文化等公共服务资源相对匮乏。

促进人的全面发展，实现共同富裕，是实现中国式现代化的应有之义。针对长三角三省一市率先推进共同富裕、实现中国式现代化提出以下几点建议：

一是完善工作"体系"。加大长三角区域富民增收工作的协调力度，构建科学合理、系统完整的富民增收统计监测指标体系，搭建模型，增强工作针对性和精准性；按照目标倒排工作计划、量化各项指标、动态调整系数、公开完成进度，推进富民增收工作有序有力有效开展。全面梳理已出台的各项相关政策，统筹分析、综合研判、全面考量，按照"立改废"的要求及时进行优化，形成产业富民、创业富民、共享富民、生态富民、改革富民等方面相互衔接、合理有效的政策生态体系。同时，各省市要加大对富民政策贯彻落实的督查力度，坚持问题导向、结果导向，形成倒逼机制，真正把"长牙齿"的富民硬措施转化为"实打实"的富民硬成效。

二是夯实就业"主体"。始终抓住"就业是最大的民生"这项最重要的工作，确保工资性收入增长有基础、工资性收入增长有底气。一方面，要继续执行针对企业行之有效的各项减税降费政策，审慎决策提高地区最低工资标准，降低企业综合运营成本，维护企业稳健发展。有企业才有就业，企业稳健发展，才有经济持续增长，才能创造更多就业岗位。另一方面，要积极应对在推进高质量发展中越来越突出的就业难与招工难并存的结构性矛盾问题，大力发展现代服务业和平台、共享等新业态经济，以吸纳由于承担就业主体责任的广大制造业企业因生产效率提高而形成的富余劳动力就业和减少的新增劳动力就业；加大对广大适龄劳动者职业培训力度，使其能够胜任现代技术条件下的就业岗位。要多项措施并举，积极打造"家门口"的社区公共就业创业服务平台，打通就业服务"最后一公里"，精准帮扶就业困难群体，增强其就业意愿，帮助其就近就地就业。要加大数字技术对传统产业赋能、对现代产业支撑的力度，用更优的产业结构引导劳动力合理流动，大幅提高主要依靠知识和技能实现就业的城市适龄劳动者比例，加快形成以中等收入群体为主的橄榄型社会结构，不断壮大高工资收入的人口基数。要加大工资制度改革，健全知识、技能、技术、管理、数据等要素由市场评价贡献、按贡献决定报酬的机制，着力引导市场主体提高劳动报酬在初次分配中的比重，让高层次专业技术人才理直气壮地先富起来，形成"知识就是财富"的鲜明价值导向。要深化国有企业和事业单位薪酬制度改革，坚持效益导向与维护公平相统一，激发发展活力，提高工作效能。

三是优化收入"结构"。长三角区域地处我国东部发达地区，富民工作潜力最大的部分在于经营净收入和财产净收入的快速增长。要多措并举、更大力度支持和促进创业，鼓励通过互联网催生的新业态依法合规地创业致富，进一步吸引高层次人才和科研团队创业，完善创业培训制度，加大创业载体培育力度，积极引进和发展创投基金，拓宽创业投融资渠道，创新产研合作方式，加强对知识产权的保护，推动科技创新成果更有效地转化为社会生产力。要在老城更新、乡村振兴中深度融合全域旅游发展，提高本地居民发挥资源优势、增加经营性收入和财产性收入的能力。要引导居民增强依法、科学、理性的理财意识，畅通合法理财信息的发布渠道，规范通过各项动产和不动产获得收益行为，严厉打击违法理财的方式、渠道和平台，确保居民财产性收入保障有力、增长有度。特别是针对增收困难的涉农群体,要探索建立乡镇(街道)级联合发展平台,提高村级集体资产运行效益;要探索多种形式的宅基地流转和有偿退出,完善农村闲置宅基地和闲置农房处置政策,进一步完善农户财产权,努力提高农民原始资源禀赋水平,促进农民增收致富。

四是强化社会"公平"。公平是共同富裕的核心要义之一,解决事关人民群众切身利益的公共产品供给短板的公平问题,发挥好政府"有形之手"的作用,加大对民生事业的投入力度至关重要。增加对民生事业的投入,可以减少居民相关支出,公平无差异地增加广大百姓的获得感、幸福感。要高质量推进教育资源全域、无差别优质均衡布局,健全投入机制,确保一般公共预算教育支出逐年只增不减;要致力于全民参保,探索建立适应新就业形态的社保缴费政策和运行机制,进一步完善基本医保、大病保险和医疗救助等三重保障机制,深化基本医保与商业健康保险的互补衔接、互促共进,切实缓解群众看病贵和因病返贫等问题;要进一步优化医疗资源布局,推动"治已病"与"治未病"并重,努力提供更加优质高效的医疗卫生服务,防范化解重大疫情和突发公共卫生风险;要着力解决好养老问题,激发社会资源活力,推动医养、康养结合,提升居家养老服务品质。要提升民生保障治理能力,坚持"当前可承受、未来可持续"的原则,加强各政策之间的协调、衔接,推动从转移性收入的"输血"向就业性收入的"造血"转变。同时,依托大数据共享模式,为民生收入事项决策提供科学依据。要强化"良好生态环境是最公平的公共产品,是最普惠的民生福祉"的观念,持续加大对水、气污染治理的投入,加强省际间、市县间工作联动,整体性提升生态环境品质,努力建设宜业、宜居、宜游的长三角。

五是弘扬精神"文明"。首先,要大力倡导劳动精神。劳动是致富的源泉,要综合运用现代融媒体,开展以劳动创造幸福为主题的宣传教育,把劳动教育纳入人才培养的全过程、贯通大中小学各学段和家庭、学校、社会等各方面,教育引导广大群众特别是青少年,树立以辛勤劳动致富为荣、以好逸恶劳守贫为耻的劳动观,推动形成劳动致富、富而思进的社会新风尚。其次,要同步推进精神富足。没有精神生活的充实,只有物质生活的富裕,不是现代化社会条件下的真正富裕。要坚持"两手抓、两手都要硬",继续深化群众性精神文明创建活动,建设好、运用好各类公共文化服务设施,积极创作文化精品,着力丰富群众精神文化生活。要以培育和践行社会主义核心价值观为根本,深入开展创建文明城市、文明村镇、文明单位、文明家庭、文明校园等活动,推动人们在为家庭谋幸福、为他人送温暖、为社会作贡献的过程中提高精神境界、培育文明新风。再次,要加强社会氛围营造。挖掘各层次、各方面致富能手的典型事例,有组织、有步骤地开展宣讲活动,讲好新时代致富故事,让群众看到先进就在身边,让人人感受到致富的经验可学、目标可及,以"先富"感染、带动"后富",最终实现共同富裕。

本文作者:王国中,联盟咨询专家、无锡市城市发展研究中心常务理事长、无锡市可持续发展研究会会长。

激励企业家履行使命，助推经济高质量发展

林国忠

一、引言

长江三角洲地区是由上海市、江苏省、浙江省和安徽省东部组成的经济圈，是我国经济最活跃、开放程度最高、创新能力最强的区域之一。党的十八大以来，习近平总书记多次来到长三角地区考察调研，主持召开一系列重要会议，为长三角一体化发展把脉定向。习近平总书记强调，深入推进长三角一体化发展，对于我国构建新发展格局、推动高质量发展，以中国式现代化全面推进强国建设、民族复兴伟业，意义重大。

面对重大历史使命，作为长三角城市群的重要成员，无锡市正积极融入并推动这一进程，力求在高质量发展上取得新突破。2024年前三个季度，长三角地区GDP为232 008.48亿元，占全国经济总量达24.4%；其中，无锡地区生产总值为11 481.55亿元，占长三角经济总量达4.9%。

企业是市场经济的主体，企业家作为经济发展的主体力量，不仅能够为积累社会财富、创造就业岗位作出贡献，其使命与责任的履行还对于无锡乃至长三角的未来发展具有重要作用。本报告旨在从大致了解到的无锡企业发展情况和无锡市企业联合会、无锡市企业家协会（以下简称"两协会"）自身工作情况这两个维度，探讨无锡市企业家在推动长三角一体化高质量发展中遇到的挑战与机遇，并就如何积极促进企业家履行使命与责任提出建议。

二、企业家在无锡经济社会发展中彰显作为

(一) 无锡经济发展近况

无锡作为百年工商名城,是近代中国民族资本主义工商业的发祥地,也是"苏南模式"的发源地之一。近年来,特别是"十四五"规划发布以来,我市经济从高速增长进入到高质量发展阶段。2024年前三个季度,全市生产需求平稳增长,经济结构持续优化,新质生产力加快发展,高质量发展稳步推进,推动经济回升向好的积极因素不断增多,经济运行延续总体平稳、稳中有进、稳中向好态势。

根据地区生产总值统一核算结果,2024年前三个季度全市实现地区生产总值达11 481.55亿元,按不变价格计算,同比增长达6.0%(见图1)。其中,第一产业增加值达82.87亿元,同比增长达1.6%;第二产业增加值达5 363.70亿元,同比增长达6.3%;第三产业增加值达6 034.98亿元,同比增长达5.7%。

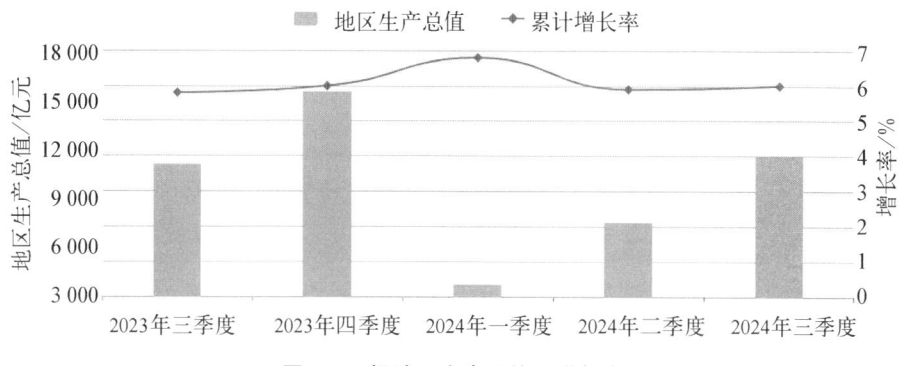

图1 无锡地区生产总值及增长率

尤其是,全市持续推进工业转型升级,加快发展新质生产力,工业生产延续平稳增长态势。全市规上工业增加值同比增长6.7%,多数行业和地区实现较快增长,新动能行业增势良好,民营企业贡献突出,工业经济高质量发展取得积极成效。

前三季度,全市33个行业大类中,有28个行业增加值同比增长,增长面为84.8%,比去年同期提高15.2个百分点,其中13个行业实现两位数增长。重点行业中,橡胶塑料业、化工原料业、通信电子业、电气机械业增速高于全市

平均水平,分别同比增长15.2%、14.1%、10.1%、7.2%;专用设备制造业同比增长6.7%,与全市平均水平持平;金属制品业、汽车制造业、钢铁行业和通用设备制造业分别增长6.4%、4.3%、0.8%、0.4%。

数据充分反映出无锡市企业已进入向高端化、智能化、绿色化发展的新时期,广大锡企以持续加大研发投入,不断开发出领先国内外的新技术、新产品、新服务,不断提升企业核心竞争力和活力。从全市情况看,截至2024年10月,无锡市共有企业46.5万家,其中,全市A股上市企业总数增至123家、居全国第八;入围"中国企业""中国制造业""中国服务业""中国民营企业500强"的企业达80家次、连续五年列全省首位;全市拥有4家全球灯塔工厂,数量列全省首位、居全国城市第五位;国家级、省级专精特新企业累计分别达232家、1 385家,有4 929家企业跻身创新型中小企业;6个产业集群规模突破2 000亿元,其中物联网、高端纺织、生物医药等3个产业入选国家先进制造业集群,不仅为高质量发展注入了强劲动能,也为长三角一体化高质量发展积极贡献无锡企业的力量。

(二) 无锡企业家引领企业高质量发展

习近平总书记曾指出,市场活力来自人,特别是来自企业家,来自企业家精神。新时代的企业家应该是创新、创造财富并回馈社会的企业领导者。以下是来自"两协会"的4家会员单位发展演进的轨迹,具体诠释了企业是企业家的立身之本,发展企业是企业家的使命和责任。

1. 无锡市交通产业集团有限公司(以下简称"交通集团")注册资本为57.45亿元,拥有一级全资、控股企业15家,从业人员15 000余人,经营范围为受托经营、管理无锡市级交通国有资产。2016年,在传统交通行业萎缩的大环境下,刚回到交通集团担任董事局主席的刘玉海,坚定地提出了"五大战略板块"协同发展的新路径,努力建设以战略性新兴产业为先导、高质量交通产业为主体、高品质交通服务为支撑的发展体系,奋力开拓产融结合、多维立体的高质量发展之路。集团借助资本、金融与科技,成功从传统交通运输企业转型成为集产业发展、金融助力、科技赋能的综合性集团企业。在不到8年的时间里,交通集团在中国服务业企业500强排名中前进了156位,2024年位列第

241位。随着2024年8月"千帆星座"首批组网卫星以"一箭18星"升空入轨（集团旗下投资基金也参与了垣信卫星关联方卫星制造商格思航天的早期投资），集团更形成了从低空到高空再到星空的布局，和以宜兴通用机场运营、海星飞机研发制造及收购瑞丽航空公司为支点，逐步串联起了航空的上下游产业，并推动集团航空板块形成航空客货运输、飞机研发制造及维修、机场运营服务、通航培训、旅游及其他"通航+"的全产业链发展模式，进一步巩固无锡作为长三角世界级城市群重要中心城市的地位，也为交通集团未来可持续、高质量的发展提供了强劲动能。

2. 朗新科技集团股份有限公司（以下简称"朗新集团"）由徐长军等5位创始人于1996年在北京贯通大厦共同创立，前身为北京朗新电子技术开发有限责任公司。2012年，朗新集团将总部搬迁至无锡新区（现为新吴区）。在良好的营商环境、高效的政府服务及多方位的政策扶持下，公司业务规模和经营效益稳健增长，2017年8月在深交所创业板上市。朗新集团自成立以来，深耕电力能源领域，聚焦能源数字化、能源互联网双轮战略，运用新一代数字化、人工智能、物联网、电力电子技术等新质生产力，服务城市、产业、生活中的能源场景，推动绿色发展。从助力电力企业能源的信息化，到致力构建能源互联网，朗新集团的研发能力不断迭代创新。数字化转型后，朗新集团遵循行业发展特点，深挖行业更高层次需求，在原有优势的基础上持续迸发活力，找到适合自身发展的"第二曲线"。朗新集团的实践表明，企业唯有强化研发、深耕主业，才能掌握发展新质生产力的主动权。

3. 申达集团有限公司成立于1985年，在董事长张国平的带领下，从最初只有42名员工、12.4亩土地、28万元启动资金的一家小型彩印厂起步，坚持深耕包装薄膜主业，逐步培育并控股了两家上市公司，创建了国家级博士后工作站，建成了申达科技工业园、亚洲包装制造中心，成为当时亚洲最大的包装薄膜生产基地，在软塑包装行业中名列亚洲第一。进入新时代，集团敏锐地捕捉到国家提出"双碳"目标的机遇，聚焦于新能源行业高端材料的研发与制造领域，谋划布局新的产业发展方向。先后成立纳力新材料公司，研发生产新能源汽车关键材料，即复合集流体正极铝箔、负极铜箔和纳米涂碳等三大类材料产品，为新能源汽车提供了安全性能更高、资源消耗更少、重量更轻便、能量密度更高的电池材料产品;成立博恒新材料公司,研发生产复合集流体所需的超薄增强耐高温抗低温的高分子材料,致力于打破国外产品对该领域的垄断,并建立了多个高标准生产基地,获得900多项专利,获评国家先进制造业、省战略新兴企业、专精特新"小巨人"、省级绿色工厂,向着千亿级汽车新能源材料领军企业迈进。

4. 无锡华光汽车部件集团有限公司始创于1990年12月(早期为无锡华光轿车附件厂),创始人为薄铸栋。公司发展早期承担上海大众桑塔纳车顶装饰条、玻璃导轨等金属零件国产化任务,继而与长春一汽大众公司、神龙汽车有限公司合作,成为以上三大轿车基地的轿车金属部件生产定点配套企业。2020年由"创二代企业家"薄可晨任总经理后,集团抢抓新能源汽车发展机遇,选址上海临港,投资6亿元建立上海铸昱汽车部件有限公司,一期建设面积7 000平方米,二期建设占地40亩,现已全部投产,为特斯拉、上汽智己汽车生产车身附件和电池托盘等部件,同时为客户提供集自动化立体仓库、物流机器人系统等为一体的智能物流系统解决方案。父子两代企业家的接续奋斗,使企业不断做强做大,以上海为新的支点,深度融入长三角经济带,形成协同和放大效应,发展势头良好。

以上4家锡企,有的是国企,有的是民企,属性不一,但共同点是:一是精心运筹、勇毅前行,企业家始终保持奋争一流的追求和科学决策的理性;二是坚守主业、务实求进,着力在传统领域做精主业、做大产业、做强企业;三是抢抓机遇、创新驱动,全力在新产业、新领域、新赛道上谋篇布局、抢得先机;四是两端发力、双管齐下,改造提升传统产业与培育壮大新兴产业并举,着力提升企业自主创新能力,打好关键核心技术攻坚战,因地制宜地发展新质生产力,不断提升企业核心竞争力,从而赢得了更好的发展空间。这4家企业的发展成效,不仅体现了自身的成功,也是无锡众多成功企业的缩影与写照。

三、"两协会"在"三服务"促进中增添活力

"两协会"作为一个以"服务经济社会发展大局、服务企业、服务企业家"为宗旨的社会组织,近年来,牢牢抓住一体化和高质量发展两个重点,坚持对标长三角重点城市,坚持"稳字当头、稳中有进"主基调,坚持以"三服务"工作的

有效性，激励企业家履行使命责任。

一是突出品牌项目申报重点，持续发挥服务大局的作用。推荐申报品牌项目，既是"两协会"的基本职能，又是独特优势，更是助力企业、企业家乃至整个城市提升影响力与美誉度的主要抓手。今年各项品牌项目申报稳中有进，入围上榜数继续名列全省前茅、位列长三角乃至全国城市的第一方阵，反映出无锡企业在高质量发展中攻坚克难、奋争一流的基本态势。其中，54家锡企入围500强企业三张榜单，连续第6年位居全省首位。在上榜企业中，12家入围中国企业500强、23家入围中国制造业企业500强、19家入围中国服务业企业500强；其中，新入围2家、23家进位明显；素有工业奥斯卡之称的"中国工业大奖"，无锡有4家企业入榜，有望实现市区企业获大奖、市属企业和宜兴板块获奖"零突破"的新进展；无锡一棉纺织集团有限公司等4家企业获得全国管理创新成果，江阴兴澄特种钢有限公司（以下简称"兴澄特钢"）等11家企业的14个项目获得省管理创新成果，无锡地铁集团有限公司等5家企业获得省企业文化优秀成果；1名企业家上榜全国优秀企业家公示榜；在锡企频频获奖的同时，申报工作也呈现出激励政策延续兑现、企业申报积极性和企联系统工作协同性明显增强的生动局面。

二是拓展融合发展新领域，服务企业效能持续提升。"两协会"工作，在二市（县）六区、八大板块建立企业家协会全覆盖，形成了全市企联系统完整的组织架构，开启了全市企联工作的系统对接、联手联动新进程的基础上，进一步顺应一体化背景下的融合发展大势，在更多的互动合作、相互成就中，拓展空间、提升效能。2024年以来，先后通过邀请7名市领导，特别是邀请赵建军市长出席年会并作讲话，围绕优化营商环境、发展新质生产力、实现高质量发展等话题，与企业家座谈，面对面听取意见、点对点沟通交流，助力政企合作；通过联合无锡农商银行召开"龙腾迎春展担当、银企携手创新篇"银企座谈会，推动该行与我会及4家企业签订战略合作和授信协议等活动助力银企合作；通过联合市中级人民法院召开法治化营商环境建设企业家座谈会，推荐3家企业及相关负责人作为执法监督联系点和执法监督员等活动助力法企合作；通过与无锡太湖学院共同举办"校企携手、共创未来"校企合作座谈会，推动华洋公司和无锡太湖学院签订新的合作协议等活动助力校企合作；通过协调无锡亿能电力与无锡电仪、江苏新大力电机制造有限公司（以下简称"新大力"）与兴澄特钢、新大力与约克（无锡）空调冷冻设备有限公司等企业间的协作配套，助力企企合作；通过组织企业家赴合肥、芜湖、保定考察，接待青岛、保定、高碑店市政府或协会来访，助力跨地合作；通过配合中国企联开展"央企看无锡"活动，借力省企联、长三角市（区）企联、苏锡常扬工经联、无锡市（县）区企联联席会议或合作机制，以及和河南省、山东省、吉林省、青岛市李沧区企联签订战略合作协议等，促进对接、企业合作、企业家交流，助力系统内合作；通过常态化开展"会长走企业"活动，密集走访70多家会员单位，及时了解企业日常运行中的"堵点"、难点和痛点，助力企业稳健运行。

三是探索多方位服务新举措，使企业家获得感持续增强。这一项工作，继续坚持以"企业家所需"为导向，采取"两手抓"方针，尽力满足企业家工作、生活及健康等多方位需求。一抓传统措施的落实。全力实施好"三个一"礼遇机制，关爱老企业家生活，组织青年企业家沙龙关心青年企业家成长，举办乒乓球比赛，送生日鲜花，请中医专家义诊，对副会长单位企业家提供免费高端体检和专家咨询等。二是抓新举措的推出。通过组织青年企业家赴长三角重要经济城市合肥、芜湖两地考察科大讯飞股份有限公司、合肥荣事达集团有限公司、奇瑞汽车股份有限公司等头部企业，以及中国声谷等国家级创新馆，增强对新质生产力的理解和认识，激发创新创业、向新而行的内生动力；通过组织无锡市国联发展（集团）有限公司、灵谷化工集团有限公司等企业高管参加"向世界一流企业学管理"实训营学习班，促进领导力提升；通过在延安精神无锡学习天地挂牌建立"无锡市企业家文化建设学习基地"，传承"一包三改""四千四万"精神等优秀传统文化，激励企业家志存高远；通过邀请上海瑞金医院及其无锡分院领导与企业家座谈，探索如何为无锡企业家提供上海瑞金医院同质医疗服务；依托企业家助学基金，向2所学校捐赠135万元资金，组织发动薄可晨等5位青年企业家自愿认筹设立"青年企业家号·无偿献血爱心小屋"，彰显企业家责任担当；通过组织华洋公司王富金董事长定向捐赠百禾怡养院"记忆家园"认知症照护专区项目现场考察回访，确保资金专款专用、项目闭环运作、捐赠者意愿达到预期；通过组织企业家参加江苏省首届企业家乒乓球团体赛，并包揽40岁以上组和40岁以下组两项冠军，充分展示了参赛企业家勇于拼搏、永不言弃的坚韧意志。"两协会"以"聚焦重点、尽心服务、全力建好企业家之家"的做法,在全国企联工作视频会议上作了交流发言,并受到广泛好评,吸引了长三角城市兄弟企联单位和企业家们更多地前来交流合作。

四、企业家在推动长三角一体化高质量发展中面临挑战

从发展走势与"两协会"在"会长走企业"等活动中所掌握的情况看,当下企业发展依然面临着诸多挑战与压力。

在经济环境方面,世界经济不稳定性增强,全球贸易保护主义加剧,一些国家的围堵打压在持续加码。国内外市场需求不足,利润空间不断被压缩,进一步影响了企业的生产和投资意愿。一些企业经营困难,面临销售疲软、效益下滑、市场预期走弱等情况。随着长三角一体化进程的加快,区域内企业之间的竞争日益激烈。无锡企业家需要不断提升自身实力和市场竞争力,才能在激烈的市场竞争中立于不败之地。

在政策环境方面,尽管无锡营商环境不断优化,但仍存在惠企政策在持续性、针对性、有效性上有不足和精准化、协同化、个性化不够等问题。各级主管部门往往只是根据自身工作计划和需要开展沟通交流活动,形式较为单一,对企业困难的了解不够深入、帮扶不够有效,在涉企服务方面仍存在一定的问题和改进空间。无锡企业家需要密切关注政策动态,及时调整经营策略和发展方向,以应对复杂多变的政策环境。

在资源环境方面,无锡企业在推动高质量发展的同时,面临资源环境约束不断增多、传统生产力条件下的经济增长模式越来越难以为继等问题,关键核心技术受制于人的状况尚未根本扭转,对可能产生颠覆性影响的未来技术、未来产业布局还相对滞后。随着资源环境压力的加大,无锡企业家需要更加注重绿色发展和可持续发展,企业需要采取更加有效的措施,以降低能耗、减少污染、提高资源利用效率,实现经济效益与生态效益的双赢。

在企业内部环境方面,在从中低端产业到向中高端产业不断转型升级和自我超越的过程中,部分传统制造业企业仍存在产品附加值较低、品牌影响力较弱、核心技术自主程度较低等实际问题,转型升级方向不明、能力欠缺、人才短板成为重要的制约因素。部分企业缺乏现代化管理的知识和能力,在环境

变化、技术更新面前，缺少对于核心竞争力的持续投入。在根据企业实际和市场变化"育长板、补短板"方面，需要进一步加强行业之间、企业之间的交流互鉴和业务指导。

五、进一步激励企业家履行使命责任的建议

（一）加强政策引导与支持

政府应加强对企业家的政策引导和支持力度，制定更加符合企业实际和市场需求的政策措施。通过税收优惠、财政补贴、融资支持等方式鼓励企业加大研发投入、拓展市场、提升竞争力。同时，政府还应完善知识产权保护的配套政策和执行落实规范，用行之有效的制度，缓解企业创新投入方面的顾虑。要做大做强创新服务机构，培育专业化的服务队伍，为企业创新发展提供解决方案、金融支持、教育培训等综合性服务，提高企业家的政策素养和市场意识。政府应营造良好的鼓励科技创新的政策环境，及时将国内外著名专家的研究成果、知名企业的成功经验传达、分享至企业。鼓励大型国企、本地高校的科研仪器与工业设备向更多科技型中小企业开放共享，推进创新链、产业链、资金链、人才链的有机融合。

无锡"两协会"要加大品牌发展力度，力争增加入围上榜"中国企业500强、中国制造业企业500强、中国服务业企业500强"和"江苏企业100强"的企业数量，继续稳居全国城市第一方阵。集中组织推荐和申报全国和全省优秀企业家、企业管理现代化创新成果、企业文化建设成果、中国工业大奖等，让锡企高质量发展成色更足。精心组织企业家参加全国企业家活动日、500强企业高峰论坛、企业管理创新大会等。同时要引导企业自主选择同行业标杆，优选世界500强、全球隐形冠军等作为对标目标，积极打造与全球经营、全球竞争相适应的高水平管理体系，促进无锡企业家对照标杆，自加压力，加快培育和发展新质生产力。

（二）推动企业家交流与合作

无锡"两协会"应进一步发挥桥梁和纽带作用，推动企业家之间的交流与合作,尤其是推动国有企业和民营企业协同发展,进一步拓展创新协同、产业链与供应链合作、数字化合作、双向混合所有制改革、供应链金融支持、服务平台支撑等合作内容,建立健全创新协同发展方式,推动国有企业和民营企业共同发展、成长壮大。通过组织各类座谈会、研讨会等活动搭建交流平台,通过跨区域合作机制加强与其他城市的联系与合作,通过建立企业家沙龙等形式促进企业家之间的信息共享和资源共享。要继续搭好政企合作桥梁,按照每季安排一次政企座谈的构想,履行好半年一次的政法委与企业家协会联席会议制度,邀请市相关部门负责人就新出台的优惠政策的落实与安排,与企业家座谈交流。对接优化营商环境,继续组织银企座谈会、保企座谈会,努力为企业营造更加宽松的融资、保险环境。对接建会全覆盖格局,扩大与各板块企业家协会、行业协会、兄弟协会、长三角一体化太湖融合创新联盟、长三角市(区)企业联合会的合作机制,增强沿江城市企联工作交流会等的联手联动,推进会员单位间合作配套和互动交流,组织无锡企业家走出无锡,促进资源共享、合作共赢。

(三) 引导企业家履行使命与责任

政府和社会各界应加强对企业家社会责任的教育力度,引导企业家树立正确的价值观和道德观。通过举办社会责任论坛、评选优秀社会责任企业等方式弘扬正能量;通过加强法律法规宣传培训,不断增强企业家的法律意识和合规意识;通过鼓励企业家参与公益事业等方式,激发他们的社会责任感。

要有序帮助企业家补短板、强弱项。强化案例引领作用,在推荐申报企业管理创新成果方面更加突出智能化、数字化、绿色化管理案例,赋能企业转型升级。组织青年企业家走出无锡,到先进城市头部企业参观学习,培育优秀"创二代"队伍。大力弘扬"敢创人先、坚韧刚毅、崇德厚生、实业报国"的锡商精神,促进一批诚信守法、勇于创新,具有家国情怀、社会责任与国际视野的高素质企业家的形成。依托无锡市企业家文化建设学习基地、无锡太湖学院校企合作平台,学习弘扬"一包三改"首创精神和"四千四万"精神,让学习交流平台能够成为企业家精神的弘扬地、传承地,成为每一位无锡企业家持续奋斗的"充电桩、加油站"。通过缅怀历史、汲取力量,加快发展新质生产力,有效推动企业高质量发展迈出新步伐。

（四）为企业家提供更加便捷的支持与服务

政府应持续优化营商环境，通过深化"放管服"改革简化审批流程、提高审批效率；通过加强市场监管保障公平竞争；通过完善公共服务设施提升城市吸引力等。同时，政府还应加强与国际接轨的程度，为企业家提供更加广阔的发展空间。无锡"两协会"要通过全年开展"会长走访企业"活动，落实政企联系常态化机制，全力促成企业诉求"事事有回应、件件有着落"。要提升无锡"两协会"专家咨询委员会活动的效果，为企业提供更加有效的服务支持。深化关爱行动，继续聚焦关心优秀老企业家生活、关注新生代企业家成长、关爱现职企业家健康。继续搞好青年企业家沙龙、老企业家"三个一"礼遇、法律服务、健康讲座、医疗咨询、走访慰问和开展有利于企业家身心健康的文化体育、免费体检、定期义诊等活动。强化责任担当，引导企业家在构建和谐劳动关系、诚信经营、安全生产、绿色发展等方面做示范、作表率。

此外，还要继续提高无锡"两协会"宣传工作的质量和时效，着力为企业和企业家"鼓与呼"，彰显无锡企业和企业家的风采，着力为经济社会发展集聚正能量。

六、结语

企业家作为经济发展的主体力量，在推动长三角一体化高质量发展中持续发挥着重要作用。无锡"两协会"要继续发挥自身优势，进一步引导和激励企业家履行使命与责任，以党的二十大和二十届三中全会精神为指导，继续立足"企业所需、企业家所想"，与企业和企业家同心，奋力争当全市经济社会高质量发展的促进者和社会组织健康运作的示范者。政府和社会各界也应加强对企业家的支持和服务力度，共同推动无锡乃至长三角地区经济一体化高质量发展。我们相信在大家共同努力下，无锡企业的明天一定会更加美好！

本文作者：林国忠，联盟咨询专家、无锡市企业联合会会长、无锡市企业家协会会长。

深化应用新一代信息技术，
构建重大安全风险数字化应急管理体系

魏　多

现代信息社会,应急管理就是跟时间赛跑,要在隐患出现时早预警,要在事故发生时早响应,要在舆情发酵前早答复。传统的应急管理模式已难以满足现代社会高标准快节奏的需求,亟需探索新型的应急管理手段。习近平总书记在中央政治局第十九次集体学习时强调要"积极推进我国应急管理体系和能力现代化",他还指出,"要适应科技信息化发展大势,以信息化推进应急管理现代化,提高监测预警能力、监管执法能力、辅助指挥决策能力、救援实战能力和社会动员能力",这对于我们构建统一指挥、专常兼备、反应灵敏、上下联动的应急管理体制,优化国家应急管理能力体系建设,以及提高防灾、减灾、抗灾、救灾的能力提供了重要指针。以物联网、大数据、人工智能、5G通信为代表的新一代信息产业快速发展、技术日益成熟、成本低廉可控,为全面构建数字化应急管理体系奠定了基础,提供了必要条件。

本文试图阐明的是:采用先进的数字化技术,将各类重大安全风险防控的端口前移,通过感知预警,向"防患于未然"转变,把风险化解在萌芽状态,使应急处置工作向更高效精准的"智慧应急"转变。在这一过程中,长三角区域的城市有条件、有能力率先实施并成为标杆和示范。

一、当前应急管理体系建设中存在的问题

(一) 体系不够完善

就无锡来说,作为物联网之都,长期以来各级政府投入大量资源建设了各

类应急管理平台,但总体而言,缺乏系统性统筹谋划。各级政府、不同部门、各类企业建设的名目繁多的信息化管理平台,存在各自为政、端口不一、信息不通、应用单一等现象。国土测绘数据、地质调查数据、灾害普查数据、人口流动数据、城市各系统运行数据、行业安全生产数据等,分别由不同的职能部门掌握和管理,相关数据的时效性、可靠性、安全性、共享性都不足,"信息孤岛"现象未能消除。碎片化、低水平、重复性建设不仅造成资源的浪费,还加重了企业和政府的负担。与此同时,基层网格化管理执法检查队伍不断扩大,工作越做越细,检查越来越频繁,压力越来越大。对于时有发生的重大事故和"防不胜防"的局面,应急处置工作的精准度、时效性仍有明显差距。

(二) 重点不够突出

习近平总书记指出,要"高度重视并切实解决公共安全面临的一些突出矛盾和问题,着力补齐短板、堵塞漏洞、消除隐患,着力抓重点、抓关键、抓薄弱环节,不断提高公共安全水平"。风险管理并不是一个部门就能"包治百病"的,也不能单靠开会布置、突击检查、"拉网式"排查。所谓"应急管理"必须事先事后并举,事先预防比事后应对更重要,事先预防做深做透了,事后应对就会减少,是反向关系。要立足管全局、管根本,建立系统性的风险整合、预判和处置机制,着眼于日常,突出关键所在、问题导向。

(三) 应对不够及时

虽然现行的应急管理体系在实践中发挥了很大作用,但有时也暴露出一些问题,例如已建的智能监测系统对各类重大风险应用场景未能做到尽可能的全覆盖,风险预警点有不少空白。一些监测系统技术标准过低,不能满足即时性、全天候要求,监测数据不联通、不共享,呈"孤岛化""碎片化"。提前预警的能力不足,事故发生后又缺乏快速响应,处置工作不及时。在整个应急处置过程中,部门联动、人机协同的数字化高效快捷指挥系统和协调机制尚不健全,致使信息整合不够全面,部门协作不够顺畅,资源调配不够合理,进而影响应急处置的效率和效果。

二、构建新型数字化风险应急管理体系的作用

(一)"物联网+监测"可以提高风险感知能力

物联网技术通过实现物体之间的互联互通,为智慧应急提供了强大的技术支持。物联网技术可以实现对各种环境参数、设备状态等信息的实时采集和传输,通过数据分析和挖掘,实现对突发事件的预警和预测。这有助于及时发现潜在的安全隐患,为应急响应提供宝贵的时间。物联网技术可以实现应急资源的数字化管理和智能调度,确保应急资源在关键时刻能够迅速、准确地到达现场。对应急资源的实时监控和调度,可以最大限度地提高资源的利用效率,减少资源的浪费。

(二)"大数据+排查"可以提高隐患预警能力

根据国际安全科学领域里的"海恩法则"(Hein's Law),每一起严重事故的背后,必然有未遂先兆,而这些征兆的背后又有无数个事故隐患。想要从源头上防范化解重大安全风险,真正把问题解决在萌芽之时、成灾之前,必须健全风险防范化解机制,重视大数据和算法技术对突发事件、应急管理的巨大应用潜力。在事件发生前通过海量数据分析排查出"先兆"或"隐患"并做出预判,扭转应急管理的被动局面;同时,提升数据决策者的数据积累能力和数据关联分析应用能力,防止数据积累意识缺乏,造成因数据留存单一化、抓取碎片化,无法准确、全面掌握信息导致的预判不准问题。

(三)"人工智能+决策"可以提高应急指挥能力

在突发应急条件下,人力收集、汇总、处理信息,作出决策的能力是有限的。人工智能技术能够从历史数据中学习灾害发生的规律和特征,结合实时数据,预测灾害发生的概率、影响范围和可能造成的损失,为决策者提供科学的参考依据。对特定区域进行风险评估,识别高风险区域,为提前部署防灾措施提供有力支持。模拟不同的响应策略,帮助决策者选择最优方案,提高应急响应的效率和准确性。通过实时监测灾害现场的交通状况、人员分布和物资

需求等信息，动态调整救援方案，优化救援路径和物资分配，确保救援力量和资源能够迅速到达最需要的地方，提升应急救援实战能力。

（四）"信息通讯＋网格"可以提高统筹协调能力

以移动互联网、5G技术为代表的现代信息通信技术能够建立起全覆盖的信息传输系统，实现跨部门、跨层级、跨区域的互联互通、信息共享和业务协同，形成"横向到边，纵向到底"的应急指挥通信联络协调能力、直连现场的灾情信息感知获取能力、直面社会的应急救援动员能力和极端条件下应急通信保障能力。

三、打造重大风险数字化应急管理体系的路径

无锡经过多年的实践探索，已经有了建立更全面、更先进的智慧应急管理体系的理念和行动自觉。但由于过去的信息化平台过于分散、标准不一、功能单一、投入重复等问题，重建和整合现有的应急管理平台又涉及多层级、多条线，故协调难度、资金投入均较大。为此，建议依托正在建设中的城市运营中心，聚焦重点行业和关键领域，创新管理模式，启动全覆盖、高水平的重大风险数字化应急管理体系建设，其包含数字化管理平台和风险处置工作机制这两部分。

（一）全面排查梳理重大安全风险点

深入贯彻习近平总书记关于安全生产的重要指示精神，深刻吸取以往事故教训，对照《工贸企业重大事故隐患判定标准》，突出危险化学品、交通运输、建筑施工、消防、燃气、工贸等重点行业，危险化学品重大危险源、深井铸造、有限空间作业、涉粉涉爆、客运等领域，大型公共场所、商业餐饮、医院、养老机构、演艺场地、学校、培训机构等单位，以及道路、桥梁、隧道等公共基础设施。全面排查可能导致群死群伤、巨额财产损失、严重环境危害的重大事件风险点。近年来，国内发生的相关事故类型主要有：化工企业生产、存储事故，企业压力容器、反应釜等特种设备事故，企业粉尘类爆炸事故，建筑承重、质量、违建等问题引发的事故,商场、仓库、高层建筑、集体宿舍、群居房等场所因人为明火、电器电路老化过载、通道封闭等造成的事故,电动车辆电池破损、充电故障并停放不当等引发的事故,液化气瓶和管道泄漏引发的事故,有毒有害危险品生产、运输、存储、使用过程中引发的事故,加油站、加气站事故,桥梁、高架路、隧道等垮塌事故,道路地面、山体护坡塌陷滑落事故,车辆超速、超载、逆向、闯灯、疲劳驾驶等导致的重大事故,近期发生的校园、体育场所恶性伤害犯罪事件等。一般来说,重大风险形成的概率不会很高,一级政府属地范围能梳理出的重大安全风险点数量是有限的,并非都是成千上万、工程浩大、投资巨量,使人无所适从、难以企及。

(二) 建设数字化应急智慧管理平台

当前物联网技术日趋成熟,物联网架构中的感知层、传输层、平台层、应用层发展到今天已产生质的飞跃,实现了 5G 技术并迈向 6G 技术,芯片、网络、存储、算力、算法更加强大,AI 技术日新月异,各类传感器的开发生产越发先进、可靠、价格低廉。可以断言,实现各类事物的可感可知已成为现实,对事故灾害的预测预警的场景开发应用已不是难题。物联网技术在安全领域中的应用不可或缺、空间巨大,也必将成为我们防范和监控安全风险的必要手段。目前,在安全领域比较常用的传感器大致有:压力重力传感器、温度传感器、湿度传感器、浓度传感器、气体传感器、电器电流传感器、振动传感器、光学传感器、声控音频传感器、智能视频传感器、电子围栏等。传感器的作用在于可限定各项需要的安全数值、设定禁区及行为规范、测定各项物理和化学系数变化等,在发生异常、意外情况下及时发出警报警示或自动终止相关进程,并可将数据同步传输到相关终端,包括手机终端,为实现数字化风险防控与化解提供了可能。事实上,大多数已知可能发生或已发生的重大安全事故事件都有相应的传感器能够"先知先觉",几乎是只要人想得到就能做得到。比如,针对发生于 2024 年 11 月 11 日的"珠海撞人事件",就可在人群集聚的相关场所出入口,设置智能电子围栏传感设施,在限定时间段内,对未能识别和授权车辆即时触发升降路障。再比如,针对发生于 2024 年 5 月 1 日的梅大高速路面塌陷事故,就可在各类地质风险点敏感路段,设置相应的测定路面、护坡土层含水饱和度及位移度的智能传感设施，及时发出预警并关闭道路通行。

实现数字预警，平台建设尤为重要，必须强化顶层设计，统一规划、统一部署，在一个架构及一揽子闭环功能下分类分层实施，全面实现数据整合、数据共享，并避免重复建设、资金浪费。实现一个平台多场景应用，对排查出的重大安全风险点实现无死角、全覆盖防范监管。应用物联网技术对每个风险点可能引发事故的要素进行全天候实时监测，进行深度汇总分析，构建底层（企业、单位、场所）、中层（区县[市]级政府及相关职能部门）、上层（市级政府及相关部门）上下贯通的实时监测、隐患预警、事故报警、应急处置、评估分析、指挥调度的综合平台体系。平台建设可以是政府投资、政府运营维护，也可以是政府授权、企业投资、企业运营维护，并按企业盈利模式，由政府购买服务，经费列入财政预算。平台权属应归政府，数据由政府掌控并授权使用。

（三）建立健全风险处置工作机制

重大安全风险的防范是企业、单位与政府的共同责任，建设数字化应急管理平台，必须建立与之相匹配的风险处置工作新机制。对于防范面广、量大的安全小事件，须进一步压实企业、单位的安全主体责任，建设自身的安全风险预警系统，落实安全措施和管理制度及相关责任人，政府须不断加强教育培训和督查督办；防范重大安全风险事件，政府与企业、单位具有同等责任。事实上每次发生重大事故事件，同时追究政府责任已成为惯例，必须研究和创新共同治理的途径和方法，落实切实有效举措，形成防范共同体。构建数字化预警体系也可监督和帮助企业、单位将履行主体责任更好地落到实处，实现更"聪明"的"严防死守"。从政府层面来说，可从日常检查、突击检查、反复排查的"人海战术"向"人防"与"技防"相结合，"事先防控"与"事后应急"相呼应，由"全面发动、疲劳应对"向"突出重点、精准高效"转变。实现"自觉认知、人力出行"与"智能感知、数据跑路"这两种防控监管模式的融合、叠加，为应急管理上"双保险"。

重大风险数字化应急管理体系的建设，应坚持政府主导、行政干预，并提高组织化程度，必要时通过完善立法来加以保障和实施。其中，各级应急管理部门是平台建设和工作机制的总闸口、牵头部门，各行业主管部门按照"管行业必须管安全"的要求，负责推动和落实本行业在统一框架下建设和开展数字化监管，各部门有机联动、数据共享，快速反应并分级分类及时有效地处置各类重大风险。制定政策措施是数字化应急管理体系建设的助推剂。列入重大风险隐患的企业、单位、场所须强制性安装智能防控预警设施，并统一源代码、数字标准和接口，实时采集的数据同步纳入市、区级平台系统。企业、单位、公共场所的一般性风险防控预警设施建设也应做到全覆盖。为此，政府财政出台补贴和奖励政策是政府做好此项工作的必要手段。在数字化预警平台建设经费方面，若采用政府投资和政府运营维护模式，各级财政应加以经费保障，并确保专款专用、集中使用。此外，新建或旧系统平台改造须纳入城市运营中心（城市大脑）等智慧城市建设的框架之中，以实现数据更大范围的共享和运用，并保障数据的安全。要合理利用政府引导资金，充分调动企业积极性，整合各类社会技术和资金资源，设立专项基金，设立集聚全市应急技术服务商智慧的应急技术研究院，推动技术共享、标准统一，并在项目建设过程中采用灵活的方式方法，通过联合体中标、技术专利授权、政府专项补贴等形式，调动企业技术研发、产品开发的积极性，在促进应急产业发展的同时，支撑城市数字化智慧应急体系建设。要打破过去职能部门各自为政建设各类信息化平台的格局，坚持信息化项目要由城市大数据职能部门统一归集、科学评估、整体实施。同时整合原有分散的信息化平台，最终建成覆盖领域更宽的高水平数字化智慧城市管理平台，而重大风险数字化应急管理平台是其重要的组成部分。

本文作者：魏多，联盟咨询专家、无锡市数字经济产业协会名誉会长。

在长三角一体化中永续利用大运河
——以无锡重视工业遗产保护为例

孙志亮

长三角运河沿线地区是城市转型和功能提升的重要战略空间。运河是承载文明、寄托乡愁、惠泽百姓的黄金水道、生态走廊及文化长廊。

世界文化遗产是举世公认的、具有突出价值的历史文明成果,是最具权威、最有公信力的世界文化品牌。一座城市、一个地区如果能够拥有世界文化遗产,将大大提升城市所在地区的能级和地位,增强对人和资源的吸引力。

19世纪末20世纪初,无锡由"小无锡"变身"小上海"的历程,是无锡因运河而生、而兴、而荣的生动体现。可以说,大运河无锡段正是中国大运河的一大缩影,它见证了运河的变迁、功能的活化,全面展示了运河的发展历程。

作为人类工业文明的"活化石",工业遗产见证了工业活动对历史所产生的深刻影响,见证了科学技术对于工业发展所作出的突出贡献,见证了工业景观所形成的城市特色,见证了工业发展对经济社会的带动作用,见证了人类巨大变革时期社会的日常生活,是普遍意义上的文化遗产中不可分割的一部分,具有很高的历史价值、科学价值和艺术价值。

20世纪90年代中期,联合国教科文组织将国际工业遗产保护委员会(TICCIH)列为世界遗产评审咨询组织以来,众多具有代表性的工业遗产,特别是工业化革命以后的工业遗产陆续登录《世界遗产名录》,目前其总数已近70处。世界工业遗产成了世界文化遗产的重要组成部分。

世界遗产委员会高度重视工业遗产申遗,2003年在《亚太地区全球战略问题》中,列出了亚太地区尚未被重视的9类世界遗产,其中就包括工业遗产,并在《行动亚洲 2003—2009 年计划》(Action Asia 2003-2009 Programme)中，把"近代与工业遗产"作为今后世界遗产提名需特别关注的对象之一。

近代中国工业化肇始以来的工业遗产，在联合国教科文组织已评出的 1 154 处世界遗产中竟无一席之地。

无锡作为我国近代民族工商业的主要发祥地之一，被称为"中国民族资本工商业的摇篮"。改革开放以后，这里又成为中国乡镇企业的主要发源地。在近百年来的工业发展历程中，从近代的民族工商业崛起，到改革开放乡镇企业的蓬勃发展，无锡始终走在中国社会历史性转型的前列，担当着近现代工业发展的先驱。无锡近代以来的工业主要沿大运河发展，运河的通达便利使无锡成为中国工商业起步最早、近现代工业遗产最为丰富的地区之一，是名副其实的中国工商名城。

在中国工业遗产保护的发展历程中，无锡也具有突出的地位。这不仅是因为无锡在我国近现代工业发展史上地位独特、工业遗产和遗址多，还因为 2006 年 4 月首届中国工业遗产保护论坛也在无锡召开，中国首部关于工业遗产保护的宪章性文件——《无锡建议——注重经济高速发展时期的工业遗产保护》就诞生在这里。《无锡建议》的颁布标志着中国工业遗产保护迈出了实质性的步伐。通过工业遗产这些特定历史时期的物质遗存，我们可以看到近代无锡企业家、当代乡镇企业家勇于兴业报国、敢于开拓创新，为中国工业发展作出较大贡献。所以，无锡工业遗产不仅仅是城市历史的反映，也是一代又一代无锡人奋斗精神的图腾。

大运河无锡段保存的工业遗产是中国民族工商业和现代工业的典型代表，具有与世界工业文化遗产比肩的地位和实力，有实力进一步走进世界运河文化舞台的中央，实现中国工业遗产的"世遗梦"。

目前，与工业有关的文物保护单位总数占无锡全市文物保护单位比例近 1/5，数量之多、规格之高、比例之大在全国名列前茅，有市级以上文物保护单位 29 处，全国文物保护单位 5 处，省级文物保护单位 8 处。无锡还公布了两批共 34 项工业遗产，78 项不可移动工业遗产为文物保护单位。这些工业遗产跨十大类行业，其中 2 处入选了《中国工业遗产保护名录》，包含了我国从工业化至今几乎所有的工业生产形态，能够串成一条完整的工业发展链条，充分展示了从古至今、从无到有的工业化进程,是中国工业化发展过程的一大缩影。可以说,无锡作为中国工商名城,拥有完整性、系统性、原真性的工业遗产群落。

近年来,无锡对全市工业发展史、工业遗存修复等方面开展研究和探讨,公布了《无锡工业遗产名录》;成立无锡市工业遗产保护中心,建立、完善工业遗产价值评价与保护制度;建设了一批工业遗产博物馆、工业遗产保护利用区,整合工业遗产周边资源,形成新的产业优势。值得一提的是,无锡的档案类工业遗产保护在全国也是领先的,目前仅企业档案就有40余万卷。

大运河无锡段两岸的工业遗产星罗棋布、工业文明由来已久。民族工商业的先发优势,为无锡奠定了雄厚的工业基础。从民国初年开始,在大运河无锡段沿岸形成了由无锡民族资本家族自主发展起来的棉纺、面粉、缫丝、榨油等工业。中华人民共和国成立之后,无锡工业持续迅猛发展,但随着城市化进程的加快、环境容量的制约,也基于运河保护传承的需要,一批曾为工业化、现代化作出重大贡献的老工业企业搬离了运河沿岸。随着时间的推移,这些遗存的厂房、车间、堆栈、磨坊、船坞及相关重要人物的活动场所等已成为具有特定历史价值的工业遗产。城区古运河畔,分布着如茂新面粉厂、申新纱厂、北仓门蚕丝仓库、锡金钱丝两业公所、王源吉锅厂、惠山泥人厂等诸多工业遗产。

大运河无锡段工业遗产群落,同样是典型的遗产廊道,符合当前世界工业遗产的优先申报项目条件。无锡可以学习借鉴世界上大型线性文化遗产的保护管理经验,整合现有工业遗产资源,规划打造大运河工业遗产廊道,让工业遗产在无锡城市更新,在文旅产业发展中发挥更大的价值。

自2006年《无锡建议》出台后,工业遗产的保护利用逐渐得到了全社会的重视。2021年10月,国家工信部在首届国家工业遗产峰会上提出,要经过5年努力,将价值突出的中国工业遗产推荐申报世界文化遗产。

无锡作为中国工商名城,工业遗产密集分布在运河两岸,特色明显、保护基础扎实,有实力也有条件,肩负为中国争得首个世界工业遗产的责任,为提升中国文化软实力作出新的无锡贡献,让大运河无锡段在当代世界文化遗产体系中焕发出更为旺盛的生命力。

长三角地区的运河资源丰富,建议打造跨城市的运河发展走廊,通过盘活存量建设及工业遗产用地,发挥土地效用,发展提升运河两侧的科创、文创等产业,让黄金水道产生黄金效益。永续利用大运河、活态利用运河文化遗产,让工商名城无锡成为中国第一个世界工业遗产地。

本文作者:孙志亮,联盟咨询专家、无锡市城乡规划委员会副主任兼秘书长。

新质生产力赋能,加快临空经济发展

王建南

习近平总书记指出:"新质生产力是创新起主导作用,摆脱传统经济增长方式、生产力发展路径,具有高科技、高效能、高质量特征,符合新发展理念的先进生产力质态。"当前,新一代前沿技术正在引领经济产业发展从陆地时代、海洋时代进入空天时代。航空运输在空间范围内将经济全球化、产业集群、企业竞争力融为一体,大型枢纽机场及周边地区成为一个区域经济发展的新动力源,已经成为发达国家城市的标配。2017年2月23日,习近平总书记在考察北京新机场建设时强调:"新机场是首都的重大标志性工程,是国家发展一个新的动力源。"机场及临空经济区的战略定位和作用上升到前所未有的高度。2024年是苏南硕放机场开航20周年,机场客运量将突破1 000万人次,货运量也将达到16万吨,正式进入国内大型机场行列,为无锡在苏南地区率先发展临空经济创造了先发优势。

一、聚焦高水平发展建设,加快无锡航空枢纽实现跨越式发展

空港是临空经济区的心脏,做大做强空港核心功能是全面发展临空经济的先决条件,也是临空经济区引育壮大新质生产力的前提条件。立足无锡经济社会的发展实际,以发展新质生产力为抓手,推动临空经济区的建设,必须首先把无锡硕放机场的前瞻规划、基础建设和功能提升放在重中之重的地位。

1. 科学制定总体发展规划

着眼近期2035年、远期2050年,应对以无锡硕放机场为中心的临空经济区域内的产业发展、客货服务、综合交通、基础配套等进行更加科学、更为前瞻、更具可行性地规划布局,务求空间结构、功能布局与发展规模、运营质态等

相适应、相匹配,不断增强机场的集聚效应。机场及其周边区域的发展规划应全面融入长三角区域一体化国家战略、苏锡同城化发展思路,应无缝衔接无锡太湖湾科创带国土空间规划建设,应深度协同无锡高新区(新吴区)科产文旅高质量发展,共同打造太湖湾科创带东翼。近期目标为:到2035年实现旅客吞吐量2150万人次和货邮吞吐量65万吨。远期目标为:2050年实现旅客吞吐量2500万人次和货邮吞吐量120万吨。同步规划建设空铁联运一体化方案,包括将苏州轨交3号线西延线、无锡至宜兴线即S2线、无锡至常熟线即S3线、无锡至张家港线即S4线、苏锡常城际铁路S5号线等接入机场方案,构建集多种快速、大运量交通方式于一体的机场综合交通换乘中心。科学编制分层分类的规划建设体系,争取将区域航空枢纽纳入民航"十五五"规划,积极申报国家级临空经济示范区,完善机场综合交通配套。

2. 全力推进重大项目建设

加快推进重大项目建设是实现机场新旧动能转换的重要引擎和强劲动力,按照无锡硕放机场"西客东货"总体规划布局,统筹重点项目、共同推进,优化完善货运区布局、集疏运体系,2025年东部货运区建成投用,保税物流中心同步实施。加快二跑道、T3航站楼和综合交通中心(GTC)选址建设;2025年完成航油库扩容工程,跟进航油库项目前期手续进度,与改扩建项目同步建设、同步验收、同步投用。持续推进空域结构优化工程,形成省、市政府相关部门与军方、局方建立协调机制,调整空域结构,加强空域精细化管理,打开南部通道,优化机场的航班时刻,优化并更新军地协议,早日突破航班量增长"天花板",为机场综合保障和服务能级实现质的飞跃提供强大基础支撑。鉴于空域、航路、时刻和机位等保障资源的有限性,短期至中期难以实现大的突破,建议实施"客货并举、以货为主"的发展战略,逐步实现向货运机场定位转变,并将有限资源向基地航空公司倾斜,进一步做大基地航空公司规模,强化战略合作,实现互利共赢。着力引进客机改货机和飞机拆解循环利用项目,构建起涵盖飞机维修、改造、拆解、回收等关键环节的产业链。

3. 持续提升口岸服务功能

习近平总书记强调:"要扩大高水平对外开放,为发展新质生产力营造良好国际环境。"深入推进高水平对外开放,充分利用国内国际这两个市场、两种资源,坚持以高水平对外开放推动新质生产力发展。作为无锡乃至苏南地区最为重要的对外口岸之一,无锡硕放机场应积极响应建设现代化物流枢纽示范城市的战略部署,在稳住欧美日货运航线基础上,鼓励航空公司加大全货机投放力度,积极与京东、苏宁、阿里巴巴、亚马逊等(跨境)电商企业对接,推进DHL快递二期项目,拓展跨境电商全产业链条;常态化运作"9610"跨境电商业务,满足快递物流、冷链物流、专业物流、跨境电商等新兴货运市场需求;深化与海关的合作,更多承接试点,推进口岸"三互"("信息互换、监管互认、执法互助")通关改革,推行"一次申报、一次查验、一次放行";促进港区一体化运营,推动机场口岸与无锡高新区、综合保税区、港区的联动,重点服务苏南地区高端制造业进出口货物的快速集散,引导更多"苏品锡货"从无锡航空口岸走向全球市场。通过第五航权争取增加空空国际中转业务比重,加大无锡硕放机场城市货站在苏南各大产业平台的网络密度,提高对外辐射能力,积极打造苏南对外开放的第一门户。

二、聚焦高效能创新驱动,依托新质生产力激发临空产业跃迁升级

加快形成新质生产力对推动无锡高质量发展、迈向中国式现代化新征程、应对全球性挑战等具有重要作用。不同于以往传统经济模式,具有高时效、高质量、高附加值的临空经济作为新质生产力的重要载体和强力推手,能实现创新链、产业链、供应链、贸易链、价值链、人才链的深度融合,培育、吸引和促进越来越多在科技创新、产业制造和商贸流通等领域具有重大战略意义的新质生产力在临空经济区集聚发展。

1. 促进高效率集疏运体系转型升级

加快发展新质生产力,体现在民航领域就是要持续深化体制机制改革和加大科技创新应用。临空经济区各种高附加值要素的聚集是以空间和时间上的高效流转为基础的,要对标科技前沿、产业前沿和国际前沿,广泛运用云计算、大数据、物联网、人工智能等新技术、新模式、新方法,推动机场管理模式、运行模式、服务模式等方面进行改造提升和深度融合,打造"智能化管理、高效率运行、全流程服务"现代化高效率集疏运体系。以"智慧出行、智慧空管、智慧机场、智慧监管"等四个核心为抓手加快智慧机场建设,运用建筑信息模型

(BIM)技术为智慧机场建设全生命周期提升设计效率并解决复杂的空间问题，实现航站楼建设的智慧管理；运用"5G＋AI＋AR"为旅客的个性化、场景化出行提供可感知的互动式、沉浸式和场景化的新体验。同时打造物流运输"数据大脑"，建设多式联运的智慧物流网络，增强"数字感知、数据决策、精益管理、精心服务"能力，加强数据资源的整合共享、综合开发和智能应用，推进电子运单跨方式、跨区域共享互认，提供全链条、多方式、一站式物流服务，推动货物联程运输发展和全程服务数字化，构建起更为先进、高效的民航物流现代化体系，积极发展与平台经济、低空经济、无人驾驶等相结合的物流新模式。低空经济是新质生产力的重要组成部分，属于通用航空范畴，应做好运输机场和通用航空机场在低空经济中的定位，充分发挥宜兴丁蜀等通用机场的积极性。

2. 促进高技术产业做大做强

新质生产力是以数字化、网络化、智能化的新技术为基础支撑，以科技创新为核心驱动力，以深化高新技术应用为主要特征，具有广泛的渗透性和融合性的生产力形态。发展新质生产力，重点就是要推动以战略性新兴产业和未来产业为代表的高技术产业的迅猛发展。临空经济所具有的特性能高效推动新质生产力的集聚发展，促进区域产业结构优化升级，促使地区高新技术产业能级得到极大提升。结合临空经济区独有的高时效性、高附加值的发展特征，必然可以推动生物医药、集成电路、人工智能、高端设备、数字经济等作为优先发展方向。无锡应锚定"465"产业发展目标，全面放大"临空＋自贸＋保税＋口岸＋跨境＋航权"等开放要素的叠加优势，复制推广海力士芯片外运、特殊药品快速入关等已有成功案例，探索更多匹配临空服务的应用场景的创建和试点，制定出台一系列吸引国际前沿产业、新兴高端产业和高端人才的专项扶持政策，打造一流的营商环境，积极打造长三角经济高质量发展的新增长极。

3. 助力航空航天产业集聚升级

发展新质生产力，构建现代化产业体系既包含战略性新兴产业和未来产业的布局发展，也离不开传统产业的转型升级。航空航天产业作为以典型高端制造行业为引领的新型传统产业，既具有大国重器的战略特性，又具有高端技术密集、产品附加值高的特点,是契合临空经济发展特性的重点产业。无锡"465"现代产业集群中高端装备产业(航空航天)和无锡高新区(新吴区)"6+2+X"先进产业集群中智能装备产业(航空航天)的培育发展也正契合发展临空经济的脉络。无锡硕放机场所在的无锡空港经济开发区,结合自身经济发展优势和区位便利条件,依托"航空航天+高端制造"的临空产业特点,规划建设无锡航空航天产业园,谋定"345"产业发展方向,加速航空产业集聚,加大航空航天产业扶持力度,培育壮大航空航天领域重点企业项目;园区集聚航亚科技、腾达航勤、牧羽航空、乘风科技、通流航天、楼蓝科技、鸿鹏航空动力、尚实航空发动机等企业相关的一大批航空航天重点项目,形成了一定的规模集聚和竞争优势。2023年,园区航空航天产业链产值规模达100亿元。

4. 促进高品质现代服务业发展壮大

新质生产力的发展更需要现代高端服务业的支撑。这个服务的重点在于深度融入全球创新链、产业链、供应链,以及对全球产业链具有重大控制性影响的生产性服务业。临空经济能催生现代高端服务业,主要包括商贸会展、总部经济、科技研发、现代金融、健康医疗、航空文旅等产业,具有很强的临空指向性,是临空经济区重点引进的产业。无锡地处长三角几何中心,拥有得天独厚的地域资源。长三角地区现代产业发达、科创氛围浓郁、人民生活富裕、文旅资源丰富。无锡硕放机场能级水平、地域条件优势明显,具备依托临空经济发展高端服务业的巨大潜力。基于此,无锡应充分发挥机场优势、产业优势、区位优势,叠加无锡综合保税区政策优势和通关便利,以临空经济区为核心,加快辐射临空影响,大力发展航空货运、航空运营维护、航空金融、免税商业等生产生活性现代服务业;出台相关政策,优化商贸环境、营造都市氛围、提升国际形象,积极吸引世界级头部企业总部进驻,激励产业结构不断向高端化、多元化发展,促进产业规模持续扩大,从而推动核心竞争力不断提升,高端新质产能不断发展。

三、聚焦高质量顶层设计,推动临空经济区建设进入快车道

临空经济区是市场经济和工业化走向成熟阶段的必然产物,无锡具有产业的先发优势。国际研究表明,临空经济投入产出比一般为1∶8,航空货运对

周边产业的带动比率为 1∶28,地区人均 GDP 达到 8 000 美元,临空经济进入快速增长周期。2023 年无锡市人均 GDP 为 20.63 万元,加之航空客货运输持续快速增长,大力发展临空经济的必要条件已经完全具备。

1. 完善无锡临空经济区布局规划

突出临空经济区产业布局规划的层次性,按照空港区(机场周边的 1 千米范围内)以及紧邻空港区(机场周边的 1 千米至 5 千米范围内)、空港相邻区(机场周边的 5 千米至 10 千米范围内)以及外围辐射区(机场周边的 10 千米至 15 千米范围内)等四个层级进行产业规划布局,结合苏南硕放机场周边产业发展实际,充分考虑土地规划利用要求,最大程度利用土地资源,强化临空经济区产业的关联性以及产业的集聚性。对于临空经济核心区空港区,重点发展航空物流、航空运保、维修拆解等与航空飞行最为密切、对跑道空间距离要求较高的产业;对于紧邻空港区,重点发展航空制造、航空装备及关键零部件制造、高端商贸、口岸配套服务等相关产业;对于空港相邻区,则应该结合地方产业优势、区域特点、交通属性,突出航空经济发展趋势,积极探索发展集成电路、高端装备、生物医药、高端商贸等相关产业;对于临空经济辐射区,可以积极发展各种临空商务服务产业,诸如会展商务、软件和服务外包、文化旅游、金融贸易、健康医疗等产业,以及各类智慧生态休闲产业等,进一步丰富临空经济区产业结构。

2. 加强临空经济区产业布局的配套保障措施

对于临空经济区产业布局规划及发展推进,应该注重强化人才、政策、资金等各项配套保障措施。一方面,应针对临空经济区产业发展理顺管理体系,完善临空经济区的产业发展管理、开发以及投融资机制体制,针对临空经济区的发展完善各类基础设施建设,更好地吸引主导产业以及规模企业集聚。另一方面,加强对《关于临空经济示范区建设发展的指导意见》《全面深化服务贸易创新发展试点总体方案》等国家政策解读,充分利用跨境电商示范区、快递示范基地等国字号招牌,围绕人才、资本、招商、土地、规划、项目、营商环境等政策制度,建立完善的产业准入清单,强化招才引智以及招商引资,按照"优地优用、补链强链"原则,积极引进临空经济相关头部企业、重点行业、新兴业态、产业链等关键环节到临空经济区发展,提升临空产业能级。

3. 争创国家级临空经济示范区

截至目前,国家批复建设的国家级临空经济示范区达到 17 个,我国临空经济已经初步形成全面铺开、均衡布局、梯度发展的总体格局。根据国家发改委、中国民航局联合发布的《临空经济示范区管理办法》,"示范区原则上依托直辖市、省会城市、计划单列市或者其他区位优越、物流便利、开放型经济发展水平较高的城市的航空枢纽机场设立。示范区总数原则上不超过 40 个"。无锡硕放机场 2023 年客货运全国排名分别在 40 位和 29 位,应积极争取获批国家级临空经济示范区。临空经济示范区的获批将有助于无锡硕放机场做大做强,有力推动无锡市临空产业发展壮大,有力提升无锡整体风貌和能级。近年以来,为落实无锡市委、市政府推动苏锡全面合作战略,推进争创国家级临空经济示范区工作的指示,无锡市、无锡高新区(新吴区)、无锡苏南国际机场集团、无锡空港经开区等部门主动对接、积极争取,内谋外引、扎实推进,齐心协力共同推进国家级临空经济示范区争创建设工作。目前,临空经济示范区设立条件已提升为"机场近五年平均货邮吞吐量超过 10 万吨且旅客吞吐量超过 1 000 万人次,或者货邮吞吐量超过 20 万吨"。考虑到无锡硕放机场在客运量上还有略微差距,因此应在积极准备申报材料和建设实施总体方案的同时,拉长申报年限,科学合理规划申报路径,力争在 2 年至 3 年后申报成功。加快无锡硕放国际机场建设,做大做强机场运载实力,提升区域枢纽贡献度,早日实现旅客吞吐量超千万的目标。

新质生产力是对传统生产力的超越,是更高质量的、更高效率的、更现代化的生产力。在全球化的时代背景下,机场建设是推动区域经济转型升级、实现经济高质量发展的重要引擎,依托机场建设赋能临空经济,正在成为地区经济发展的新选择。相信在市委、市政府的坚强领导下,有新质生产力破茧化蝶的历史机遇,有无锡民航人 20 年赓续奋斗的产业精神,无锡民航产业、临空经济区的持续建设发展必将赋能新质生产力取得实绩实效,打造高能级战略枢纽开放平台,实现从"城市机场"向"机场城市"的转变,谱写"强富美高"新无锡现代化建设的新篇章。

本文作者:王建南,联盟副主席、无锡苏南国际机场集团董事局原主席。

附录1：2022年全国重点机场临空经济区开放平台布局情况

机场	自由贸易试验区空港片区	自由贸易试验区联动发展区	空港型综合保税区	空港型跨境电商综合试验区	空港型国家物流枢纽	国家服务业扩大开放综合示范区	国际消费中心城市	国家进口贸易促进创新示范区
广州白云国际机场		√	√	√	√	√	√	
重庆江北国际机场	√		√	√	√	√	√	
深圳宝安国际机场				√	√			
昆明长水国际机场	√		√	√				
杭州萧山国际机场		√				√		
成都双流国际机场	√		√	√	√			
上海虹桥国际机场						√	√	√
上海浦东国际机场	√							
西安咸阳国际机场	√		√	√				
成都天府国际机场	√				√			
北京首都国际机场	√		√	√	√		√	√
长沙黄花国际机场	√		√					√
南京禄口国际机场				√	√	√		
武汉天河国际机场				√				
海口美兰国际机场	√							
北京大兴国际机场	√		√	√	√	√		
厦门高崎国际机场	√			√				
乌鲁木齐地窝堡国际机场				√				
贵阳龙洞堡国际机场				√				
青岛胶东国际机场			√					
三亚凤凰国际机场	√			√				
哈尔滨太平国际机场				√				
沈阳桃仙国际机场	√		√	√	√			

续　表

机　场	自由贸易试验区空港片区	自由贸易试验区联动发展区	空港型综合保税区	空港型跨境电商综合试验区	空港型国家物流枢纽	国家服务业扩大开放综合示范区	国际消费中心城市	国家进口贸易促进创新示范区
郑州新郑国际机场			√	√	√			√
济南遥墙国际机场			√					
长春龙嘉国际机场				√				
南宁吴圩国际机场				√				
大连周水子国际机场								
宁波栎社国际机场		√		√				
兰州中川国际机场			√					√
天津滨海国际机场	√		√	√	√		√	
福州长乐国际机场								
合肥新桥国际机场								
温州龙湾国际机场								
石家庄正定国际机场	√		√					
太原武宿国际机场				√				

注：表中按 2022 年国内机场旅客吞吐量大小排序

资料来源：国家发展和改革委员会、中国民用航空局《中国临空经济发展报告 2022》

附录 2：我国典型临空经济区建设情况

一、郑州航空港经济综合实验区

2013 年 3 月，国务院批复《郑州航空港经济综合实验区发展规划（2013—2025 年）》，郑州空港成为全国首个临空经济示范区。河南省对郑州航空港经济综合实验区赋予省辖市级管理权限。

发展定位：国际航空物流中心、以航空经济为引领的现代产业基地、中国内陆地区对外开放重要门户、现代航空都市、中原经济区核心增长极。

规划布局：按照"一核领三区"的总体布局，总面积 415 平方千米，其中，空港核心区其面积为 54.08 平方千米，其主要功能构成为航空枢纽、保税物流、自贸园区、临港服务、产业园区；北部城市综合服务区其面积为 98.5 平方千米，其主要功能构成为航空金融、商业商务、文化体育、教育科研、产业园区、生活居住;东部临港型商展交易区其面积为92.8平方千米,其主要功能构成为航展中心、会议接待、科技研发、商业休闲、总部基地、产业园区;南部高端制造区面积170.5平方千米,其主要功能构成为产业基地、航空制造、共建园区、商业配套、文化休闲、生活居住。

经济发展情况:2022年,航空港实验区完成地区生产总值1 208亿元,较上年增长3.7%;规模以上工业增加值较上年增长9.7%;固定资产投资完成350亿元,财政一般公共预算收入将增值税留抵退税返加后完成72.9亿元,较上年增长3.7%;外贸进出口总值完成4 707.8亿元,较上年减少1.4%。

枢纽建设:现有航空设施满足年客货吞吐量4 000万人次和110万吨的能力。郑州国际陆港航空港片区西作业区开工;总投资超500亿元的郑州国际陆港新片区落户航空港实验区,总规划面积50平方千米,总体按照"一港七区"布局。

重点产业:形成以航空物流、电子信息、生物医药、新能源汽车、航空制造、现代服务业等为支柱的产业体系,已入驻各类物流企业400余家,初步构建了服务于航空运输的现代物流产业体系。2022年航空港实验区电子信息产业产值达到5 287.4亿元,已有富士康产业集群及超聚变数字技术有限公司等百余家企业入驻,形成"芯屏网端器"全产业链生态圈。建成的临空生物医药产业园是河南省首家生物医药外包(CXO)一体化中试基地,汇聚鸿运华宁、晟斯生物等一批医药龙头企业。

开放平台包括航空口岸、海关特殊监管区域、空港型国家物流枢纽、跨境电子商务综合试验区、综合保税区。2022年,综合保税区完成进出口总额达4 659.6亿元,居全国综保第2位,开通中国(郑州)重要国际邮件枢纽口岸业务。推进海外航空货站运行,2022年布达佩斯海外货站全年贡献货量达3.7万吨,郑州至布达佩斯的全货机航班已达到每周固定7班。

管理模式:河南省对航空港实验区管理体制进行系统性、重塑性改革,全面赋予省辖市级管理权限,搭建了"省级主导、市级主责、分类管人、直通管事、聚焦主业、差异考核"管理架构,形成了省市区合力共建的新格局。由河南省委常委、省政府副省长兼任郑州航空港经济综合实验区(郑州新郑综合保税区)党工委书记。

二、上海虹桥临空经济示范区

2016年12月,国家发展改革委、中国民航局联合印发《关于支持上海虹桥临空经济示范区建设的复函》,批复设立上海虹桥临空经济示范区。

经济发展:2022年,示范区GDP为652.44亿元,较上年增长-4.7%;规模以上工业增加值为62.2亿元,较上年增长12.7%;完成固定资产投资85.7亿元,较上年增长12%。

重点产业:围绕长宁产业高端化、特色化发展导向,聚焦"五型经济"以及"四高五新"产业体系,大力发展临空经济、总部经济、数字经济和开放经济。已吸引超3400家企业入驻,集聚了联合利华、德国博世等一批知名企业总部,以及爱立信、史泰博、携程网等知名信息服务业企业。已引进东航系、春秋系等一批航空领域龙头企业,亚联、尊翔、美捷、金鹿等公务航空企业,以及上海国际航空仲裁院、上海市航空学会、上海通用航空行业协会、英国皇家航空学会等功能性机构。聚焦元宇宙与碳中和交叉融合领域的高端智库以及"产学研政金"的综合服务平台——元宇宙与碳中和研究院(虹桥分院)正式揭牌。依托市医疗器械检验研究院大虹桥服务站、上海市美丽健康产业协会等功能平台,发展AI赋能医药、医疗健康板块。

开放平台:包括航空口岸、虹桥国际开放枢纽、服务业扩大开放综合试点、国际消费中心城市,同时承接虹桥商务区保税物流中心(B型)、中国国际进口博览会的辐射和溢出效应,承接国家进口贸易促进创新示范区开放平台。

管理模式:长宁区政府成立东虹桥发展办公室,与临空公司合署办公,负责示范区建设中各项具体任务的落实与推进,由东虹桥发展办公室对接虹桥商务区管委会下达各项任务。加强一街一镇一园区的协同发展,在产城融合、公共资源配置、企业服务等方面相互补充、相互配合。

三、杭州临空经济示范区

2017年5月,国家发展改革委、中国民航局联合印发《关于支持杭州临空经济示范区建设的复函》,杭州临空经济示范区获批复设立。

发展定位:区域性航空枢纽、全国高端临空产业集聚区、全国跨境电商发展先行区、全国生态智慧航空城。规划总面积约142.7平方千米,以"一心五区"为总体布局,"一心"即杭州萧山国际机场,"五区"即航空港区、临空现代服务业区、临空先进制造区、城市功能区、生态功能区。

经济发展:2022年,示范区完成地区生产总值(GDP)达345亿元,较上年增长1.5%。

枢纽建设:机场三期扩建项目完工、T4航站楼投运,杭州萧山国际机场跻身华东第二大航空枢纽,可承载旅客吞吐量超9 000万人次。杭州萧山国际机场三期项目交通中心工程正式投运,地铁、高铁等多种交通方式实现无缝衔接。

重点产业:2022年杭州市发展改革委会同杭州临空经济示范区管理委员会牵头编制《杭州临空经济示范区产业发展规划》,提出打造"2+3"现代临空产业体系,即智能制造、生命健康这两大千亿级临空制造业和航空服务业,数字贸易、会展商务这三大千亿级临空服务业。长龙航空创新智能维修保障基地一期机库、航材库以及配套机坪竣工投运,填补了浙江大型飞机维修机库的空白。

临空服务:杭州临空经济示范区采用"左右联动"策略,即"左手"淘汰落后产能腾出空间,"右手"连续出招,推进转型。原金首水泥厂地块,经过"腾笼换鸟",建成以生物医药为核心的生命健康产业园——杭州生物科技谷,聚集了一批世界五百强企业,如赛默飞世尔科技公司、浙江健新原力制药有限公司、合同研究组织(CRO)等生物医药企业。优化"一站式"临空人才服务中心功能,设立萧山临空人才服务中心。总投资150亿元、总面积150万平方米的杭州大会展中心加快建设,示范区以"数字经济+"品牌冲刺会展"国家队"。

开放平台:包括航空口岸、杭州保税物流中心(B型)、中国(杭州)跨境电子商务综合试验区、中国(浙江)自由贸易试验区拓展区杭州片区,叠加服务业扩大开放综合试点,开放功能不断完善。

管理模式:按照"省级支持、市级统筹、区级管理、机场共建"的原则,成立杭州临空经济示范区发展领导小组,组长由浙江省委常委、杭州市委书记担任,第一副组长由浙江省杭州市委副书记、市长担任,组建新的杭州临空经济示范区管理委员会,由杭州市委常委萧山区委书记兼任示范区党工委书记。

四、鄂州临空经济区

2020年8月，国家发展改革委、中国民航局印发《关于促进航空货运设施发展的意见》，首次提出推进专业性货运枢纽机场建设，提出到2025年建成湖北鄂州专业性货运枢纽机场，到2035年，在全国范围内建成1—2个专业性货运枢纽机场。2022年7月，鄂州花湖国际机场正式通航，同年鄂州临空经济区设立，规划面积178.7平方千米。

枢纽建设：作为世界第四座、亚洲第一座专业性货运枢纽机场，鄂州机场也是我国首次有民营快递企业——顺丰快递——参与投资建设运营的机场，机场由湖北国际物流机场有限公司担任运营主体。2023年花湖国际机场实现机场双跑道运行，开通国内客运航线10条、货运航线40条、国际货运航线4条，顺丰货运航线完成转场。2025年，鄂州花湖国际机场将开通国际货运航线10条左右、国内货运航线50条左右，预计货邮吞吐量将达到245万吨，形成辐射全国、畅达全球的国际航空货运枢纽。

重点产业：智能制造、医疗健康、航空物流等临空偏好型产业，以及总部经济和现代服务业，加快打造临空医疗健康、智能制造、航空物流等产业功能区，以高标准建设鄂州空港综合保税区，构建"港—产—城"融合发展典范。2022年，鄂州临空经济区举办了7场大型招商引资活动，全年签约亿元以上重大项目有32个，签约金额达388.5亿元。

参考文献：

国家发改委、中国民用航空局编：《中国临空经济发展报告2022》，中国民航出版社2023年版。

国家发展和改革委员会、中国民用航空局：《发展改革委、民航局关于临空经济示范区建设发展的指导意见》，https://www.gov.cn/xinwen/2015-07/05/content_2890443.htm。

中国民用航空局《关于无锡硕放机场总体规划的批复》（民航函〔2024〕859号）。

蔡达：《郑州市临空经济高质量发展的思路与举措研究》，《北方经济》2024年第2期。

中投顾问:《2017—2021 年中国临空经济区深度分析及发展规划咨询建议报告》。

金伟:《把握低空经济发展三"航道"》,《中国发展观察》2024 年第 4 期。

朱文佳、梁靖廷:《"双循环"中的临空经济发展路径研究——以杭州市萧山机场为例》,《中共杭州市委党校学报》2022 年第 5 期。

何枭吟:《内陆地区"自贸区＋临空经济"模式研究述评》,《技术经济与管理研究》2019 年第 12 期。

企业"出海"的风险应对策略

刘 骏

在经济全球化背景下,"出海"已经成为中国企业参与全球竞争的新趋势。无论是为了寻找新的增长机会、实现技术创新、寻求更低成本的劳动力和原材料,还是为了配合"链主"企业做好海外配套服务、应对贸易保护主义抬头和国际贸易壁垒增加,"出海"都是企业拓展业务版图的关键路径。

如果把"出海"企业比作成一艘艘大船,那么当下的海运航线,已经被这些怀揣勇气的淘金大船挤得满满当当。

然而,仅有雄心和勇气不行,面对复杂多变的国际环境,如何克服海外布局"水土不服",更好地融入当地产业链与供应链,拓展市场新空间,成为越来越多中国民营企业"踏浪出海"所须思考的问题。

一、"出海"很热,切勿头脑发热

2023 年被称为中国企业的"出海元年"。与"出口"相比,"出海"作为一种新的全球化发展方式,其复杂性和深度远远超出了传统的出口业务。

"出海"意味着企业不仅在全球市场销售产品,还在全球范围内整合资源,包括雇用海外员工、租赁当地厂房、采购当地原材料、在全球融资及并购,甚至在当地进行研发合作。"出海"模式带来的不仅是市场的拓展,更是对企业全球化能力的全面考验。

除了对自身进行准确判断外,"出海"最直接的影响因素就是境外营商环境。好的营商环境就像阳光、水和空气,对经营主体而言须臾不可缺少。

自 2004 年以来,世界银行每年发布营商环境报告,中国的排名逐年提升,很少有哪个国家像中国这样连年实施多项改革,对营商环境进行全面而系统的提升。

我经常讲，走出国门，就再也找不到像中国这么好的营商环境了。一是我们的政策更亲民、更优惠；二是我们的行政审批更高效、更便利；三是我们的市场环境更开放、更透明。

"出海"面临的风险，包括竞争力不足、文化差异、国家安全审查等。"出海"前一定要冷静理智，做好充分调研，切勿头脑发热，决策不慎。否则一旦失足，企业多年的打拼和辛苦将付诸东流。

二、世界很大，切勿走错方向

中国企业可选择的"出海"目的地繁多，但受文化和发展阶段等因素影响，不同国际市场所能接受的产品有所不同。世界很大，切勿"橘生淮北"，走错方向。

企业在选择"出海"国家的时候，首先要考虑目标市场的经济环境、消费习惯、法律法规、文化差异和语言障碍等因素。一般来说，东南亚、南亚、欧洲、北美等是不少企业首选的"出海"目的地。

东南亚市场近年来发展迅速。东南亚人口众多、互联网普及率高，尤其是印度尼西亚、越南、泰国等国家，是很多互联网企业和消费品企业的"出海"首选。但是，东南亚国家之间文化差异较大，需要深入了解当地市场。

南亚印度市场，经济飞速增长。印度同样是人口大国，但其市场进入壁垒却很高。印度有着独特的文化且贫富差距大，看上去可发挥空间大，但细分产品找突破口却面临很大的挑战。

欧洲市场消费能力强，对高质量、高标准的产品需求量大。但是，欧洲的法律法规尤其是数据保护法规较为严格，企业需要特别注意合规问题。

北美市场和日韩市场，前者人口基数大，市场支付能力强，互联网的渗透率较高；后者基数稍小，但是基础建设和付费意愿同样不错，也有着对中国创业者更加友好的文化。但无论是哪种市场，存量竞争已然不小，挑战者想大杀四方势必需要有撒手锏。

以无锡日联科技股份有限公司举例，为什么我们第一站会选择马来西亚柔佛州？一是因为政策支持。马来西亚政府对"一带一路"倡议的政策支持力度很高。二是因为区域优势。地理位置优越,工厂位置距离新加坡国际机场、新山士乃国际机场均只要一小时车程,距吉隆坡国际机场也只有两个多小时,且与周边国家关系紧密,便于设置服务网点。三是因为运营环境。当地成本和生活水平较低,同时拥有发达的基础设施。四是因为语言顺畅。当地人90%以上都可以熟练运用英语,沟通无障碍。五是因为市场基础。日联科技已经具备和美日老牌企业抗衡的实力,且很多客户或潜在客户都在马来西亚设厂。

三、道路很多,如何快速抵达"罗马"

针对不同海外市场及各行业的特点,中国企业的"出海"主要包括海外并购、投资自建和供应商合作这三条路径。

海外并购是通过收购海外已有公司或团队,获取其技术、业务、品牌等资源,快速进入海外市场;投资自建是指直接在海外新设公司,从零开始拓展市场;供应商合作是与成熟的销售供应商合作,由供应商帮助企业拓展海外市场。

历经40余年发展,中国企业"出海"方式持续迭代,目前主要包括产品/服务"出海"、制造"出海"、模式"出海"这三大类型。

产品/服务"出海"是指部分企业选择将主要产能、人员放在国内,仅"出海"具体产品或服务;制造"出海"指将产能转移至人工、水电、土地、所得税等成本较低的区域,以打破贸易壁垒、优化供应链效率,在提升成本管控能力的同时,缩短交付周期,扩大海外市场覆盖面;模式"出海"指将国内生产运营模式复制至海外,再叠加不同地区的差异化发展战略,以规模化和体系化实现较好的本地化建设,较产品/服务"出海"、制造"出海",模式"出海"具有更高的行业壁垒。

无论选择何条路径、运用何种方式,都没有优劣,只有适合与否;我们最终的目标都是要快速抵达自己的"罗马"。

中国企业"出海"之路任重道远,急不得也慢不得。无论是为了实现短期共赢,还是谋求长期发展,企业都应保持开放的心态、灵敏的嗅觉、敏捷的行动力,谋定而后动,方能在海外市场乘风破浪、直挂云帆。

本文作者:刘骏,联盟成员、无锡专精特新企业联盟理事长。

独立学院转设本科高校应用型
人才培养体系的构建与实践
——无锡太湖学院本科教育教学示范实例

金 成

根据2008年《独立学院设置与管理办法》和2020年教育部办公厅《关于加快推进独立学院转设工作的实施方案》,截至2024年7月,我国已有172所独立学院转设为应用型本科高校。转设后的独立学院,是我国高等教育的重要生力军,是应用型人才培养的主阵地之一。脱离公办本科高校后,此类高校面临着独立组织教育教学、独立建立教师队伍、独立迎接市场风浪的挑战。为此,无锡太湖学院进行了深入探索。

一、实例学校情况

无锡太湖学院是经教育部批准建立的全日制、多学科应用型本科高校。学校前身是2002年7月经教育部批准设立的江南大学太湖学院;2011年4月经教育部批准转设为独立设置的民办普通本科高校,是江苏省26所独立学院中率先规范转设的高校。学校坚持公益性、非营利性办学,坚持"需求导向、创新引领、改革动力",实施"内涵发展、转型发展、特色发展"三大战略,取得了杰出的办学成果和良好的社会声誉,受到了各级领导的高度赞扬和社会各界的充分肯定,先后荣获"全国五一劳动奖状""中国产学研合作创新示范基地"等30多项国家、省、市荣誉。

二、实例简介及主要解决的教学问题

(一)实例简介

2011年,学校转设后,开始探索和实践应用型人才培养新模式,构建了"围绕一个目标、优化五个子体系、强化三大保障"的"153"应用型人才培养体系，取得了显著成效。

学校转设后确立"应用型、地方性、特色化"办学定位，明确人才培养围绕"一个目标"，即培养德智体美劳全面发展，专业基础扎实，实践能力强，富有创新创业精神的高素质应用型人才；优化"五个子体系"，即强化铸魂育人的思想政治教育体系、建立集成集群的专业体系、优化能力输出的课程体系、实施成果导向的教学体系、完善持续改进的质量保障体系；强化"三大保障"，即双师双能队伍建设、产教融合协同育人、厅市共建机制创新，为应用型人才培养提供坚实基础。

（二）主要解决的教学问题

1. 应用型人才培养目标定位问题

要解决学校转设后"培养什么样的人"的定位问题，克服转设前"重理论、轻应用"的倾向，研究精准确立人才培养目标。

2. 应用型人才培养体系重构问题

要消除学校转设后学科专业沿袭母体公办高校学术型培养体系、与地方产业对接不紧密、培养方案同质化的弊病，研究探索重构应用型人才培养体系。

3. 应用型人才培养资源配置问题

要解决民办高校师资力量薄弱，优质教学资源不足，从政府、行业企业获取资源困难等共性问题，探索应用型人才培养资源保障路径。

三、解决教学问题的方法实例

（一）坚持精准定位，明确应用型人才培养目标

学校以转设为契机，开展了2次思想解放大讨论，走访了12个政府职能部门，深入35个行业协会、156家企业进行调研，探讨如何由原来模仿母体的学术型人才培养转变到应用型人才培养，确定人才培养目标是：培养德智体美劳全面发展，专业基础扎实，实践能力强，富有创新创业精神的高素质应用型人才。人才培养规格是本科水平、一专多能。"本科水平"是指以学校办学定位为基础、以国家质量标准为纲、以专业认证为标准、以企业用人标准及行业规范为据,达到国家设定的本科专业人才培养要求。"一专"是指过硬的专业能力,与公认的行业资格认证、引领企业的技术标准相衔接;"多能"是指本专业以及与本专业相关的复合职业能力、创新能力。

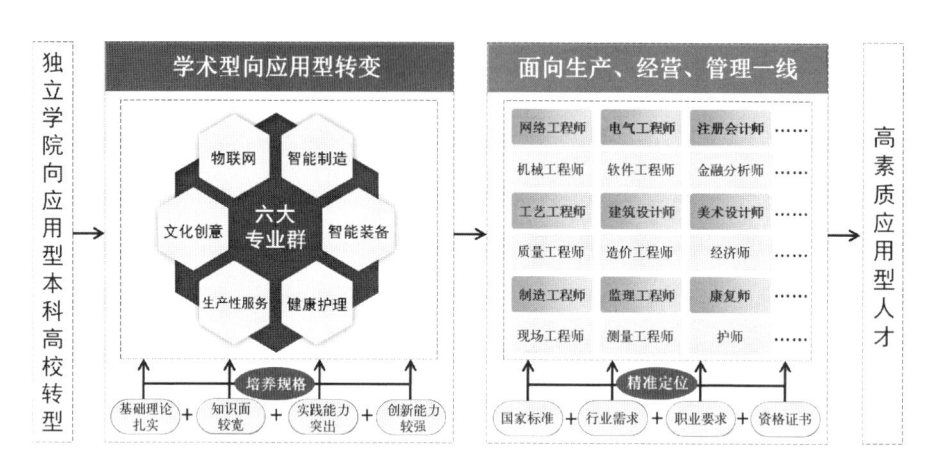

图1 无锡太湖学院应用型人才培养目标定位示意图

(二) 构建五个子体系,优化应用型人才培养过程

1. 构建铸魂育人的思政体系

加强党的领导,深入实施"时代新人铸魂工程",开展系统设计,将各专业特点融入思政课教学,构建思政课程与课程思政协同育人体系,细化实施"大思政课"建设工程、"三全育人"工程、"大先生"培育提升行动等10个方面的重点工作和37项重点任务,确定牵头单位,强化落地落实,确保将思想政治工作作为应用型人才培养的生命线。

2. 集成集群的专业体系

全面贯彻新发展理念,围绕长三角区域一体化高质量发展国家战略;紧密对接无锡市"465"现代产业体系,聚焦相关领域与产业需求,精准发力;围绕产业链、创新链,持续完善专业动态评估机制,做实专业设置"调停转增",近三年停招广告学等5个专业,增设物联网工程、集成电路与集成系统等10个新专业,形成了对接无锡物联网、集成电路等地标产业集群的六大专业群;开展自学考试,助学专业本科第二学历教育,遴选会计学、金融学等4个专业开办辅修专业和授予辅修学位,增强学生就业竞争能力;坚持学科专业一体化发展,以需求为导向,着力打造多领域交叉融合的专业集群,服务地方产业集群。

3. 能力输出的课程体系

由"知识输入导向"向"能力输出导向"转型,由公共课、专业基础课、专业课三段式学科化结构,转为理论与实践高度融合的模块化课程。提升实践课程与专业培养目标和理论课程的契合度,提高课程配套实验和认知实习之间的递进性,积极推进实践课程改革,调动学生参加实训的积极性;建立"社会需求—知识能力—课程体系"的"成果导向"映射模型。按照"一师一金课"要求,全面建设国家级、省市级、校级精品课程。学生可根据需要,通过智能平台自主选择课程、教师,转换专业和修读多学科课程。优化通识教育课程体系,从2016年起邀请南京大学等双一流大学名家大师来校讲授20余门高层次通识课程,培养学生的科学思维方法、人文素养和世界胸怀,促进学生全面发展。

4. 成果导向的教学体系

由"以教为中心"向"以学为中心"转型,根据成果导向教育(OBE)理念,反向设计培养方案,坚持实训实战化、实验集成化、实践特色化;建成4万多平方米6大实验实训中心;工科类专业实践学分平均占比40%;实行双证书培养模式(学历证书+职业技能资格证书),学生考证率年均提升33%。近三年,学生获得国家认可的职业资格证书2 484人次,护理学专业学生获全国护士执业资格证书的通过率高达99%。

5. 持续改进监控体系

优化开放可控的质量监控机制,打造信息化数据平台,提升数字化"智理"水平,完善学业预警机制。引入第三方机构(江苏省高校招生就业指导服务中心和江苏省教育人才服务中心)开展学生满意度调查,建立"一支信息员队伍+一套支撑系统+一个实时反馈工作群"的教学信息动态监控体系。学生对教师教学满意度始终维持较高水平(近两个学年期末评教结果的中位数均在90分以上),且学生满意度整体呈持续上升趋势。

(三)加强三大保障,优化应用型人才培养资源配置

1. 加强双师双能队伍建设

制定"双师双能型"教师资格认定标准,引导教师提升转化科技成果和咨询服务能力。从行业企业引进工程师、管理骨干、能工巧匠。近3年,遴选校内241名中青年教师赴无锡市政府部门、科技型企业顶岗锻炼,目前3年以上教龄的专业教师中持有相应行业职业资格证书和企业经历的教师占比50%以上,学校发放"双师"津贴,教师工程实践能力明显增强。

2. 产教融合协同育人

整合多方资源,实施校协共建、校企共建,与中国亚洲经济发展协会、清华商会等63个行业协会合作,与华为、中科芯等216家企业签订校企合作协议,搭建"校、院、会、企"合作平台,创建物联网大健康、跨境电商等7个产业学院,挂牌267个校企合作基地。建立校企人才双向流动、互聘互兼交叉任职机制,聘请258名行业企业专家担任产业教授,学校50余名教师被企业聘请为工程师、技术顾问。建立校企共同制定培养方案、共同开发课程资源、共同实施培养过程、共同检验培养质量制度。

3. 与省市及公办高层次学校共建体制创新

争取省市政府支持,2013年和2022年,与江苏省教育厅、无锡市人民政府两次签订协议,支持学校创新发展。无锡市政府把学校发展纳入《无锡市"十四五"教育事业发展规划》。学校与江南大学、南京信息工程大学等高校签订战略合作协议,在人才培养、学科建设、师资队伍、科学研究等方面开展深入合作,实施优秀本科生"共享教学科研资源"项目,共享教育教学基地资源,共建高水平人才师资队伍。

四、学校创新点

(一)办学理念创新,产出了系列研究独立学院转型发展的高水平论文和报告

从2011年开始在江苏省乃至全国率先开展独立学院转设本科高校应用型人才培养体系的研究,产生了具有示范效应、实践价值的理论成果。出版《中国应用型本科高校高质量发展研究报告》和应用型人才培养模式理论研究论文集6部,在中文社会科学引文索引(CSSCI)来源期刊及《光明日报》等报刊上公开发表独立学院转设、应用型人才培养相关学术论文60多篇,主持国家

社科基金项目"独立学院转设效果跟踪评估及政策调整研究"等、教育部人文社科基金等独立学院相关课题12项,指导了学校转型发展的实践探索。应邀参与起草教育部办公厅《关于加快推进独立学院转设工作的实施方案》、江苏省教育厅《关于加快推进独立学院规范发展的意见》等文件。

(二) 教学模式创新,率先构建一套适宜独立学院转设本科高校的人才培养体系

针对独立学院转设本科高校存在的沿袭性、复制性等问题,经过全方位、立体式、长时段的系统设计和探索实践,建立了一套具有针对性、适切性、示范性的独立学院转设本科高校应用型人才培养"153"体系,改变了新转设本科高校人才培养改革的"碎片化"倾向,为同类院校提供了"系统化、综合化、特色化"的应用型人才培养的"太湖样本",促进了学校应用型专业、课程、教材等建设质量的全面提升。近3年,出版了自编教材35部,其中9部立项省重点教材,1部获批江苏省优秀培育教材。2022—2023年立项建设教材45部,其中校企合编教材29部。

(三) 育人机制创新,拓展了"政产学研合作"和"国际合作"两个开放系统

应用型人才培养全过程要打破"围墙",实现由学校内部的封闭系统向"政产学研"合作、国际合作的开放型系统转变,面向行业企业和国际开放,多方合作育人。一方面,坚持协同理念,加强"政产学研"合作,推进产教融合的校企合作;师资双聘双挂,让行业企业深度参与人才培养全过程,构建学校与无锡市政府、行业企业深度合作的生态圈。另一方面,坚持国际合作、特色发展,引进国外优质教育资源,使无锡太湖学院苏格兰学院成为"家门口的中外合作大学";创建应用型本科教育国际化办学典范,培养具有国际视野、中国情怀的国际化人才,为广大师生的发展与深造提供广阔的空间。

五、改革成效及改革实例的推广应用效果

(一) 转型发展效果明显

"学校走出了一条具有特色的转型发展之路"(教育部本科教学评估专家组组长)。"153"体系的科学性、操作性、指导性日益显现,学校获批5个国家一流专业建设点和4门国家一流课程、2个省国际化品牌专业、18个省一流专业建设点、4个省产教融合型品牌专业、2个省卓越工程师教育培养计划2.0专业、15门省一流课程,数量位居全国同类高校之首。建立省大学生创业园等育人平台,建成物联网应用技术实验室等6个省级协同创新基地,获批省教改项目、重点教材、发明专利、横向课题大幅上升,服务经济社会发展的能力增强。学校被列为硕士学位授权立项建设单位。近五年,教师承担国家级、省部级、市厅级、校级科研课题和横向课题共计1 286项;发表论文1 899篇,其中入选北大核心期刊以上510篇,入选《科学引文索引》(SCI)、《工程索引》(EI)、《科技会议文献引文索引》(CPCI-S)162篇。

(二) 人才培养成绩斐然

近3年,一批毕业论文被评为江苏省普通高等学校优秀本科毕业设计(论文),学生在全国大学生电子设计竞赛、全国大学生智能汽车竞赛等高水平竞赛中获奖630余项,获评国家级大学生创新创企(双创)训练计划项目49项、省级双创训练计划项目131项。荣获"创青春""互联网+"等全国性创业赛事省级以上奖项20项,累计孵化学生创业项目191起。学校连续3年被江苏省教育部门评为全省高校毕业生就业工作量化考核A等高校,毕业生的就业对口率、起薪值、满意度增加,带薪实习人数明显上升,许多毕业生起薪8 000元以上,74.56%毕业生留在华东地区就业创业。涌现出一批优秀毕业生,如受到党和国家领导人接见的"全国农村青年致富带头人"郭长鑫、第十五届"中国大学生年度人物"马贝、受到团中央表彰的见义勇为好青年尤全发、"中国好人"邱涛、江苏省创业标兵刘楠。2018年,学校作为全国民办高校唯一代表,在教育部党建新闻发布会上作典型经验介绍。

(三) 政府部门充分肯定

2020年1月,教育部考察组实地考察后,对学校转设和转型发展成效给予了高度评价,认为学校"为教育主管部门决策及其他院校提供了鲜活案例"(教育部发展规划司领导)。学校参与教育部、江苏省独立学院转设课题组,参与起草独立学院转设政策,推动了全国全省独立学院的转设进程。2016年,在江苏省教育工作会议上，省委主要领导充分肯定了学校转设后应用型人才的培养成效。在《国务院发展研究中心调查报告》等内参刊发多篇决策咨询报告，被政府采纳，得到国家领导人和教育部、江苏省领导的重要批示。

（四）示范引领作用突出

无锡太湖学院"是全国独立学院转设后发展的一个样板"（中国高等教育学会时任会长瞿振元）。学校担任全国独立学院转设本科高校联盟理事长、全国非营利性高校联盟副主席。学校转设后发展的良好势头，使众多独立学院打消了"不想转、不敢转、不会转"的顾虑，为从独立学院转设的普通本科高校转型发展提供了"转什么、怎么转"的经验。学校指导11个省份39所独立学院转设及转型发展，全国90多所院校来我校学习考察转设经验和办学模式，提升了应用型人才培养质量。

（五）社会各界普遍认可

一是学校的转型发展和成就得到了张怀西、周光召、韩启德、顾秀莲、黄孟复等党和国家领导人的充分肯定。2022年11月，全国政协原副主席黄孟复莅临学校参观指导。二是专家报告推广成果。本成果在全国新建本科院校联席会议等会议上交流，成果负责人应邀在北京大学、河南省教育厅、重庆市教委、黑龙江省教育厅等单位主办的会议上作报告，为新转设高校作辅导报告30多场次。三是得到了第三方机构的高度评价。在软科大学排名中，连年位居江苏省民办本科高校之首。在江苏省就业服务中心等第三方报告中，就业率位居同类院校前列。四是行业协会给予了肯定。中国高教学会、中国民办教育协会等行业组织充分肯定了学校转型成绩。五是获得了用人单位的积极肯定。SK海力士半导体（无锡）有限公司的人力资源总监表示，学校毕业生"下得去、用得上、留得住、上手快、忠诚度很高"。六是新闻媒体广泛报道。《人民日报》《光明日报》等报刊纷纷报道无锡太湖学院应用型人才培养经验。无锡太湖学院的探索，给全国独立学院成功转设为应用型本科高校，提供了可资借鉴的成功样本和示范经验。

本文作者：金成，联盟副主席、无锡太湖学院校长。

推进长三角地区民办高校国际化办学高质量发展

周　暐

作为高等教育本质特征的重要体现和培养高素质人才的重要条件，自改革开放以来，高校国际化一直是高校建设的重要组成部分，是建设世界一流大学的重要发展路径。在泰晤士高等教育（THE）发布的2024年度全球国际化大学榜单中，中国共有25所大学上榜，其中：香港共有5所大学上榜，并在前10名中占据了4个位置；内地（大陆）有19所大学上榜，由北京大学、同济大学和浙江大学领衔；台湾有1所大学上榜，台湾大学位列世界第165名。中国民办高校无一入榜。可见，中国民办高校在国际化办学进程中明显滞后，这一现状直接影响到了中国民办高校在教学、科研、创新等各领域的竞争力。

中研普华产业研究院发布的《2023—2028年高等学校行业深度分析及投资战略研究咨询报告》指出，高等学校行业市场未来发展趋势及前景预测显示出市场规模持续增长、市场竞争加剧、教育质量提升、多元化和个性化发展、国际化程度提高、信息化和智能化发展以及产教融合与校企合作加强等特点。该研究结果表明，高校若不在上述几个方面积极寻求发展和突破，就有可能在竞争中落伍，甚至最终退出。

基于上述背景，本文试图对中国民办高校国际化办学进程进行分析，并以长三角地区民办本科高校为观察对象，对该地区民办高校国际化办学的现状和特点进行分析，对民办高校国际化办学的成功案例进行剖析，为民办高校国际化发展提供参考建议。

一、中国民办高校国际化进程相对滞后

因历史原因,相对于公办高校,中国民办高校国际化进程明显滞后。改革开放后,我国高等教育国际化开始进入起步阶段(20世纪70年代末—20世纪90年代初),而这一时期民办高等教育刚刚进入萌芽再生阶段,当时的民办高等教育机构基本上以技能培训、文化补习为主,主要对公办高校起到补充作用。[①] 因此,在这一时期,我国民办高校面临的主要问题是如何生存的问题,教育国际化尚未起步。

此后,高等教育国际化进入规模扩张阶段(20世纪90年代初—21世纪初)。随着改革开放的不断深化,特别是邓小平同志南方讲话后,我国加快了对外开放的步伐,经济社会等各项事业也迎来了更加蓬勃发展的局面。在此阶段,我国高等教育国际化得到了前所未有的发展,民办高等教育也从探索发展阶段进入快速扩张阶段,开始重视并谋划实施教育国际化工作。例如,上海外国语大学贤达经济人文学院自2004年创立之初,就明确意识到国际化的重要性,从专业设置、招聘人才、招生到教学管理,均围绕"国际化"的理念层层铺开,将国际化的理念传达至每一个教职工及每一个学生,成为该学院国际化战略的一大特色。再如哈尔滨剑桥学院,该校于2004年成立国际教育学院,负责开发对外合作与交流项目、吸引优秀外籍教师、培训出国留学生、接收外国留学生等工作。西安翻译学院在1987年成立伊始就明确了"应用型、国际化"的办学定位。

2010年之后,尤其是党的十八大以来,我国进入全面深化改革和创新驱动经济发展新时期,高等教育国际化进入提质增效内涵发展阶段。2010年7月《国家中长期教育改革和发展规划纲要(2010—2020年)》发布,强调要继续扩大教育对外开放,提出要引进优质教育资源、提高交流合作水平等要求。2016年,《关于做好新时期教育对外开放工作的若干意见》提出,到2020年,我国出国留学服务体系基本健全,来华留学质量显著提高,涉外办学效益明显提升,双边多边教育

---

① 沈新建:《新中国70年我国民办高等教育发展演进路径》,中国社会科学网2020年1月2日,https://www.cssn.cn/skgz/bwyc/202208/t20220803_5456215.shtml。

合作广度和深度有效拓展等。这一阶段,民办高校国际化进程得到了加速发展,在国际化教育与科研、国际化课程合作,以及国际赛事和奖项上都有所收获。教育部中外合作办学数据显示,截至目前,全国共有 54 所民办高校拥有经教育部批准的中外合作办学机构或项目,含机构 6 个、项目 62 个,办学主体中不乏长三角地区的上海杉达学院、上海建桥学院、无锡太湖学院等优质民办高校。

总体来看,中国民办高校国际化进程虽明显滞后于公办院校,但部分民办高校已在国际化办学中取得了可喜成绩。同时,因为民办高校面临的各种掣肘,其国际化的发展速度和水平仍无法与公办院校相提并论。

二、长三角地区民办高校国际化发展现状分析

根据教育部发布的 2024 年度全国高等学校名单,截至 2024 年 6 月 20 日,全国本科高校共计 1 308 所,其中民办本科高校 410 所,占 31.3%(以上数据均不包含港澳台地区高等院校)。长三角地区现有民办本科高校 69 所,约占全国的 17%,其中上海 8 所、江苏 26 所、浙江 21 所、安徽 14 所。以下从两个维度来考察长三角地区民办本科高校国际化办学水平:一是中外合作办学相关数据,二是北京京领教育科技有限公司(以下简称"京领")发布的中国民办大学国际化竞争力排名情况。

(一)长三角地区民办本科高校中外合作办学情况

教育部中外合作办学监管工作信息平台显示,经教育部批准的全国本科层次以上中外合作办学机构和项目总数达到 1 515 个,含机构 208 个、项目 1 307 个。其中民办高校中外合作办学机构与中外合作办学项目共计 67 个(见表1),含机构 6 个、项目 61 个,分别占全国的 4.4%、2.9% 和 4.7%。长三角地区(上海、江苏、浙江、安徽)民办本科高校共有中外合作办学机构和项目 18 个,含机构 3 个、项目 15 个,占全国同类院校的 26.9%、50% 和 24.6%。上述数据表明,民办本科高校虽然在总数上超过了全国的 1/3,但在中外合作办学方面,民办高校的表现与其在数量上的占比是严重不对称的。但是,如果仅以民办本科高校作为观测点,则长三角地区中外合作办学总量在全国同类院校中占据明显优势。

表1 拥有中外合作办学机构与项目的民办高校名单

形式	民办高校名称
中外合作办学机构	郑州西亚斯学院、无锡太湖学院、浙江越秀外国语学院、广州工商学院、泉州信息工程学院、上海师范大学天华学院
中外合作办学项目	北京邮电大学世纪学院、北京城市学院、上海杉达学院、上海建桥学院、上海师范大学天华学院(3)、天津财经大学珠江学院、重庆移通学院(2)、重庆财经学院、三江学院、苏州大学应用技术学院(2)、无锡太湖学院、南京工业大学浦江学院、南京传媒学院、浙江工业大学之江学院、宁波大学科学技术学院、中国计量大学现代科技学院、广州商学院(2)、广州城市理工学院、北京理工大学珠海学院、广东东软学院、广州南方学院、三亚学院(2)、泉州信息工程学院、福建农林大学金山学院、阳光学院、福州外语外贸学院、烟台理工学院、潍坊科技学院、四川电影电视学院、四川传媒学院、四川文化艺术学院、湖南涉外经济学院、武汉东湖学院、汉口学院、郑州科技学院、郑州商学院、郑州工业应用技术学院、河北外国语学院、河北美术学院(2)、保定理工学院、安徽新华学院、西安欧亚学院、西安科技大学高新学院、辽宁科技学院、辽宁传媒学院、长春科技学院、吉林外国语大学(5)、长春财经学院、吉林动画学院、郑州西亚斯学院

注：括号内数字表示学校中外合作办学项目数量
资料来源：安徽新华学院网站

从长三角地区民办本科高校举办中外合作办学机构和项目一览表（见表2、表3）中，可以看到以下几个显著特点：

1. 长三角地区民办高校中外合作办学发展的整体布局分布不均。3个中外合作办学机构江苏、浙江、上海各占1个，安徽为0；举办中外合作项目的12所院校中，江苏占6所，上海、浙江各占3所，安徽占1所；15个项目中，江苏占6个，上海占5个，浙江占3个，安徽占1个。安徽在以上数据中的表现明显落后于其他省市。

2. 来自美国的院校占据了外方合作院校的绝对多数。3个机构的外方合作院校中有1所来自美国，15个项目的外方合作院校中有12所来自美国；另外2个机构的外方合作院校分别来自英国、新西兰，其余3个项目的外方合作院校分别来自德国、英国、奥地利，仅涉及4个国家，含3个欧洲国家和1个大洋洲国家。

3. 外方合作院校的世界排名均较靠后。所有中外合作办学机构和项目的外方合作院校无一出现在最新发布的"2025年QS世界大学排名"前500的榜单中。

4. 开设专业相对集中。在中外合作办学机构和项目开设的23个专业中，与计算机、通信、大数据、物联网相关的专业有6个，与教育相关的专业有4个（均为学前/小学教育），与机械、工程、自动化相关的专业有4个，与广电、媒体、广告相关的专业有4个，与设计相关的专业有2个，商科类专业有2个，医科类专业有1个。

表2 长三角地区民办本科高校中外合作办学机构一览表

序号	中方院校	外方院校	国别	机构名称	开设专业	办学规模	成立时间
1	浙江越秀外国语学院	东部理工学院	新西兰	浙江越秀外国语学院、东部理工数据科学院与传播学院	大数据管理与应用/网络与新媒体/数字媒体艺术	办学总规模为960人/每年招收240人	2020年
2	无锡太湖学院	西苏格兰大学	英国	无锡太湖学院苏格兰学院	计算机科学与技术/通信工程/工程管理	办学总规模为1200人/每年招收300人	2020年
3	上海师范大学天华学院	北亚利桑那大学	美国	上海师范大学天华学院北亚利桑那学院	小学教育/学前教育	办学总规模为800人/每专业每年招收100人	2022年

资料来源：教育部教育涉外监管信息网

表3 长三角地区民办本科高校中外合作办学项目一览表

序号	中方院校	外方院校	国别	项目名称	每期招生人数	举办时间
1	上海杉达学院	瑞德大学	美国	国际经济与贸易专业本科教育项目	70人	2002—2026年
2	上海建桥学院	沃恩航空科技大学	美国	机械设计制造及自动化专业本科教育项目	100人	2015—2025年

续 表

序号	中方院校	外方院校	国别	项目名称	每期招生人数	举办时间
3	上海师范大学天华学院	西俄勒冈大学	美国	学前教育专业本科教育项目	100人	2015—2020年
		威斯康星协和大学	美国	康复治疗学专业本科教育项目	100人	2017—2026年
		亚拉巴马大学	美国	小学教育专业本科教育项目	100人	2016—2022年
4	三江学院（江苏省）	纽黑文大学	美国	电气工程及其自动化专业本科教育项目	60人	2013—2014年 2015—2018年
5	苏州大学应用技术学院	加州州立大学圣贝纳迪诺分校	美国	物联网工程专业本科教育项目	100人	2014—2023年
		加州州立大学北岭分校	美国	服装设计与工程专业本科教育项目	80人	2017—2024年
6	无锡太湖学院	达拉斯浸会大学	美国	物联网工程专业本科教育项目	100人	2017—2021年
7	南京工业大学浦江学院	维也纳模都尔大学	奥地利	酒店管理专业本科教育项目	120人	2016—2024年
8	南京传媒学院	提赛德大学	英国	广播电视编导专业本科教育项目	120人	2021—2025年
9	浙江工业大学之江学院	布里奇波特大学	美国	工业设计专业本科教育项目	60人	2013—2020年
10	宁波大学科学技术学院	朱尼亚塔学院	美国	广告学专业本科教育项目	90人	2020—2024年
11	中国计量大学现代科技学院（浙江）	西新英格兰大学	美国	机械电子工程专业本科教育项目	100人	2019—2023年
12	安徽新华学院	巴特洪内夫国际应用技术大学	德国	数据科学与大数据技术专业本科教育项目	100人	2021—2025年

资料来源：教育部教育涉外监管信息网

(二)长三角地区民办本科高校国际化竞争力排名

高端国际化教育资源与服务平台京领从 2018 年起开始发布国际学校系列排名。在京领发布的 2023 中国民办大学国际化竞争力排名中(表 4),长三角地区三省一市共有 11 所院校进入前 25 位(其中上海 3 所,江苏、浙江各 4 所,安徽 0 所)。在同时发布的 6 个中国民办大学国际化特色学科排行榜中(表 5),14 所院校进入大理工特色学科前 30 位,10 所院校进入大文科特色学科前 30 位,8 所院校进入大智能特色学科前 30 位,10 所院校进入大商科特色学科前 30 位,10 所院校进入大健康特色学科前 30 位,11 所院校进入大学艺术特色学科前 30 位。在进入国际化特色学科的院校中,安徽省无一所院校入选。该排行榜显示出以下几个特点:

1. 整体来看,无论是国际化总体竞争力,还是国际化特色学科,长三角地区民办高校均在全国占有绝对优势。在国际化总体竞争力排名前 25 的院校中,长三角地区占 44%,在 6 个排名前 30 位的国际化特色学科中,长三角地区院校占据 63 席,占全国的 35%。

2. 从院校个体来看,长三角地区民办高校国际化水平也占据明显优势。西湖大学在国际化竞争力前三的 5 星院校中占据首位;以无锡太湖学院为首的长三角地区院校占据了 7 所 4 星院校中的 4 席,其余 6 所则位居 3 星院校。

3. 从上榜院校在长三角各省市的分布来看,江苏、浙江、上海两省一市相对平衡,安徽省则明显落后,无一所院校进入国际化总体竞争力和国际化特色学科的榜单。

表 4　京领 2023 中国民办大学国际化竞争力排名(前 25 名)

序号	学　校	国际化教育	国际化科研	国际化合作	国际化奖项	专业评价
1	西湖大学 ＡＡＡＡＡ｜杭州	ＡＡ	ＡＡ	ＡＡ	ＡＡＡＡ	ＡＡＡＡＡ
2	广西外国语学院 ＡＡＡＡＡ｜南宁	ＡＡＡ	ＡＡＡＡＡ	ＡＡＡＡ	ＡＡＡＡ	ＡＡＡＡＡ

续　表

序号	学　校	国际化教育	国际化科研	国际化合作	国际化奖项	专业评价
3	北京城市学院 ＡＡＡＡＡ｜北京	ＡＡＡＡ	ＡＡＡＡ	ＡＡＡＡ	ＡＡＡ	ＡＡＡＡＡ
4	北京邮电大学世纪学院 ＡＡＡＡ｜北京	ＡＡＡ	ＡＡＡＡＡ	ＡＡＡ	ＡＡＡＡＡ	ＡＡＡＡ
5	无锡太湖学院 ＡＡＡＡ｜无锡	ＡＡ	ＡＡＡＡ	ＡＡＡＡＡ	ＡＡＡＡ	ＡＡＡＡ
6	浙江越秀外国语学院 ＡＡＡＡ｜绍兴	ＡＡＡＡＡ	ＡＡＡ	ＡＡＡ	ＡＡＡ	ＡＡＡ
7	西安外事学院 ＡＡＡＡ｜西安	ＡＡＡＡ	ＡＡＡ	ＡＡＡ	ＡＡＡＡ	ＡＡＡＡ
8	浙江树人学院 ＡＡＡＡ｜杭州	ＡＡＡＡ	ＡＡＡＡ	ＡＡＡ	ＡＡ	ＡＡＡＡ
9	天津天狮学院 ＡＡＡＡ｜天津	ＡＡＡＡＡ	ＡＡＡ	ＡＡ	ＡＡＡ	ＡＡＡＡ
10	苏州大学应用技术学院 ＡＡＡＡ｜苏州	ＡＡ	ＡＡＡ	ＡＡＡＡＡ	ＡＡＡＡ	ＡＡＡＡ
11	上海师范大学天华学院 ＡＡＡ｜上海	ＡＡＡＡ	ＡＡＡＡ	ＡＡＡ	ＡＡＡ	ＡＡＡ
12	大连理工大学城市学院 ＡＡＡ｜大连	ＡＡ	ＡＡＡＡＡ	—	ＡＡＡ	ＡＡＡ
13	广州商学院 ＡＡＡ｜广州	ＡＡＡＡ	ＡＡＡＡ	ＡＡＡＡ	ＡＡ	ＡＡＡ
14	苏州城市学院 ＡＡＡ｜苏州	ＡＡＡＡ	ＡＡＡ	Ａ	ＡＡＡ	ＡＡＡ
15	北京工商大学嘉华学院 ＡＡＡ｜北京	ＡＡＡＡ	ＡＡ	ＡＡ	ＡＡ	ＡＡＡ

续 表

序号	学 校	国际化教育	国际化科研	国际化合作	国际化奖项	专业评价
16	上海外国语大学贤达经济人文学院 ＡＡＡ｜上海	ＡＡ	ＡＡＡ	ＡＡＡ	—	ＡＡＡ
17	中南林业科技大学涉外学院 ＡＡＡ｜长沙	ＡＡ	ＡＡ	ＡＡ	ＡＡＡＡＡ	ＡＡＡ
18	上海建桥学院 ＡＡＡ｜上海	—	ＡＡＡＡ	ＡＡ	—	ＡＡ
19	成都文理学院 ＡＡＡ｜成都	ＡＡ	ＡＡ	ＡＡ	ＡＡＡＡ	ＡＡ
20	同济大学浙江学院 ＡＡＡ｜嘉兴	200强	ＡＡＡＡ	ＡＡ	ＡＡＡ	ＡＡ
21	天津财经大学珠江学院 ＡＡＡ｜天津	ＡＡ	ＡＡ	ＡＡ	ＡＡＡ	ＡＡ
22	南京航空航天大学金城学院 ＡＡＡ｜南京	300强	ＡＡＡ	ＡＡＡ	ＡＡＡ	ＡＡＡ
23	青岛滨海学院 ＡＡＡ｜青岛	ＡＡ	ＡＡＡ	ＡＡ	ＡＡＡ	ＡＡＡ
24	湖南涉外经济学院 ＡＡＡ｜长沙	200强	ＡＡ	ＡＡＡＡＡ	ＡＡ	ＡＡ
25	福建农林大学金山学院 ＡＡＡ｜福州	ＡＡＡ	ＡＡＡ	ＡＡＡＡＡ	—	ＡＡＡ

资料来源：http://wmzh.china.com.cn/2023-07/12/content_42443232.htm

表5 京领2023中国民办大学国际化学科特色排行榜TOP30

序号	国际化特色学科名称	TOP30
1	大理工特色学科	广州华立学院、**同济大学浙江学院**、广州城市理工学院、北京理工大学珠海学院、**南通大学杏林学院**、广东白云学院、无锡太湖学院、泉州信息工程学院、广东理工学院、**浙江工业大学之江学院**、**南京工业大学浦江学院**、广州理工学院、青岛滨海学院、**南京理工大学紫金学院**、广州科技职业技术大学、闽南理工学院、**温州理工学院**、

续 表

序号	国际化特色学科名称	TOP30
		浙江药科职业大学、齐鲁理工学院、青岛黄海学院、西安科技大学高新学院、**苏州科技大学天平学院**、吉利学院、东莞城市学院、**中国计量大学现代科技学院、东南大学成贤学院、江苏科技大学苏州理工学院**、天津仁爱学院、**浙江理工大学科技与艺术学院、浙江广厦建设职业技术大学**。
2	大文科特色学科	**上海外国语大学贤达经济人文学院**、广西外国语学院、西安外事学院、广州南方学院、天津外国语大学滨海外事学院、**浙江越秀外国语学院**、广东外语外贸大学南国商学院、四川外国语大学成都学院、广东培正学院、天津师范大学津沽学院、西安翻译学院、**浙江树人学院、南京大学金陵学院**、河北外国语学院、**杭州师范大学钱江学院**、福建师范大学协和学院、天津商业大学宝德学院、福州外语外贸学院、**三江学院**、湖南涉外经济学院、**绍兴文理学院元培学院、上海兴伟学院**、西安思源学院、广州华商学院、**江苏师范大学科文学院**、天津传媒学院、山东外国语职业技术大学、**南京师范大学泰州学院**、山东外事职业大学、武昌首义学院。
3	大智能特色学科	北京邮电大学世纪学院、**上海建桥学院、宁波大学科学技术学院**、广州软件学院、**杭州电子科技大学信息工程学院**、北京理工大学珠海学院、电子科技大学中山学院、广东科技学院、电子科技大学成都学院、广东东软学院、**南京邮电大学通达学院**、广东工商职业技术大学、厦门工学院、**苏州城市学院**、北京城市学院、成都东软学院、珠海科技学院、成都理工大学工程技术学院、闽南科技学院、天津理工大学中环信息学院、**南京理工大学泰州科技学院**、泉州信息工程学院、江西科技学院、**浙江师范大学行知学院、南京理工大学紫金学院**、福州大学至诚学院、福州理工学院、齐鲁理工学院、江西软件职业技术大学、西安信息职业大学。
4	大商科特色学科	广州商学院、北京工商大学嘉华学院、**宁波财经学院、上海杉达学院、温州商学院**、广州华商学院、南开大学滨海学院、天津财经大学珠江学院、**上海财经大学浙江学院、上海立达学院**、厦门大学嘉庚学院、天津天狮学院、广州工商学院、集美大学诚毅学院、**嘉兴南湖学院、浙江工商大学杭州商学院、浙江财经大学东方学院**、广州新华学院、西安培华学院、**南京师范大学中北学院**、西安欧亚学院、江西农业大学南昌商学院、广州应用科技学院、西南财经大学天府学院、**常州大学怀德学院**、湖北商贸学院、成都文理学院、武汉东湖学院、四川工商学院、西安工商学院。

续　表

序号	国际化特色学科名称	TOP30
5	大健康特色学科	北京城市学院、天津医科大学临床医学院、**浙江中医药大学滨江学院**、广州南方学院、**上海杉达学院**、**上海师范大学天华学院**、广州新华学院、**上海中侨职业技术大学**、珠海科技学院、**浙江药科职业大学**、山东协和学院、**温州医科大学仁济学院**、**南京医科大学康达学院**、**南通大学杏林学院**、青岛黄海学院、南昌医学院、北京中医药大学东方学院、**中国计量大学现代科技学院**、**南京中医药大学翰林学院**、山东英才学院、武汉生物工程学院、长沙医学院、西安培华学院、山西医科大学晋祠学院、山东现代学院、贵州中医药大学时珍学院、贵州医科大学神奇民族医药学院、湖南中医药大学湘杏学院、广西中医药大学赛恩斯新医药学院、齐鲁医药学院。
6	大学艺术特色学科	**上海师范大学天华学院**、北京邮电大学世纪学院、上海视觉艺术学院、广东白云学院、**江苏师范大学科文学院**、**上海立达学院**、**南京传媒学院**、成都东软学院、青岛电影学院、**上海杉达学院**、**浙江工业大学之江学院**、湛江科技学院、首都师范大学科德学院、天津师范大学津沽学院、**无锡太湖学院**、广东培正学院、**扬州大学广陵学院**、广州科技职业技术大学、四川传媒学院、成都文理学院、天津传媒学院、**苏州大学应用技术学院**、**三江学院**、四川电影电视学院、山东华宇工学院、武汉设计工程学院、成都艺术职业大学、青岛理工大学琴岛学院、武汉传媒学院、景德镇艺术职业大学。

注：黑体为长三角地区民办高校

资料来源：https://mp.weixin.qq.com/s?_biz=MzI1MjEy0TI3MQ==&mid=2660035142&idx=4&sn=12438f108c2b46293e26dd691b9efdf8&chksm=f29030dec5e7b9c813f9f9b65569678b6ae8fe2add7dfcff7e039525336970eac3368c5fea45&scene=27

三、通过国际化推动民办高校内涵式发展

（一）国际化对民办高校内涵式发展的影响

党的二十大报告强调要引导规范民办教育发展，表明国家在高等教育发展上不再一味追求民办高校的规模和数量，而是更关注民办高校办学质量的"专"和"精"。至此，中国高等教育进入了内涵式发展阶段，民办高校的发展定位和目标任务出现了历史性变化。

民办高校在国际化发展阶段和发展水平上相对于公办院校虽处于劣势，但国际化注定是民办高校在竞争中形成新优势的重要依托之一。国际化能否

对民办高校内涵式发展带来积极影响,主要看国际化是否对民办高校内涵建设的四个关键要素——师资队伍建设、学科专业建设、科研工作、制度建设——的生成发挥了积极作用。

对照软科2024中国民办高校排行榜(表6)和"京领2023中国民办大学国际化竞争力排名"(表4),可以发现排在两个榜单前列的高校并不存在必然的关联。在两个榜单前25位的院校中,仅有4所院校同时入榜,它们是浙江树人学院、无锡太湖学院、北京城市学院和上海建桥学院。绝大部分国际化竞争力上榜院校并未出现在综合排名前30位中。可见,并非只要开展了国际交流与合作,就可以对学校的整体办学水平带来积极影响。必须聚焦内涵建设的四个关键要素,国际化才能作用于民办高校的内涵式发展。也就是说,同时出现在两个榜单中的院校,其国际化进程必然在内涵式发展的四个关键要素上发挥了积极作用。

表6 软科2024中国民办高校排名(前30位)

序号	学校名称	省市	类型	总分
1	山东协和学院	山东	医药	110.4
2	珠海科技学院	广东	综合	110.0
3	浙江树人学院	浙江	理工	104.3
4	齐鲁理工学院	山东	综合	100.9
5	潍坊科技学院	山东	综合	90.6
6	西京学院	陕西	理工	89.7
7	大连东软信息学院	辽宁	理工	88.2
7	武昌首义学院	湖北	理工	88.2
9	黄河科技学院	河南	理工	87.8
10	成都锦城学院	四川	综合	87.2
11	烟台南山学院	山东	理工	86.8
12	无锡太湖学院	江苏	综合	86.2
13	三亚学院	海南	综合	86.1
14	武昌理工学院	湖北	理工	85.7

续　表

序号	学　校　名　称	省　市	类　型	总　分
15	齐鲁医药学院	山东	医药	85.3
16	青岛城市学院	山东	理工	85.0
17	北京城市学院	北京	综合	83.9
18	重庆人文科技学院	重庆	综合	83.1
19	武汉东湖学院	湖北	理工	82.5
20	三江学院	江苏	综合	81.7
21	广州南方学院	广东	综合	79.6
22	长沙医学院	湖南	医药	78.3
23	上海建桥学院	上海	综合	76.7
24	南宁学院	广西	理工	75.2
24	潍坊理工学院	山东	综合	75.2
26	燕京理工学院	河北	综合	75.1
27	西安明德理工学院	陕西	综合	73.4
28	南昌理工学院	江西	综合	73.2
29	茅台学院	贵州	综合	72.8
30	长春光华学院	吉林	综合	72.4

资料来源：https://www.shanghairanking.cn/。

(二) 无锡太湖学院国际化办学的成功实践

无锡太湖学院是同时出现在2024年中国民办高校排行榜和"京领2023中国民办大学国际化竞争力排名"上的高校之一。经教育部批准，无锡太湖学院于2020年与英国西苏格兰大学合作举办了非独立法人中外合作办学机构——无锡太湖学院苏格兰学院（以下简称"苏格兰学院"），成为全国第一所获批举办中外合作办学机构的民办高校。无锡太湖学院也是至今为止江苏省唯一一所拥有中外合作办学机构的民办高校。

苏格兰学院第一个4年培养周期取得了可喜的成绩。2020级第一届共192名学生，其中大四出国人数145人，超过总数的75%；升学人数112人，占出国人数77.24%;升读QS世界大学排名前一百的有43人,占升学人数38.39%。升学院校包括伦敦大学学院、伦敦国王学院、格拉斯哥大学、布里斯托大学、澳大利亚国立大学、悉尼大学、墨尔本大学等全球知名高校。

苏格兰学院除了在人才培养的达成度上交出了一份优秀的答卷,同时通过中外合作办学,在引进英方优质资源和先进办学理念、深化学校教育教学改革、推进国际化人才培养、提升师资队伍水平、促进管理机制创新等方面,发挥了积极的示范辐射作用。

在课程引进和师资培训方面,苏格兰学院计算机科学与技术、通信工程和工程管理三个本科专业的全部专业核心课程(各15门)均由英方提供,并由英方教师进行授课。截至目前,英方已先后选派23名教师负责苏格兰学院专业核心课程的教学工作。从2023年起,学院每年安排1—2名中方教师或辅导员随赴英留学的大四学生出访,并在西苏格兰大学修读相关课程,进行进修和交流。

在专业建设方面,依托苏格兰学院融合中英双方优质教育资源的优势,工程管理,以及计算机科学与技术专业先后申报并入选江苏省"十四五"国际化人才培养品牌专业;"6G网络与大数据智能化应用国际合作联合实验室"入选全省首批国际联合实验室立项建设项目;计算机科学与技术,以及通信工程专业入选卓越工程师教育培养计划2.0专业立项建设。

在国际交流与合作方面,在苏格兰学院的带动下,无锡太湖学院对外交流与合作日益活跃,近两年与英国的爱丁堡龙比亚大学、意大利的都灵美术学院、韩国的草堂大学等多所海外院校签署了合作协议,英国、新西兰等国驻华使领馆官员先后来校访问;师生的国际化理念得到提升,全校各二级学院海外升学人数呈增长趋势。

苏格兰学院的成功举办为无锡太湖学院实现内涵式发展发挥了积极作用,但与很多民办高校一样,学校在深入推进国际化办学方面仍然面临一些带有共性的制约因素,主要包括:

1. 缺乏设计和规划。学校虽然把国际化作为重要办学理念,但尚未形成系统的、完整的顶层设计。国际化的中长期规划不明确,国际交流与合作多为临时动议,而非按计划推进。

2. 缺乏必要资金保障。民办高校主要依靠学费收入维持各项开支,资金压力巨大。在民办高校的预算中，用于国际交流与合作的预算并不在优先考虑范围内。同时，学校也很难在国际化方面获得其他资金来源。

3. 缺乏国际化师资和学生。目前，学校除苏格兰学院常年有6—7名西苏格兰大学派驻教师外，聘请的其他外籍教师数量十分有限，一直停留在个位数。外教以语言类为主，专业类教师极少。此外，学校至今尚未启动海外留学生招生计划。

4. 缺乏国际化科研基础。学校办学时间较短，科研起步晚、底子薄，加上科研经费有限、科研团队的科研能力不足，导致国际化科研缺乏必要的基础。此外，政府的一些国际化科研项目和支持政策主要针对公办院校，民办高校很难参与其中。

四、推动长三角地区民办高校国际化高质量发展

如前文所示，长三角地区民办高校无论在中外合作办学，还是在国际化竞争力方面，均在全国处于领先地位（尽管在区域内部存在发展不平衡的问题）。无锡太湖学院苏格兰学院的案例也充分证明，民办高校完全可以在中外合作办学中取得优异成绩。但是，长三角地区民办高校若要在国际化进程中实现质的飞跃，仍然需要在政府、区域、学校等三个层面寻求突破。

（一）政府层面

1. 吸纳民办高校参与政府牵头的交流合作

教育国际交流与合作是各省市发展对外友好关系的重要内容。仅以江苏为例，近年来已成立多个中外高校合作交流机制，如"江苏-英国高水平大学联盟""江苏-韩国高校合作联盟""江苏-葡语国家高校合作联盟""江苏-法国高等教育合作联盟"等。这些机制均由省教育主管部门牵头组织领导，其成员均为公办院校，民办高校通常不会被吸纳。为支持和推进民办高校国际化进程，促进民办高校内涵式发展，区域内各地方教育主管部门应有针对性地挑选民办高校加入政府主导的中外合作交流机制，为民办高校创造与世界一流教育资源对接的机会。

2. 加大对民办高校的资金和政策支持

目前，国家和地方政府尚未建立民办教育的财政资助体系，导致民办高校的资金链比较脆弱，民办高校多以一次性投入为主，并且将学费作为主要经济

来源。在这种情况下，大多数民办高校面临资金紧缺压力，导致国际化缺乏必要资金投入。从长三角区域来看，上海市和浙江省政府对民办高校的支持力度较大，上海每年财政投入高达10亿元（杜世雄，惠向红，2018）。上海市和浙江省还对民办高校进行类似公办高校的生均拨款。江苏作为经济与教育强省目前则没有对民办高校的生均拨款政策，且每年对民办高校的财政投入不超过5 000万元。因此，区域内部分地方政府对民办高校的财政支持力度还有较大提升空间。

（二）区域层面

1. 搭建中外民办高校交流合作平台

近年来，长三角地区民办高校积极推进和参与民办高等教育区域一体化进程，成立了多个协作和研究组织，包括"长三角民办教育一体化发展联盟""民办高校高质量发展促进会""长三角民办高校教学发展联盟""长三角民办高等教育研究院"等，并牵头举办了一系列论坛、研讨会等活动。但总体来看，这些活动大多局限于研讨交流、理论探讨，在促进区域内民办高校协同发展方面尚未发挥出应有的作用。未来，围绕民办高校国际化问题，相关组织和机构可考虑搭建更多诸如"中国-东盟民办大学联盟""中韩教育论坛"等多边或双边交流平台，推动建立一对一、一对多、多对多等各种形式的中外民办高校间合作。这些平台对目前国际化水平较低的民办高校来说尤为重要。

2. 各省市在国际合作领域可各有侧重

长三角地区各省市产业布局、民办高校专业优势各有特色，区域内民办高校应依托各自专业和人才的比较优势，围绕各省市支柱产业、新兴产业、未来产业开展中外合作办学，比如上海在金融、无人驾驶汽车、互联网＋、人工智能等领域，浙江在数字经济及跨境电商领域，江苏在智能制造业领域，安徽在电子、汽车、农业等领域，通过合作办学建立与新发展格局相适应的、有世界影响力和竞争力的、产教深度融合的一流学科群。

（三）学校层面

1. 做好学校国际化战略的顶层设计

区域内各民办高校应切实加强顶层设计和理念引导，根据设定目标制定国际化的中长期规划。完善国际化办学的体制机制，在学校党委的统一领导下，规范和健全涉外事务管理制度，形成以各二级学院为主体、国际处为归口，管理部门、其他职能部门协调配合的上下联动、部门互动的国际化推进机制。着重发挥现有中外合作办学机构或项目在科研和教学上的带动作用，发挥自身相关学科优势，把国际化办学之路做大做强。

2. 主动服务党和国家的对外工作大局

区域内民办高校应以服务党和国家的对外工作大局为导向，统筹做好教育"引进来"和"走出去"这两篇大文章，努力构建全方位、宽领域、多层次的教育国际合作工作格局。针对目前长三角区域民办高校国际合作的国别集中于美欧的现状，民办高校应在进一步夯实对美欧交往的同时，围绕"一带一路""全球南方"等倡议，积极寻求与"一带一路"共建国家以及拉美、非洲等地区的交流与合作，为党和国家的对外工作大局做出应有的贡献。

本文作者：周暐，联盟咨询专家、无锡太湖学院苏格兰学院常务副院长。

参考文献：

伍宸、宋永华：《改革开放 40 年来我国高等教育国际化发展的变迁与展望》，《中国高教研究》2018 年第 12 期。

翟艳：《安徽省民办高校国际化发展问题及对策研究》，《科技资讯》2022 年第 9 期。

陈其、陈如蓉、朱佳佳，等：《民办高校政府财政支持实证研究》，《中国总会计师》2024 年第 2 期。

林金辉：《推动中外合作办学高质量发展》，《中国教育报》2021 年 03 月 11 日第 10 版。

林超：《长三角地区民办高校中外合作办学的现状、困境与突破》，《北京城市学院学报》2024 年第 1 期。

守正固本不辍创新,共襄中华现代文明

庄若江

面对当下新的背景与形势,我国要实现高水平、可持续发展,不仅需要进一步夯实国家经济基础、不断提高综合实力,更需要内在文化力量的支撑、振奋精神、增强自信,这个内在文化力量就是文化动能。2023年6月2日,习近平总书记在"文化传承发展座谈会"上发表重要讲话,指出"只有全面深入了解中华文明的历史,才能更有效地推动中华优秀传统文化创造性转化、创新性发展,更有力地推进中国特色社会主义文化建设,建设中华民族现代文明"。解读这段话内涵,具有三层含义:其一,强调要更全面深入地了解中华文明历史,懂得守正护本的价值,才会有"文化自信"的底气;其二,强调要在"了解历史"的基础上努力推动中华文化的"创造性转化、创新性发展",使之更好适应新形势、新要求;其三,强调上述一切的根本目的在于"推进中国特色社会主义文化建设,建设中华民族现代文明"。三层意思相互关联、层层递进、逻辑严密,目标清晰而明确,对当下的文化建设具有重要指导意义。

读历史,可以使人睿智、使人自信。无锡籍著名史学家许倬云先生在《万古江河》中说,著史之目的就是要"在回顾数千年历史的过程中,深切感悟中国文化的精神气质,从历史文化中汲取力量"。同时,从学理上看,这段话也揭示了文化的两大基本属性,即传承性和创新性。传承性与创新性,是文化最基本的二维运行方式,二者互为依存、相辅相成,是一个民族文化生命延续不可或缺的两个方面。前者决定了文化生命的长度,后者决定了文化生命的适应性和活跃度。没有对本源的坚守传承,文化就会失去根基,就会发生断裂,甚至走向消亡;没有创新,文化则会丧失活力乃至生命力,就会难以为继。

当下世界,信息繁杂,日新月异。如不明确本源、不能守正固本,就会缺乏判断力乃至迷失方向。恪守文化本源,其本质是维护中华传统文化的核心价值和精神内核,也是捍卫中华文化的根基和灵魂。文化的"传承"如果离开了文化本体,便没有了自身的标识和身份;而创新转化是时代的需要,世界上留存至今的文明没有任何一种不是凭借"创新"发展而来,如果不能融入新的元素,就绝不可能赓续至今。中华文明之所以从未发生过断裂,正是因为一方面坚守赓续、一方面创新创造,才得以传承发展、历久弥新。而唐宋以来一直走在全国前列的江南地区,更是如此——因文化传承而兴、因文化创新而荣。

一、文脉久远,积淀深厚

江南地区(明清时期的"八府一州",今太湖流域城市圈),作为华夏大地东南部的一个独特板块,从偏僻荒蛮之地一跃成为迄今发展最好、走势最佳、贡献最大的地域板块之一。其快速崛起、后发先至的发展历程,不容辩驳地诠释了文化"传承"与"创新"的重要性,也是文化赋能社会发展的有力佐证。从源于春秋战国时期的吴文化、唐宋以降的江南文化,到近代诞生于洋务运动思潮中的工商文化,前后相继相承、文脉清晰。在历史的演进中,江南的文化不断传承、吸纳、扬弃、创新、创造,不仅得以赓续至今,还生命勃发、活力依然。

这里所说的"江南",指学界定义的狭义江南——李伯重先生提出的"明清时期的八府一州"(环太湖的苏州、松江、常州、润州、江宁、杭州、嘉兴、湖州八府及太仓州)。李伯重认为:"这一地区亦称长江三角洲或太湖流域,总面积约4.3万平方公里,在地理、水文、自然生态以及经济联系等方面形成了一个整体,从而构成了一个比较完整的文化经济区。"春秋至秦汉,这片土地是一个各方面发展都远逊于中原的落后地区,偏于一隅、水患频发、泱泱泽国、地广人稀。在北方诸侯眼里,这里是一片荆棘遍布、不宜人居的荒蛮之地。出现在江南地区的楚国、越国,被北方诸侯鄙称为"荆楚""蛮越",《史记·吴太伯世家》中,司马迁也将泰伯、仲雍南奔所至的江南称为"荆蛮"。然而,至唐宋时,江南已经走在了全国的前列。唐代时,"当今赋出于天下,江南居十九"(韩愈,《送陆歙州诗序》）：江南①地区承担的赋税高达90%，是为朝廷的经济支柱；宋代时"苏湖②熟，天下足"（南宋民谚），江南③更是国家经济的主要支撑和依赖；明清时期，土地面积不足千分之五、人口约占全国7%的江南，不仅承担了朝廷30%左右的税赋，同时是文化重镇和人才渊薮。1684年，21岁的康熙皇帝首次南巡，返京后写下《示江南大小诸吏》，其中的"东南财赋地，江左人文薮"，正是江南留给他最真切的感受。

根据相关数据统计的信息，明清时期全国的举人、进士、状元、诗人、书画家，江浙两省常位居第一、第二；在明代270年共诞生的90位状元中，江浙两省有37位，占比41%；清代268年共出了114位状元，其中江浙两省有68位，占比达到60%（江苏49位，其中苏南45位，苏北4位；浙江19位），故有"天下英才，半数尽出江南"之说。

新中国成立后，为了发展科学技术，成立了中国科学院和中国工程院（简称"两院"）。至2017年，两院共推选出1 629位院士（中国科学院777人、中国工程院852人），籍贯为苏浙沪的院士为909人（江苏450人、浙江375人、上海84人），占比高达56%。长期以来，在科技创新方面江浙地区始终保持着国内最多专利申报数和技术创新项目数。2021年，江苏"万人发明专利拥有量"为41.72件，居全国之最。经济方面，以苏浙沪为中心区域的长三角一直是国家经济的重要依赖，因为人才、资源、技术的优势，经济发展也始终保持着良好发展态势。环太湖流域创造的经济总量，长期以来始终保持在全国总量的23%—25%。

江南的龙头城市上海，自道光二十三年（1843年）正式开埠以后，在短短数十年间便成为人口最密集、经济发展最快的城市。因为大量吸纳国内外移民，城市文化"海纳百川"，极大地促进了经济繁荣与文化交融。1985年，上海学术界提出了"海派文化"的概念。学者陈旭麓在《说"海派"》中将"海派文化"特征归纳为"一是开新，开风气之先……二是灵活、多样"。"海派文化"较少束缚、包容开放、兼收善纳，是在"江南文化"母树上生长出的茁壮新枝。上海也因

---

① 根据唐代行政区划，这时的"江南"包含现今江苏、浙江、安徽、江西、湖南和湖北，约6省范围。
② 苏湖指的是现今位于太湖南北岸的湖州和苏州。这里指整个太湖流域，是当时的主要产粮区。
③ 宋代的"江南"主要指现今浙江、江苏南部和皖南地区。

为在文化发展中能够求同存异而形成了文化上的优势,并刺激了经济的多元发展。

从1927年设立"上海特别市",迄今不到百年,上海早已成为世界最著名、最繁华的四大都市之一。追溯其发展机理和动因,正在于上海文化极大的包容性和创新性,这种文化在碰撞中互补,在摩擦中渐趋和谐而最终实现和谐共生。在上海的带动下,长三角城市圈都相对呈现出开放、包容的文化姿态:一方面恪守既有文化传统,另一方面吸纳包容。因此,在近代以来的发展和新时期的改革进程中,长三角城市圈共同构建起了一个开放的、区域性人文高地和经济高地。正如欧洲著名学者欧文·拉兹洛指出的那样:文化是体现出一个社会群体特点的包括精神、物质、理性和感情的复合体;文化不仅包括文学艺术,还包括社会经济、生活方式、价值体系、人文传统和信仰。繁华的经济背后,必定有文化的力量。

二、文化内驱,优势凸显

江南地区的快速发展及其强劲态势,得益于优秀文化的内在支撑。而这种文化既源自中华优秀文化主干的传承,如尚德向善、入孝出忠、勤劳勇敢、诚实守信、务实进取,又一直是优秀的吴地文化传统,早在公元前500年吴王阖闾便将"厚爱其民"奉为"王者之道",在先秦诸侯中未见其二。早期,"蛮勇""尚武""轻死易发"是吴地文化的鲜明特征,在经历了"晋室南渡""安史之乱"和"靖康之乱"等多次重大历史事件之后,江南接纳了大量北方移民,不仅成为北方战争难民的避难之所,也成为中华优秀文化的护佑之地,江南文化也因此逐渐转型。大量北方优质人口的迁入,为江南带来了大量人才、资本和技术的同时,也为江南带来了新的发展机遇,更为江南注入了新的文化元素与文化活力。在北方资源和技术的输入下,原本荒蛮的江南,大量湖滩湿地被圩田开发,许多新兴产业开始崛起,也为蛮勇尚武的文化注入了"崇文"之气。

南宋时期,有"苏湖熟,天下足"的谚语,太湖流域的江南已成为国家经济的栋梁,教育兴起、园林兴建、南北文化杂糅之下,各种民间手工业和艺术为适应新的需求而在交融中不断出新、成熟,甚至在嬗变中形成了新的品种。明清时期,江南更成为经济、文化的"首善"之区,不仅经济贸易、民间教育快速发展,也推动了人才的蔚起,文化艺术的交融创新更是走向新的高峰。被誉为"百戏之祖"的昆曲本来流行于南方,但江南昆班随南巡北归的乾隆船队大胆进京以寻求更大市场,为迎合北方文艺市场和观众口味,昆班演员对昆曲"唱念做打"进行了全面创新改造,今天被誉为"国粹"的京剧便由此而诞生;而北方士族的文化和审美也在南迁之后,与江南的环境地气相融合,推动了园林化诗意生活模式的成形,使得书画、戏曲、建筑、乐舞、诗酒等文化抵达了新的高度。江南文化就这样不仅善于传承,更善于在与外来文化的碰撞、交融、发酵、嬗变中,得以更新、创造、扬弃和发展,在明清时期就已达到中华文化的最高峰。

1840年爆发的鸦片战争,让国人清醒地意识到"落后就要挨打","发展工商""实业救国"逐渐成为共识。在时代巨变、社会转型的历史时期,江南人最先迈出了探索的步伐,也创出了令人瞩目的辉煌业绩。1865年至1880年,在上海率先创办了江南制造总局、轮船招商局和机器织布局等大型官办企业;此后民族工商企业快速兴起、蔚为大观,在短短二三十年间江南已成为国内工商业的高地。因为文化性格的驱动,即便在计划经济严格约束下,无锡农民也能积极探索集体经济发展之路。1956年春雷造船厂的创办正是乡镇企业探索迈出的第一步。凭借"四千四万"精神,江南人在计划经济时代大胆地摸索着一条发展新路。改革开放后,江南地区国有经济与民营经济双峰并峙、和谐共荣,"苏南模式"也被誉为"中国特色社会主义在苏南的生动实践"。1984年5月,时任河北省正定县委书记的习近平指出:"以正定县和无锡县相比,面积、人口相差无几,但在经济效益、发展速度、平均生活水平方面都差了很多。无锡县全年工农业产值20多亿元,正定县只相当人家的十分之一多一点。悬殊之大,令人难以置信。"[①]延至今天,江南始终保持较为强劲的经济发展态势,从2022年国内人均GDP前十位城市看,长三角地区的城市占比达到70%(见下表)。由此可见,江南地区对国家经济文化有着重要支撑作用,而支撑经济发展的是既能守正又善创新的文化。

---

① 习近平:《知之深,爱之切》,河北人民出版社2015年版。

表 1　2022 年国内人均 GDP 排名前十城市

排名	城　市	人均 GDP(元)
1	无锡	198 400
2	北京	190 000
3	苏州	186 476
4	深圳	183 172
5	南京	179 424
6	上海	179 370
7	常州	178 520
8	舟山	167 493
9	宁海	164 546
10	珠海	164 003

数据来源：国家统计局发布 2022 年经济数据

三、智勇兼具，守正创新

江南文化，敏察善纳、灵活多变、审时度势、乐于试水、敢为人先，并能根据突如其来的外部变化及时调整自我，快速做出应对。既勇于探索，也善于弄潮，既是一种"勇者"文化，更是一种"智者"文化。这显然最合乎新时期文化"创新性转化""创造性发展"的要求。在经历了鸦片战争的惨败之后，许多国人沉湎于国运衰微的哀痛，而江南的思想家却已在思考大清帝国衰落的深层原因，提出了一系列利国利民的改良举措。如苏州籍改良派思想家王韬根据流亡海外的所见所思，大胆提出"中学为体，西学为用"建议，主张在坚守中华文化本体同时，学习借鉴西方应用技术，以推动富民强国；无锡籍洋务运动先驱薛福成，则依据出使欧洲四国的经历，指出"欲御外侮，先图自强；欲图自强，先求自治""民先富而后国才能富，国先富而后才能强"，建议清廷"以工商为先，耕战植其基，工商扩其用也"，对内培植商贸、殖财养民、导民生财，对外提高关税"夺外利以润吾民"，积极推动本国实业发展。

大批江南子弟还积极参与变革实践，如华蘅芳、徐寿、徐建寅等率先将西方数、理、化、工程学等基础理论引进国内，开启了国人知识的近代化历程，还成功研制了国内最早的机械动力船、无烟火药,成为中国机械工业、化工工业、军事工业的先驱。更多江南人则开始了"实业救国"的探索,盛宣怀、张謇、陆润庠、杨宗濂、杨宗瀚、薛南溟、周舜卿、荣德生兄弟等一大批实业家,他们的积极创业,造就了近代百年第一轮民族工商业的崛起。至改革开放之初,同样因为积极进取、敢于打拼,在第二轮民族工业(乡镇企业)崛起大潮中,江南人再次走在了最前列。两轮大规模民族工商业的崛起有力推动了江南的发展繁荣,而深层次看都离不开优秀文化的内在推动。

江南多水,水润万物,兴城邦、利民生,吴越先民的生活生产"不可一日废舟楫"。四通八达的河道,不仅承载了船来舟往,便利了人们出行,也有力促进了商贸流通、信息交流。水路维系着文化的交汇与融合。在通达水系的引导下,水路舟车,江南人赢得了更多外出契机,见识世界、开阔视野;实践经验不断丰富,文化的兼容、创新也进一步强化。

水,是地球上最具包容性的物质,也最善变化,顺势而行、随物赋形,也是最能适应环境的物质。水的涵容万物、善变通达、刚柔相济的自然属性,最终沉淀为江南人的文化性格。富水的环境给了江南人很多启迪,也培养了江南人机智灵活、敏察善为的群体禀赋。这种文化禀赋一方面来自吴文化的悠久传承,另一方面也来自积极思考和社会实践。早在明代,东林学人就提出"废浮靡、讲实学",主张学问服务社会的"经世致用"。在绵延千年的科举史上,江南科举成果令世人瞩目。但当科举走向末路,同样是江南人最先感知时变,率先创办新学,开启科技教育先河。晚清至民国,国门初开、西风东渐,江南学子又勇敢跨出国门,留洋深造,江南成为留学人数最密集的地区之一。中华人民共和国成立后,两院院士江南人比例之高,正是当年大批学子留学回归的结果。

江南文化既能守正,又能创新。水一般灵动智慧的文化既是对凝重传统的一种补充、纠偏,更是一种调和。因为水文化元素的融入,中华文化的大系统才有了灵动之气。这正是江南文化的可贵之处,不仅对外善于吸纳兼容,以保持自身恒久的活力,还能通过创造性转化实现文化的外化与传播,带动其他文化实现共生共荣,而这就是今天所说的"创造性转化"和"创新性发展"。

近代百年,江南文明熔铸了各种文化精华,也成功糅合了传统伦理和现代理性。悠久的吴地文明培育了江南人审时度势、机智灵活和敏察善纳的秉性；近代文明的熏染则带给江南人开阔的视野、开放的胸襟、务实进取的态度、敢于开拓创新的勇气和善于谋略的智慧。今天，对文化传承与创新的强调，既是对江南崛起发展历史的经验总结，也应成为江南迈向新征程的内驱动力。

中华文明是地球上唯一没有发生断裂的文明，之所以能够历久不衰，就是因为能够在维护本源的同时，不断吸纳、融合与创新，从而获得新的生命、新的活力，创造新的价值。对一个国家的文化而言，传承的前提是"守正固本"，只有在维系文化本源基础上的创新才有实际价值，正所谓"求木之长者，必固其根本；欲流之远者，必浚其泉源"（唐·魏征）。如果不能恪守文化本体，传承就成了无本之木、无源之水。"文脉"与国脉一脉相连，文化本体决定着民族的文化自信；"创新、创造"则是文化在赓续过程中的必要手段。在文化传承进程中，不可避免会出现新情况、新问题，只有不断创新、融合、突破，才能适应新形势的需要，应对新问题的挑战，才能在扬弃和更新中保持文化的恒久活力。

中华文明之所以能够维系不坠、历久弥新，正因其很好地处理了"守正"与"创新"的辩证关系；而江南文化作为"跨东西而溯本源，尊诗性而标新统"的优质文化，完美体现了文化传承与创新的两大功能，江南文化对传统伦理和现代理性的糅合及其取得的成就，充分阐释了习近平总书记强调的"创造性转化"和"创新性发展"，也必将在"建设中华现代文明"的进程中，奉献新的文化因子，提供新的历史价值。

本文作者：庄若江，联盟成员、江南大学教授、江南文化研究中心主任。

下辑

锚定现代化,加快创新步伐

新征程上,我们靠什么来进一步凝心聚力?就是要靠中国式现代化。党的二十大对全面推进中国式现代化作出了战略部署。进一步全面深化改革,必须紧紧围绕推进中国式现代化这个主题来展开。要锚定继续完善和发展中国特色社会主义制度、推进国家治理体系和治理能力现代化的总目标,更加注重系统集成,更加注重突出重点,更加注重改革实效,精准发力、协同发力、持续发力,坚决破除各种体制机制障碍,进一步解放和发展社会生产力、激发和增强社会活力,有效防范化解前进道路上的重大风险挑战……

——习近平总书记《在党的二十届三中全会第二次全体会议上的讲话》

无锡市新产业研究会简介

无锡市新产业研究会（以下简称"研究会"）自2010年9月成立以来，全面贯彻落实习近平总书记的新发展理念，紧紧围绕无锡市委、市政府创新驱动核心战略和产业强市的主导战略，以构筑经济发展新动能、塑造经济发展竞争新优势、构建"465"现代产业体系为己任，汇聚"政产学研"智慧，集聚高端智力资源，建设民间智库平台，积极开展专题调研和决策咨询，服务政府、服务园区、服务企业，为推进无锡战略性新兴产业高质量发展出谋划策，取得了一系列研究成果。有关调研报告和政策建议得到无锡市委、市政府领导和产业部门的重视和采纳。研究会编著的《无锡市新产业发展报告（2019）》《迈向高质量发展的现代产业园区——无锡开发区发展报告（2020）》《数字无锡智创未来：无锡数字经济发展报告（2021）》《无锡绿色低碳发展报告（2022）》《无锡科技创新发展报告（2023）》得到江苏省、无锡市政府有关经济和科技部门的充分肯定和产业界的广泛关注；2022年的调研报告《关于提升无锡新能源产业竞争力的研究报告》得到无锡市委书记、市长和分管副市长的批示肯定，同时获江苏省哲学社会科学界第十六届学术大会优秀论文一等奖；2023年的调研报告《关于推进无锡政产学研深度合作的建议报告》获江苏省哲学社会科学界第十七届学术大会优秀论文一等奖。2024年的调研报告《加快发展新质生产力，奋力推进太湖湾科创带高质量发展——关于太湖湾科创带协同创新发展建议报告》《关于新形势下推动无锡集成电路产业继续提质效、走在前的几点建议》，均得到市委、市政府主要领导的批示肯定。研究会获得2018—2019年、2020—2021年无锡市社科先进学会，2023—2024年度无锡市社科研究表现突出单位等荣誉称号，2023年入选无锡市首批智库型学会。

引　言

推进中国式现代化是实现中华民族伟大复兴的必由之路。在迈向现代化的新征程中，无锡作为中国最具创新活力和产业竞争力的重要城市，肩负着勇于探索、勇于创新、勇挑重担、走在前、作示范的光荣使命和历史责任。这种担当和追求源于这座城市内在的、生生不息的产业基因和创新禀赋。创新，始终是这座城市最鲜明的标识和永不磨灭的印记。一部无锡的城市发展史就是中国最具代表性的实现工业化、迈向现代化的辉煌历史。无锡实践，作为中国式现代化的独特范本无疑具有很强的研究探索价值。

研究会作为无锡市首批智库型学会，始终以服务和助推无锡市实施产业强市和创新驱动发展战略、加快新质生产力培育、率先实现现代化为目标使命，始终聚焦科技创新、产业创新和区域创新的深度融合，紧紧围绕市委、市政府提出的打造具有国际影响力的产业科创高地目标，不断与时俱进、敏捷思考，深入调研、探索研究，把握方向、突出重点，对无锡产业科技创新的一系列重点课题，形成多维度、有深度、有价值的研究成果。

在岁末年初之际，研究会最新奉献给读者的这本书，凝聚了各位咨询专家和特约研究员对新质生产力培育和无锡现代化实践的新思考、新探索。他们中既有新兴产业领域的资深专家、政府主管部门和高校院所的领导，还有来自创新型企业的高管，既具有较宽阔的宏观视野和深厚的理论功底，又具有丰富的实践经验和敏锐的创新思维。虽然本书不是一部厚重的专著，但重点突出、内容新颖、要言不烦、覆盖面较广。既有对无锡太湖湾科创带建设成效及未来发展的全方位总结评估和前瞻探索，又有苏锡常都市圈、环太湖"一带一圈"，以及无锡与粤港澳大湾区创新合作的重大战略课题，还有聚焦推进无锡优势产业、地标产业、未来产业再创新优势的深入思考。这些课题都具有很强的针对性、实践性和指导性,希望这些思想的火花能为无锡加快创新步伐、打造产业科创高地建设绽放智慧的光彩。

因地制宜发展新质生产力，奋力推进太湖湾科创带高质量发展

——关于太湖湾科创带协同创新发展建议报告

无锡市新产业研究会

为贯彻习近平总书记关于深入推进长三角一体化和加快培育新质生产力的指示精神，抢抓新一轮发展机遇，将太湖湾科创带打造成为长三角区域最具创新活力、增长动力和标识度、显示度最高的新质生产力集聚区和增长极，为无锡建设具有国际影响力的产业科技创新高地发挥更大作用、做出更大贡献，研究会会同市发改委、市科技局、市工信局、市自然资源和规划局、市统计局以及长三角一体化太湖融合创新联盟，就高质量推进太湖湾科创带建设专题，调研新吴区、滨湖区、经开区和宜兴市，形成以下建议报告。

一、太湖湾科创带规划建设进展与成效

自 2020 年 9 月太湖湾科创带规划发布实施以来，经过 4 年的不懈努力，太湖湾科创带在形神（创新格局）、形质（产业质态）、形态（产城融合）上都已发生深刻变化。

（一）形神之变（创新格局之变）——以创新引领实现区域动能变革和协同发展

规划建设太湖湾科创带不仅是无锡面向长三角对自身空间发展格局的一次全新战略定位，还是对标国际一流科创城市在发展理念、发展内涵、发展形态上的一次跨越，使科技创新真正成为驱动区域高质量发展的根本动能。

1. 区域创新动能强劲,对全市贡献份额显著提升

以科技创新带动产业创新,打造现代产业集群,形成经济发展新质态、新优势、新势能,正成为太湖湾科创带的鲜明特色,并成为引领全市经济高质量发展的重要引擎。据统计,截至2023年,太湖湾科创带主要经济和科创指标较2020年呈现出"456"跃升式发展势头:地区生产总值占全市比重超过40%,"465"产业营收占全市比重超过50%,高新技术产业产值占规上工业总产值比重超过60%。2023年,核心带内高新技术企业达到3 291家,上市企业达到60家,发明专利拥有量24 535件。

2. 区域创新中枢位势彰显,科创集聚度和标识度明显增强

随着太湖湾科创带影响力和吸引力的不断增强,代表新质生产力的各类科创资源,如创新型企业、科创平台、科技孵化器、新型研发机构加速集聚,创新磁场、创新生态、创新集群呈现裂变式发展态势,科创带已成为全市创新活力、爆发力、吸引力、辐射力最强的核心区域。截至2023年,太湖湾科创带已形成科创"56789"突破式发展格局:区域内高新技术企业数量占全市比重超50%,布局全市超60%以上的科技公共服务平台,科技进步贡献率超70%,外国高端人才来华工作数占全市比重超80%,集聚全市90%以上的省部级科研院所。累计建成各类国家平台21家,市级以上众创空间、孵化器139家,新型研发机构37家。

3. 区域空间布局逐步优化,初步形成联动发展、协同创新的新优势

太湖湾科创带建设遵循"一带引领、多城联动、全域协同"发展战略,形成创新核、创新节点、创新链、产业链、产业集群有机分布,优化组团、整体联动、协同创新发展的格局,使科创带整体的科创生态和产业生态发生了质的改变。新吴区确定了"两城四区"全覆盖功能区发展格局,其中,太湖湾科创城围绕"一号工程""创新智核"发展定位,全力推动"科产城人"融合共进,打造"湖湾明珠、科创名都",主要经济指标保持两位数增长,物联网、集成电路、生物医药、数字经济成为全市新经济的领军板块。滨湖区确立打造太湖湾科创带引领区总目标,聚焦发挥"大院大所"作用,加快"政产学研"协同创新,建设"山水东路科创谷",打造"五湾五城"发展格局。经开区全力推进"一镇五园"发展新格局,加快集聚全球优质科创资源,打造未来产业"核爆点"和产城融合精品示范区。宜兴市积极抢抓融入太湖湾科创带和长三角一体化发展机遇,坚持"带状规划、点上实施、聚焦带内、带外联动、全域科创"的发展思路,构建现代产业体系和科创体系两个最强引擎,打造"一轴、四谷、三区、多点"空间格局,成为"太湖湾科创带南翼动力源"。

(二) 形质之变(产业质态之变)——以产业焕新实现区域新质生产力加速培育

太湖湾科创带以科技创新为新质生产力"蓄势赋能",驱动现代产业体系培育壮大,传统产业加快转型升级,优势产业集群做大做强,成为推动经济增长最为强劲的新动能。

1. "465"现代产业集群加速集聚,提升发展"含金量"

太湖湾科创带内各板块聚焦加快培育"465"现代产业集群,因地制宜、量身定制符合自身实际的政策举措,抓重点、攻关键、求突破,形成各具特色的产业优势、创新生态和协同发展的新格局。2023年带内"465"产业集群营收11 918.7亿元,占全市比重56.2%,其中地标、优势、未来产业分别占全市比重74.4%、41.9%、56.3%。在物联网、集成电路、软件与信息技术服务业、生物医药及医疗器械(材)等四个地标产业中,带内板块占全市比重分别高达76.9%、81.2%、68.3%、70.2%,成为全市产业创新高地。科创带内国家专精特新"小巨人"企业119家,省级专精特新企业709家,无锡市专精特新中小企业385家;瞪羚企业培育库入库企业1 493家,准独角兽企业培养库入库企业150家。

2. 总部经济、"大院大所"加速集聚,提升发展"含智量"

为将太湖湾科创带打造成为知识经济、创新型经济策源地,带内各板块高度重视引进"大院大所"、高端人才、链主企业和外资企业总部,致力于将科创带建设成为具有国际影响力的"智慧谷"。各板块围绕自身的资源禀赋和产业重点,瞄准国内"985""211"等高等院校的一流专业和国际知名院校的一流专家院士,引进领军人才团队建平台、建科创孵化器、建新型研发机构,使科创带成为新技术、新成果、新产业、新赛道的爆发地。截至2023年,科创带内拥有和引进新建的国内知名高校分校1家、科研院所13家,占全市100%;拥有顶尖人才团队1个,占全市16.6%;新增3家新型研发机构,占全市75%;新增科技企业孵化器17家,占全市65.4%;新增工程技术研究中心等平台259家,占全市52%。

3. 代表新经济的未来产业加速布局,提升发展"含新量"

战略性新兴产业和未来产业是构建现代化产业体系的关键,也是生成和发展新质生产力的主阵地。带内板块瞄准世界科技和产业前沿,构建高质量现代化产业体系,加强在合成生物、低空经济、人形机器人等新赛道上的产业链、创新链、人才链布局,在培育新质生产力上抢占了先机,累积了优势,不断涌现的新产业新业态,正在为新质生产力提供坚强有力的支撑。带内四个板块积极布局以未来产业为代表的新质生产力成效明显,2023年,四个板块在人工智能、第三代半导体、氢能和储能带内板块分别占全市62%、71%、42%,对全市的未来产业发展起到了引领作用。宜兴市聚焦商业航天、合成生物、人形机器人、人工智能等未来产业;滨湖区瞄准元宇宙、量子科技、人工智能等未来产业;新吴区重点培育以化合物半导体和先进封测、氢能和新型储能、人工智能和机器人、细胞基因和合成生物、元宇宙和虚拟现实为代表的5个主导型未来产业,前瞻布局以深海空天、硅基光电为代表的前沿型未来产业;经开区聚焦商业航天、合成生物、人形机器人、人工智能等未来产业。

(三) 形态之变(产城融合之变)——"科产城人"深度融合,创造区域发展新生态

太湖湾科创带是太湖"皇冠上的明珠",是大自然馈赠无锡的无价之宝,她蕴含着丰厚的生态价值和人文价值,对无锡打造产业科创高地具有得天独厚的优势。自科创带规划实施以来,全市上下、带内各板块以对历史和人民高度负责的精神,遵循"在保护中开发、在开发中提升"的原则,让太湖湾的自然禀赋与科技生态和人文环境完美融合、相得益彰,赋予科创带更强的生命力、更新的创造力、更富时代感的环境魅力。

1. 打造富有时代感的产城融合新地标

科创带内一座座科创新城拔地而起,一个个环境优美的科创组团和创客

空间星罗棋布,滨水湖畔错落有致、设计精巧的文化、体育、休闲场地,构成一幅创新生态新画卷。科创带基础设施加速完善,公共服务的支撑力、配套力、服务力不断增强,带内新建的国际会议中心、会展中心、奥体中心、交响乐音厅、大型购物中心、新型医疗设施以及与科创产业密切关联的基金小镇、海归小镇、算力中心等,成为科创带产城融合的一道亮丽风景线。持续优化的功能布局和空间形态——在山水之间做创新、河湖之畔做产业——不断上新太湖湾科创带里的科创场景。

2. 打造一体贯通、连接全域的新交通

综合交通水平获得提升,内畅外达的交通网络进一步完善,一体化辐射能力进一步增强,与长三角城市群、上海大都市圈、苏锡常都市圈内其他城市快速衔接、更加畅通;城市快速路、轨道交通在科创带内各板块有效衔接,推动带内交通互联互通和一体化发展。盐泰锡常宜铁路,宜马快速通道,无锡地铁S2号线、地铁4号线二期、地铁5号线和6号线加快布局建设,为城市发展注入新的活力和动能。

3. 打造全新靓丽拥湖发展新生态

带内各板块大力开展"美丽河湖"行动,实施"精雕细琢"的治水新模式,全面提升河湖水域岸线生态环境、景观绿化、人文底蕴、形象秩序水平,最美湖区面纱悄然揭开。太湖水质持续优化,湖岸景观更加优美,森林绿化覆盖率不断提升,生态湿地保护成效显著,湿地公园、湖畔绿道构成科创带最美生态底色,为科创带内创新创业人才提供了最佳生活环境。

二、对比世界一流湾区和国内先进城市科创,显示度和集中度的差距与不足

太湖湾科创带的战略定位是以打造具有国际竞争力的科技创新中心为目标,全面建成"拥湖生态标杆区、科产城人融合示范区、新兴产业策源地、科教智力集聚地、创业创新首选地"。要实现这一目标,有必要充分学习借鉴国内先进城市以全球视野为坐标、以国际一流水平为标杆,全力集聚优质科技创新资源,不断提升科技创新和产业创新的水平和能级,提升具有国际影响力的科创显示度和集中度,成为引领和带动区域联动发展和跨越发展的核心力量和

重要支撑。

一个区域的科创显示度是由其卓越清晰的战略定位、品牌影响力、科创硬实力、人文生态软实力所构成的。科创集中度体现了一个区域对全球优质科技创新和产业创新资源的吸纳能力,涵盖集聚密度、转化深度、创新高度、辐射强度、带动力度等指数。纵观世界一流湾区,它们的科创显示度和集中度深刻揭示了其经久不衰的创新活力和"创新密码"。美国的旧金山湾区、纽约湾区(大都会区)、日本的东京湾区,都是全球性的经济、科技、金融等中心,发挥着巨大的影响力。这些科创湾区的共性特点是:大学、企业、政府等关键创新主体是全球科创中心形成的核心驱动力;风险投资、专业性服务机构、行业协会等创新要素是全球科创中心持续发展不可或缺的支撑条件;完善的创新基础设施和开放包容的创新文化则为全球科创中心不断孕育新企业、新技术和新经济提供了雄厚的土壤。旧金山湾区的硅谷以其首屈一指的集中度和显示度,成为美国乃至全世界科技创新的标杆。斯坦福等世界一流大学、苹果等创新"引擎"企业,以及政府管理部门,通过与大量风险投资机构、各种专业服务机构、行业协会之间的合作,孕育了硅谷独有的产业社群和创新网络。

党的十八大以来,以科技创新引领高质量发展已成为各地加快提升科技创新显示度和集中度的根本着力点和重要抓手。目前,以北京为龙头的京津冀科创集聚区、以上海为龙头(包括杭州、苏州、无锡、南京、合肥等城市群)的长三角科创集聚区、以深圳(香港)为龙头的粤港澳大湾区科创集聚区,已成为国内最具影响力和显示度的品牌标识。这些科创中心城市所担负的国家科创战略使命、科创策源功能、产业创新能力,使其成为地区主导产业集聚、大科学设施、世界级及国家级实验室、全球知名顶级领军专家、国际人才、孵化器、创新港的强磁场和集中地,已成为迈向世界级科创带的典范,其做法与经验值得我市学习借鉴。

(一)北京——京津冀科创区龙头、中国科技自主原始创新策源地

围绕到 2025 年基本形成北京国际科技创新中心的战略目标,发挥首都教育、科技、人才优势,坚持"四个面向",以加快实现高水平科技自立自强为根本、以支撑高质量发展为主线、以深化改革为动力,推动北京率先建成世界主要科学中心和创新高地,有力支撑科技强国和中国式现代化建设。

（二）上海——打造长三角城市群科创龙头、建设具有全球影响力的科技创新中心城市

上海以加快建设具有全球影响力的科技创新中心为目标，"五个中心"建设全面发力，已基本形成现代化产业体系建设框架，并向全球价值链高端位置迈进，经济实力不断迈上新台阶，城市能级和核心竞争力大幅跃升。根据世界知识产权组织发布的2023年全球顶级科技集群排名，上海位居"全球最佳科技集群"第五。

（三）深圳——成为粤港澳大湾区国际科技创新中心的重要引擎

深圳以加快建设具有全球重要影响力的产业科技创新中心为目标，到2025年，原始创新能力实现较大提升，关键核心技术攻关取得重要突破，创新引领力显著提升，创新硬实力大幅跃升，产业创新能力跻身世界一流，高新技术产业整体迈向中高端，建成现代化国际化创新型城市，成为粤港澳大湾区国际科技创新中心的重要引擎。

表1 重要城市科创显示度、集中度

城市	显示度	集中度
北京	到2025年，北京国际科技中心基本建成，成为世界科学前沿和新兴产业技术创新策源地、全球创新要素汇聚地，在京津冀协同发展中发挥科技创新引领者作用	北京拥有上市公司478家，高新技术企业2.8万家，R&D(研发)经费达2843.3亿元，R&D投入强度6.83，创新指数在全国排名第一
上海	上海聚焦"五个中心"建设，打造具有全球影响力的科技创新中心城市，在长三角一体化中发挥科技创新的引领和推动作用	上海拥有上市公司618家，高新技术企业2.4万家，R&D经费达1981.6亿元，R&D投入强度4.44，创新指数在全国排名第三
深圳	深圳打造具有全球重要影响力的产业科技创新中心，成为引领粤港澳大湾区科技创新和产业发展的重要引擎	深圳拥有上市公司372家，高新技术企业2.4万家，R&D经费达1880.49亿元，R&D投入强度5.46，创新指数在全国排名第二
南京	南京以建设具有全球影响力的产业科技创新中心主承载区为目标，充分发挥科教重镇的资源优势，以科技创新引领产业创新，打造具有国际影响力的科技创新名城	南京拥有上市公司159家，高新技术企业超1万家，R&D经费达645.3亿元，R&D投入强度3.86，创新指数在全国排名第六

续表

城市	显示度	集中度
杭州	杭州按"打造全国颠覆性技术转移先行地、打造全国科技成果概念验证之都、打造全国创新创业梦想实践地、构筑万亿级科技大市场"四大目标,强化顶层设计,突出创新制胜,聚焦三大科创高地建设,构筑成本低、服务优、成效佳的科技成果转移转化首选地,打造创新创业新天堂	杭州拥有上市公司372家,高新技术企业1.5万家,R&D经费达720.03亿元,R&D投入强度3.86,创新指数在全国排名第五
苏州	苏州是江苏省唯一入列G60科创走廊的城市,是长三角科技创新的重要增长极和关键节点。苏州以重大创新平台建设为关键抓手,推动创新链、产业链深度融合,获批国家生物药技术创新中心、国家第三代半导体技术创新中心等重大战略平台	苏州拥有上市公司263家,高新技术企业1.57万家,R&D经费达961.4亿元,R&D投入强度4.01,创新指数在全国排名第四
合肥	合肥是G60科创走廊的重要节点城市,深度融入长三角一体化发展	合肥拥有上市公司82家,高新技术企业1.5万家,R&D经费达469.5亿元,R&D投入强度3.60,创新指数在全国排名第十
无锡	无锡以高端化产业集群、高水平创新主体和高能级创新平台为牵引,着力打造国内具有国际影响力的一流产业科技创新高地	无锡拥有上市公司205家,高新技术企业0.63万家,R&D经费达522亿元,R&D投入强度3.38,创新指数在全国排名第十六

注:创新指数排名来自首都科技发展战略研究院课题组发布的《中国城市科技创新发展报告(2023)》

对比国内重要城市在科技创新和产业创新方面的发展态势,太湖湾科创带建设虽然取得显著成效,但也必须看到,与先进地区相比,与市委、市政府的宏伟战略要求相比,与无锡在长三角区域中的城市地位和使命担当相比,与规划要求相比,仍然存在一定差距,工作推进上也存在一些问题和不足,主要体现在:

1. 太湖湾科创带的品牌影响力有待进一步扩大

作为无锡打造具有世界影响力的产业科创高地的重大战略,作为无锡布局打造具有世界影响力产业科创高地的核心区域,作为环太湖自然生态禀赋最优越、产业基础实力雄厚的地区,与G60科创走廊、杭州湾科创圈、粤港澳大湾区科创带相比,太湖湾科创带的影响力和显示度仍显不足,在环太湖科创圈中尚未形成突出地位，对全球科创产业资源的吸引力仍然不够强，有必要不断加大工作的推进力度和对外宣传力度，使太湖湾科创带成为具有国际标识度的城市品牌。

2. 太湖湾科创带协同发展力有待进一步汇聚

因受行政区划限制，在科创资源跨区域合作共享、新型产业用地保障等方面，仍然受到诸多限制，不利于科创带加快一体化融合发展。太湖湾科创带内各板块之间要素资源和生产力布局难以得到优化配置，致使有的优质资源项目因发展空间限制难以落地，各区域在推进发展中不同程度地遇到要素瓶颈制约。建议相关板块，在市级层面加快研究建立健全跨区域合作的利益共享机制，特别是财税利益分配机制，合理平衡项目孵化方和落户方利益关系，从而在体制机制上解决好推进区域合作、加快一体化融合发展的内在动力问题。

3. 太湖湾科创带产业科创平台能级有待进一步提升

一是缺少国字号的科创基础设施、国家级的科研平台和产业创新平台，高水平的科技资源严重不足。以国家级、省级重点实验室和"大院大所"为标志的科创资源集聚程度，是衡量一个区域科创能级的重要标志，无锡缺少有国际影响力的高等院校和科研院所，对科创策源能力建设和培育本土领军企业造成一定程度的制约，应举全市之力进一步加快引进更多的国际知名高校和研究院在太湖湾科创带设立分校和分院，不断提升高端科创资源对区域科技创新的支撑力。二是代表战略性新兴产业和未来产业的领军企业、头部企业、独角兽企业偏少，影响力、带动力、辐射力不足。在"465"现代产业集群中，特色产业和优势产业虽然有较强的实力基础，但尚未形成强关联、一体化、深耦合的科创产业矩阵，具有带动性和集聚力的产业新赛道不多，产业链、创新链较短，关联性不强，溢出和带动效应不足。三是高能级的科创孵化器数量偏少。多数科创孵化器规模偏小，创新力、引领力不足，缺少由高端创投资本和耐心资本联合打造的高能级科创孵化平台，缺乏国际化、领军型科技企业家和高层次创业创新人才，孵化的科创型企业数量少、质量不高，代表高科技创新型企业的科创板上市公司数量偏少，成为制约科创带高质量发展的重要短板。

4. 太湖湾科创带的科创生态有待进一步完善

符合湖湾特色、体现时代性、国际化、强支撑的科创生态尚不成熟。一是代表科技要素市场最活跃、能催生科技成果转化、推动科技创新的科技服务业非常薄弱,科技成果验证、知识产权服务、科技金融等都非常稀缺,尚未形成完整成熟的科技服务生态体系。二是作为支撑新兴产业和未来产业发展的基础性产业生态仍显不足,缺少龙头型、实力强、服务能力强的一流软件企业,在大模型、算力芯片、人工智能等领域缺少有影响力、带动力的龙头企业。三是代表未来产业发展的前沿性、示范性、高水平的应用场景不足。

三、关于进一步加快太湖湾科创带高质量发展的对策建议

习近平总书记在党的二十大报告中提出:"高质量发展是全面建设社会主义现代化国家的首要任务。"2024年5月30日召开的江苏省委十四届六次全会提出"加快打造发展新质生产力的重要阵地、扎实稳健推进中国式现代化江苏新实践"的目标任务,担负着当先锋、挑大梁、做示范的光荣使命和重大责任。而作为无锡发展新质生产力的先导区和核心区的太湖湾科创带将对无锡未来发展具有举足轻重的重大战略意义。为此,无锡要以高度的使命感和紧迫感,以更宽的战略视野和战略高度,以更大的工作力度加快推进太湖湾科创带高质量发展,用新质生产力的创新实践谱写太湖湾科创带的时代新华章。

(一)确立新的更高战略定位,全面提升太湖湾科创带发展能级

太湖湾科创带建设是时代赋予无锡的一次战略机遇,是无锡以靓丽身姿融入长三角一体化的新名片,是无锡向世界展示科创魅力的夺目"IP"。因此,唯有将太湖湾科创带建设提升到国家区域整体发展的战略高度,纳入省、市"十五五"规划战略布局,才能赋予它更强大的发展动能和更高的发展坐标。

1. 立足提升能级,高水平实施太湖湾科创带发展规划

2020年版的规划对太湖湾科创带的起步和近年来的发展起到了良好的指导作用,但随着形势的变化和发展的需要,原规划应与时俱进作进一步的完善。由于原规划的范围小于四个板块的行政区域边界,有的板块地域分为带内和带外,不利于整体规划、统筹发展、协调推进,也给科创带相关统计工作带来困难和不必要的麻烦,在与环太湖湾科创圈相关城市和区域对比时,造成统计口径不一致的问题。建议:系统研究、统筹谋划,进一步放大太湖湾科创带

的品牌效应和辐射带动力；将太湖湾科创带新吴区、滨湖区、经开区、宜兴市全区域纳入统计体系，统筹谋划、协同推进、融合发展，使太湖湾科创带以新的形象、新的姿态、新的面貌对外展现，进一步扩大太湖湾科创带的品牌影响力和对全球创新资源的吸引力，使太湖湾科创带真正成为新质生产力发展的示范区和增长极；同时，以更高的战略定位制定针对太湖湾科创带的特殊科技人才政策、科技成果转化政策、风险投资政策等耐心资本集聚的激励政策，打造具有全球影响力的太湖科创特区。

2. 保持战略定力，强力推进科创能级跨越提升

根据无锡打造世界一流产业科创高地的目标定位，以及太湖湾科创带科创资源禀赋，进一步彰显太湖湾科创带在长三角一体化和环太湖湾科创圈中独特地位，不断提升科创带在科技创新和产业创新上的集中度和显示度，聚焦战略优势、战略重点、战略能力的迭代提升，严格落实《太湖湾科创带国土空间规划》，坚定不移、精准实施、深度推进、高品质落实规划提出的"一芯聚核、三湾九区、一城十元"的总体战略定位，力争在三个方面早见成效、取得突破。一是高水平打造蠡湖未来城和山水东路科创谷。作为"一芯聚核"的山水科创核心，蠡湖未来城肩负着塑造无锡城市新形象、打造科创新名片、展现湖湾新魅力的历史使命，是实现"长三角环太湖科创引擎、未来创新智慧城区样板、世界山水诗意城区典范"未来愿景的战略抓手。我市要高度重视蠡湖未来城的高质量高品质建设，坚持一张蓝图干到底，按照"一年完成规划、三年全面起势、五年基本成型、十年全面建成"的目标要求，以全球视野面向未来，使蠡湖未来城真正成为太湖湾科创带上国际化"科产城人"高度融合的标志，成为代表无锡未来发展方向的标志，成为对外展示无锡国际化一流创新创业环境的标志。打造山水东路科创谷将是太湖湾科创带"画龙点睛"之笔，要以国际一流水平为定位，以一流的科创载体、一流的科创生态吸引全球一流的科创资源，成为长三角乃至全国最具吸引力和创新活力的"科创谷"。二是高水平打造高能级科创平台。在一个区域的科技创新生态中，科技企业孵化器所担负的高能级科创平台扮演着重要角色。要尽快制定《无锡市太湖湾科创带建设高质量科技孵化器三年行动计划》和《无锡市太湖湾科创带高质量科技孵化器培育实施方案》，充分发挥科技孵化器等高能级科创平台在全过程创新、全要素集聚、全

链条加速等方面的作用,力争经过三年努力,形成若干个孵化集群,打造1—2个千亿级产值规模的"科创核爆点"。要结合我市推进市属国有企业参与高能级科创载体建设,重点聚焦太湖湾科创带,积极引导和推动市属国有企业深度参与高质量科技孵化器建设,以加速前沿科技成果转化和未来产业培育为目标,以孵化高新技术企业、专精特新企业、瞪羚企业、独角兽企业为主攻方向,为提升科创带科创能级发挥国企担当。三是高水平强化创新元管控。创新元是太湖湾科创带最为核心的战略性科创空间单元,是构建科创带创新网络和产业链接的关键环节,是科创产业发展、创新功能布局的最重要集聚空间和潜力空间,是保障太湖湾科创带总体目标实现和五大战略落地的主要载体。目前,"一核十元"多数尚处于规划起步阶段,市级主管部门和带内各板块要根据分级管控的原则,根据各自的定位,高起点、高水平地加快推进各创新元的规划建设。市级层面要站在全局的角度,立足整体推进、一体化发展、统筹协调,加强对各创新元规划建设的组织指导,使"一核十元"建设尽快实现点面一体、众星拱月、成形成势。

(二) 对标国际一流科创带,大幅提升太湖湾科创带的集中度和显示度

无锡拥有得天独厚的自然资源禀赋和雄厚的科创产业实力,完全有条件、有能力建设世界一流的产业科创高地,关键在于要进一步地大幅提升对高端创新资源的吸引力和集聚力。

1. 加快集聚全球优质科创资源,打造长三角最具吸引力的"科创特区"

要围绕沿环湖科创走廊高水平建设无锡"大院大所"集聚带,举全市之力制定专门工作方案和政策举措,吸引国际国内知名高校和研究所在太湖湾科创带设立分校和研究生院,吸引高校和国际知名研究院领军科学家和院士团队在太湖湾科创带设立科技孵化器、新型研发机构、实验室、院士工作站、科技产业园,持续优化太湖湾科创带科创生态体系。现代大学,特别是世界一流大学对城市和区域的科技发展具有知识创造、人才培养、创新培育和人才集聚等四大功能,被称为科创中心形成之"锚"。加快清华大学智能产业创新中心、上海交通大学无锡光子芯片研究院、南京大学宜兴环保研究院、香港理工大学无锡科技创新研究院、湖南大学无锡智能控制研究院建设,鼓励驻区院校与区内龙头企业、国内外"大院名校"合作共建创新联合体。要倾全力引进国际国内一流大学资源的同时,更好地培育和挖掘无锡现有的高校资源,高水平办好江南大学、无锡学院、太湖学院、东南大学无锡校区等高校,形成与无锡产业科创相匹配的优势专业和名牌专业;要充分发挥无锡职业教育基础雄厚、产业关联度高的优势,打造具有国际水准的高级科技蓝领职业人才基地。将各类高校和职业技术院校纳入太湖湾科创带科创规划,形成"太湖湾科教城"的整体规划和新名片,为建设"科创特区"提供有力的智力支撑。

2. 集聚全球高端人才,打造长三角最具吸引力的"人才特区"

一个区域的科创浓度取决于人才的密度,科创的爆发力取决于对人才的吸引力。要牢固树立人才是"第一资源"的理念。为高质量建设太湖湾科创带,无锡应进一步加大人才工作力度,量身定制"太湖湾聚才计划",尤其要根据无锡科创产业需求和打造"465"现代产业集群,精准制定有力度、有温度的特殊人才政策,优化全域引才环境。深化实施"太湖人才计划"升级版,构建更有针对性、更具吸引力的引才政策体系,塑造太湖湾科创带"无比爱才"的知名度、美誉度。一是要拓宽人才引进渠道。加强与人力资源机构的战略合作,开展最受大学生欢迎城市等活动,在上海、北京等高层次人力资源集聚区建立"人才飞地"。二是要建设人才发展平台。推动太湖湾科创带创新选人用人机制,深化人才评价制度改革,建立层次清、标准高、易操作的人才分类评价制度。重点在三个领域引进人才上取得突破:拥有自主创新科研成果的研究型人才,能带成果、带团队来无锡开展科技成果转化和成果孵化,实现"从0到1"突破、"从1到10"转化,为无锡开辟新产业、新赛道;科技型企业家和创新创业人才是实现科技与产业结合的最佳主体,是创造和产生大批高新技术企业、专精特新企业、瞪羚企业、准独角兽企业的重要生力军,要根据人才需求制定专门政策,在资源保障、产业服务、住房及子女教育、股权激励等方面提供有吸引力的政策措施,使太湖湾科创带真正成为科创人才创新创业的热土;随着制造业向智能化、服务化、绿色化、数字化转型升级,需要大批高技能灰领人才支撑无锡打造世界级产业科创高地,因此要充分发挥无锡职业技术教育体系的实力和优势,借鉴德国"双元制"职业教育经验,紧紧围绕无锡产业发展需求,前瞻布局、长远谋划,打造具有世界影响力和标识度的高级职业技术教育集聚区。

3. 加快培育和集聚科创头部企业，打造长三角最具竞争力"智造特区"

加快培育一批具有国际影响力的本土创新"引擎"企业，只有成长出一批世界级的创新"引擎"企业，一座城市或地区才算真正称得上是具有全球影响力的科技创新中心。无锡作为中国最具实力的制造业强市，拥有一大批国内500强企业、上市公司、专精特新"小巨人"企业，未来应聚焦打造具有国际竞争力的"智造特区"，使太湖湾科创带成为战略性新兴产业链主要企业集聚地，上市公司、跨国公司集聚地，专精特新"小巨人"企业集聚地。

（三）聚焦培育新质生产力，建设具有国际竞争力的产业科创核心区

培育新质生产力的核心在于提升科技创新能力，培育和壮大战略性新兴产业和未来产业，创造经济发展的新引擎和新动能。太湖湾科创带要成为具有国际竞争力的产业科创核心区和新质生产力的引领区，就必须着力在以下三个方面取得新的突破：

1. 进一步做大做强核心基础产业，不断提升战略支撑力

无论是科技创新、智能制造，还是战略性新兴产业和未来产业的发展，都离不开软件产业、物联网产业、大数据产业、大模型产业等信息社会的基础产业。这些基础产业对建设产业科创高地具有赋能和支撑作用。无锡在软件产业，尤其是工业软件、物联网产业等领域缺少头部企业，成为影响高端装备制造和高价值产业发展壮大的短板。无锡应制定加快软件等基础产业高能级发展的专项计划，采取外部引进和本土培育双管齐下的方针，尽快使无锡的基础科创产业实现质的提升和跨越。

2. 进一步做大做强核心优势产业，打造三大"世界级产业集群"

世界级产业集群是指在特定区域内，由大量相关企业、机构高度聚集，形成完整产业链，具备强大创新能力、全球竞争力和影响力的产业生态系统。这种集群通过优化资源配置、推动协同创新，能够在全球产业分工中占据重要地位，并代表国家或地区参与国际产业竞争。具有国际竞争力和影响力的优势产业是科创带的"王牌"，也是一个城市或区域产业能级的标志。无锡要聚焦聚力将集成电路、智能物联网、生物医药三大优势产业做大做强，在三大优势产业领域培育一大批具有世界竞争力和影响力的链主企业、创新型企业和专

精特新企业,打造产业链、创新链竞争优势,形成三大世界级产业集群。

3. 进一步超前布局未来产业,培育更多产业"核爆点"和增长极

未来产业关乎无锡长远竞争力和可持续发展,是新质生产力的先导产业、是"465"现代产业集群的未来命脉。太湖湾科创带应在超前布局未来产业上当先锋、做示范。要聚焦人工智能和元宇宙、量子科技、第三代半导体、氢能和储能、深海装备、低空经济、人形机器人、商业航天、合成生物等"5+X"未来产业,制定有关专项产业规划,尤其要重点聚焦最具产业爆发力和发展前景十分广阔的人工智能产业和人形机器人产业,把太湖湾科创带打造成为世界级人工智能产业高地。

4. 进一步加强要素保障,为科创带可持续发展提供强有力的支撑

要围绕提升创新能级,积极构建"基础研究+技术攻关+成果转化+科技金融+人才支撑"的全过程创新生态链,为开辟新赛道、塑造新动能提供科技支撑。当前,数字经济正处于"裂变"和"聚变"的加速期,算力革命、算力产业与算力经济呈现快速发展态势,已成为决定一个地区科技创新竞争力的重要因素。太湖湾科创带要聚焦人工智能、合成生物、元宇宙等未来产业,加快构建强大的算力基础设施,加快算力产业发展,培育算力产业龙头企业,吸引算力产业高端人才。同时,加快产业资本、金融资本、科技资本等战略资本、耐心资本向算力保障等科创基础实施领域的集聚。以建设世界一流绿色低碳科创带为目标,进一步加强绿电、绿色电力证书的获得和碳管理,为全市建设绿色低碳现代产业体系和产业园区当标兵、做示范。

(四)强化统筹谋划、协同创新,实现融合发展新突破

协同创新、融合发展是太湖湾科创带的灵魂和生命力所在,要与即将制定出台的全市"十五五"规划相结合,进一步强化太湖湾科创带与长三角一体化、上海大都市圈、长三角G60科创走廊、沪宁科创带、苏南自主创新示范区等国家及省市区域战略对接,加快推进无锡城区与江阴宜兴"一体两翼"融合发展。进一步统筹谋划,实现区域资源布局的优化整合,强化统筹协调、融合发展,打破行政藩篱限制和体制机制障碍,实现跨行政区划的最优化发展,推动各类发展资源重点向太湖湾科创带倾斜和集聚。建立太湖湾科创带共商共管机制、

跨区域开发协同机制,强化太湖湾科创带各地区信息共享、政策协调、制度衔接和服务畅通。重点在以下三方面实现协同发展:

1. 深化产业创新协同

太湖湾科创带应统筹布局公共服务平台、科创载体、应用场景设施,根据各板块的资源禀赋和产业特色布局产业链、创新链,跨区域打造企业创新联合体、创新联合矩阵。新吴区要以打造太湖湾科创带"创新智核"为目标,全力争创具有世界影响力的高科技园区,充分发挥国际化水平高、科创平台多、载体多、研发机构多、龙头企业多的优势,跨区域打造产业集群和产业矩阵,提升规划引领力、主体竞争力、平台辐射力、人才支撑力、生态聚合力。滨湖区要发挥"大院大所"集聚优势,成为科创带创新成果孵化溢出的主阵地。经开区要充分发挥"金融谷"的创投资本优势,以及未来产业场景示范地效应,营造宜居宜业的生活环境,为科创带提供优良的创新生态。宜兴市要进一步加强与科创带核心区科创资源和产业资源的对接,加速融入科创带一体化发展,全面提升区域的科创能级。

2. 深化资源要素协同

太湖湾科创带是无锡最具生态人文价值的发展空间,目前多数板块发展空间已近极限。为此,要在全域范围内进一步优化资源配置,加强要素协同支撑,使一些板块因发展空间受限,导致一些好项目、优质项目无法落地的问题得以解决。要探索在太湖湾科创带内建立新型产业用地管理制度,一方面,加快打造一批新型产业用地样板范式,实施融合研发、创意、设计、无污染生产等功能的新型产业用地政策;另一方面,加快试行新型产业用地政策,在新型产业用地上全市统筹,将用地指标优先布局在太湖湾科创带等重点区域。无锡可从战略全局的发展需要出发,在宜兴等仍有开发空间的区域,规划建设新的科技园区和产业园区,建设"产业飞地",为新吴区、滨湖区、经开区等产业实现跨区发展,开辟新的增长空间。

3. 深化生态环境协同治理

以建设世界级科技湖区生态为标杆,进一步统筹规划太湖湾科创带生态环境,借鉴上海"大零号湾"的创新生态,打造若干个融合山水自然于一体、人文休闲俱佳的科技创新生态走廊、生态岛、生态组团,使科创带成为人文自然环境最美的、吸引力最强的"科创谷"。

（五）立足互利共赢、联动发展，不断增强科创带在环太湖科创圈的独特功能和引领作用

环太湖科创圈建设是江苏省打造区域创新增长极和加快新质生产力发展的一项重大战略，是江苏省加快融入长三角一体化进程的重大战略抓手，意义十分重大。目前，环太湖科创圈的苏州、无锡、常州、湖州、嘉兴、宣城六市，均将环湖科创带建设摆在城市发展的重要战略位置。无锡作为太湖湾科创带建设的倡导者、首发地、先行区，又位居环太湖科创圈的核心区，其科创力、发展力、支撑力具有举足轻重的位置，理应在环太湖湾科创圈发展中当先锋、做示范，主动积极融入和参与环太湖科创圈建设，更多地担当核心地位，发挥示范带动和引领辐射作用，在一体化发展中创造新优势，实现新跨越。

1. *深化科创资源的优势互补*

加强与其他科创圈相关城市在科创资源方面的交流合作，以"共建环太湖科创圈"的战略任务为目标指引，加强顶层设计和区域化整体战略思考，强化区域间规划联动，加强区域交通互联互通，实现科创资源优势互补、深度耦合。同时，主动将太湖湾科创带建设纳入上海大都市圈发展体系，持续加强与上海在科技创新、金融服务、对外开放等领域的合作，不断提升太湖湾科创带的科技创新和产业创新的能力和水平。

2. *深化产业创新的合作共赢*

以《苏锡常共建太湖湾科创带倡议书》《共建环太湖科技创新圈战略合作框架协议》为抓手，建立跨区域协调机构，建立一体化发展城市联盟，与相关城市建立跨区域的科技资源、产业配套、市场开放、高水平实验室、高校和科研机构的交流合作，围绕各自的地标产业、优势产业和未来产业，实现优势互补，共赢发展。以各市的优势产业为核心，打造互生共荣的创新联合体和产业共同体。

3. *深化科创生态的学习互鉴*

环太湖科创带城市都十分重视科创生态建设，创造了各具特色的经验和做法。苏州打造与国际接轨、开放创新的科创产业生态,在建设国家级大科学实验室、国际化科研平台、独墅湖科教创新区,吸引跨国公司研发总部、布局前沿未来产业、产学研深度融合等方面,走在全国前列,创造了许多独特的经验。常州在建设大学城、布局新能源汽车产业生态方面独树一帜。嘉兴积极主动融入长三角G60科创走廊和上海大都市圈科创产业生态。湖州深入贯彻"绿水青山就是金山银山"的发展理念,创造了产业与生态共荣发展的新格局。无锡应积极学习借鉴环太湖科创圈城市的先进理念和做法,进一步提升我市太湖湾科创带的科创产业生态水平,为环太湖科创圈新质生产力的培育和高质量发展做出更大贡献。

本文作者:无锡市新产业研究会。

"又踏层峰辟新天"

——当前半导体行业情况的分析与前景展望

于燮康

无锡是国内集成电路产业主要发源地之一,半个多世纪以来专注强"芯",涌现了一大批在业界有影响力的龙头企业和"单打冠军"企业,形成了从设计、制造、封测到设备、原材料的集成电路全产业链产业集群,成为无锡市的"产业地标",为江苏建设集成电路第一强省提供了坚强支撑,为国家集成电路产业的发展做出了卓越贡献,也将在我国集成电路产业高质量发展的进程中镌刻下深深的"太湖印记"。

2023年,无锡市集成电路全产业链整体实现营业收入达2071亿元,同比增长8.77%。主营业务(设计、制造、封测)实现收入达1254.95亿元,占全省集成电路主营业务总收入的38.57%。按照这一规模,无锡市继续保持了省内领先、国内第一方阵的地位。

党的二十届三中全会是在以中国式现代化全面推进强国建设、民族复兴伟业的关键时期召开的一次十分重要的会议。会议审议通过的《中共中央关于进一步全面深化改革 推进中国式现代化的决定》(以下简称《决定》),紧紧围绕推进中国式现代化这个主题擘画了进一步全面深化改革战略举措,是指导新征程上进一步全面深化改革的纲领性文件。《决定》要求:抓紧打造自主可控的产业链供应链,健全强化集成电路、工业母机、医疗装备、仪器仪表、基础软件、工业软件、先进材料等重点产业链发展体制机制,全链条推进技术攻关、成果应用。

在新的发展时期,学习好、贯彻好党的二十届三中全会精神是当前和今后一个时期全党全国的一项重大政治任务。位列中国集成电路整体规模第一方阵的无锡,在总结以往发展经验的同时,更应审时度势,确定务实的目标和举措,在新的形势下创造新的辉煌,贡献新的力量。

一、无锡市集成电路产业的优势与特色

经过多年发展,无锡市集成电路产业形成了一些优势和特色。

(一)产业规模较大

多年来,无锡市集成电路产业规模持续保持全国第一方阵、全省领先地位。2023年产业总规模在全省同业中所占比为45.93%,在省内各城市排名第一。在集成电路先进封装水平与规模、晶圆特色制造加工能力、模拟芯片与功率半导体器件等方面均具有相当优势。

(二)产业链条完整

经过多年发展和不断"强链、补链",2023年无锡市列入统计的集成电路企业有227家,涵盖了芯片设计、晶圆制造、封装测试、专业设备和材料等在内的产业链各主要环节,形成了掌握部分关键环节的核心技术、配套比较完善、具有较大规模和竞争优势的产业集群。

(三)骨干企业支撑

在各产业主要关键环节,培育形成了包括中科芯集成电路、江苏卓胜微电子、华润微电子、华虹半导体(无锡)(以下简称"无锡华虹")、SK海力士半导体(中国)(以下简称"SK海力士")、长电科技、盛合晶微半导体(江阴)、华进半导体封装先导技术研发中心、海太半导体(无锡)、中环领先半导体材料、江阴江化微电子材料、日联科技、江苏雅克科技等一批细分领域的骨干企业,在产业发展中起到了重要的支撑作用。

二、无锡市集成电路产业发展存在的不足

从科技创新与产业创新深度融合的角度来看,无锡市集成电路产业发展还存在一些不足。

(一)产业结构层级相对于上海来说不是很高

多年来,无锡市集成电路产业发展取得了积极成效,但总体看产业结构层

级依然不是很高。无锡市在整个集成电路产业链中,封测环节具有一定的领先优势,而设计和制造环节,尤其是设备、材料领域的整体水平还与领先地区具有较大的差距,在一定程度上制约了无锡市集成电路产业链企业创新能力的发挥,也在一定程度上影响了无锡市集成电路产业整体水平向更高质量跃升。

(二) 产品档次水平有限

无锡市集成电路产品的规模较大、品种较多,但多属于中低档水平的产品。很多芯片设计公司的产品往往都集中在电源类、驱动类和功率器件等有限的几条赛道上,中低水平重复和同质化竞争现象比较严重。除射频前端、嵌入式处理器等少数几个领域外,中央处理器(CPU)、高速数字信号处理器(DSP)、现场可编程门阵列(FPGA)等高端数字类芯片比较缺乏,与国内其他(如北京、上海、深圳等)地区相比差距仍较大。产品档次不是很高的另一个原因是缺少高端开发设计人才。我市许多相对高端的芯片设计企业都在上海、北京等地设立了分公司或研发部门,主要的研发设计工作实际上是在这些地区完成的,研发设计工作真正植根无锡本地化发展的企业并不多。

(三) 产业协同仍显不足

因历史原因,长期以来我国集成电路企业一直采用以先进国家、跨国企业为主导的全球集成电路供应链体系,习惯于在开展技术合作时大都以国外企业为参考对象,造成了我国集成电路产业技术与市场"两头在外"的窘境。国内产业链企业之间则缺乏互动,长期以来缺乏合作创新的机制与生态,这也是我国集成电路产业当前存在的共性问题。因此,虽然无锡市在集成电路产业链局部形成了一定竞争能力,但在产业链协同创新和系统创新的机制和能力方面仍显不足。科技创新与产业深度融合是以"互动"为前提的,科技创新为产业创新提供了技术基础和可能性,而产业创新为科技创新提供了应用场景和市场反馈。促进产业技术的迭代和完善,需要进一步推动产业链的这种互促共生关系。

三、几点考虑和建议

推动科技创新与产业创新深度融合,是我国深入实施创新驱动发展战略的内在要求,也是加快发展新质生产力、建设现代化产业体系的迫切需要。党的二十届三中全会明确提出,要加强创新资源统筹和力量组织,推动科技创新和产业创新融合发展。

当前,国际形势错综复杂,在美欧对我国集成电路产业发展限制加剧的背景下,优化集成电路产业链布局,形成更加有效的产业链协同发展机制,对于增强我国集成电路产业链韧性、提升产业链安全水平至关重要。面对新的发展要求,结合无锡市集成电路产业具体情况,提出下一阶段我市加快高质量发展集成电路产业的几点考虑和建议。

(一)巩固提升优势产业

集成电路封测产业是无锡市的优势产业,主要体现在两个方面。一是规模大。全球封测代工前 30 位企业无锡占 4 席,即长电科技、无锡市太极实业股份有限公司子公司(太极半导体)、华润微电子、盛合晶微半导体(江阴),2023 年无锡封测产业规模占省内同业销售规模 30%。二是水平高。以晶圆级、系统级、2.5D/3D 为代表的先进封装在产品中占有较高比例,产品水平基本与世界领先水平保持同步。另外,目前华进半导体封装先导技术研发中心有限公司建有国家集成电路特色工艺和封测制造业创新中心并在积极争取国家技术创新中心。集成电路封测行业也是我们与国际先进水平差距最小的领域。

集成电路封装业的地位和作用将越来越重要,未来电子系统将需要计算机架构、晶体管器件和先进封装技术的共同创新。使用较小的功能模块,通过单独封装和互连技术来构建大型系统将变得更为经济,这也是当前利用系统级封装(SiP)取代系统级芯片(SoC)来进行下一代电子产品设计的原因所在。2.5D/3D 堆叠 IC、嵌入式芯片封装、扇出型封装及芯粒技术等都将是集成电路产品功能提升的重要手段,除了外包半导体封装与测试服务(OSAT)企业外,晶圆代工企业、垂直整合制造(IDM)企业、无晶圆厂模式(Fabless)公司、电子设计自动化(EDA)工具厂商等都已加入先进封装的市场争夺中,且斥资巨大。

基于以上特点,建议无锡重点关注和积极支持集成电路封装产业的技术进步和发展,在政策、项目、投资等方面予以倾斜支持,不断提升自主创新能力,使之成为无锡集成电路产业不断发展的重要支撑,以此带动无锡市集成电路产业向更高层级跃升。

(二)持续发力破解短板瓶颈

客观上讲,无锡市政府和产业界长期以来为了改变我市芯片设计产业比较薄弱的局面作了不少努力,也取得了显著成效。当前传统的模拟芯片和多媒体芯片继续保持一定的优势,同时在射频前端、蓝牙芯片、传感芯片等领域也显著提高了市场占有率,培育了包括江苏卓胜微电子股份有限公司、无锡力芯微电子股份有限公司、无锡芯朋微电子股份有限公司、无锡新洁能功率半导体有限公司等上市企业。只是因为上海、北京、深圳等地发展的步伐更快,我市与这些地区的差距并没有明显缩小。弥补短板、疏通瓶颈是提升我市集成电路产业整体水平的有效手段,也是培育科技创新与产业创新融合发展生态的重要内容。

建议从骨干企业、重点产品、"芯机联动"等三个方面着手。一是以上市企业、国家重点集成电路设计企业和细分领域龙头企业为重点,多方支持、多策并举,支持其做大做强、支持其成为"链主"。骨干企业对产业链上的各个环节具有相对完备的信息,由其领头组织产业链内的资源要素进行整合,往往更具有推动作用。二是在继续发展模拟、数模和射频芯片产品的同时,以微控制单元(MCU)、FPGA、嵌入式 CPU、接口芯片、通信芯片、边缘计算芯片等数字芯片为重点,集聚相关资源和高端人才,突破核心技术,培育成功几个在国内具有影响力的关键产品。三是选择我市具有一定基础的,如医疗电子、物联网以及发展中的新能源汽车等行业,通过组织重大项目联合攻关,打通"芯片设计—整机应用"相配套的关键环节,增强我市芯片产业的核心竞争力。

(三)壮大发展新兴产业

无锡市政府在 2024 年 4 月份发布的《无锡市加快培育发展未来产业的实

施意见》,明确了未来产业发展的总体目标和重点任务,提出要聚焦人工智能、量子科技、第三代半导体、氢能和储能、深海装备这五大未来产业主赛道,加强科技创新和人才培养,推动产业集群化和高端化发展。同时,还提出将加强与长三角地区其他城市的合作,共同打造具有全球竞争力的未来产业集群。绝大多数的战略性新兴产业和未来产业都以集成电路产业作为重要基础或重要支撑。因此,落实发展好未来产业更需要加强集成电路产业发展,加强产业链的融合发展。

建议无锡在建设未来产业的过程中,要把着力点放在鼓励区域协作组织重大项目攻关、促进企业间横向联合、加强规划布局和宏观调控等方面;同时要积极支持重点企业围绕碳化硅、氮化镓以及氧化镓、金刚石等超宽禁带半导体材料的技术研究和布局,支持国家在集成电路特色工艺及封装测试创新中心等方面重点突破第三代半导体单晶材料生长、超硬晶体材料切割等量产化核心技术和面向第三代半导体的特色封装技术。创新一批第三代半导体高价值产品,打造面向全国、放眼全球的第三代半导体产业新高地。

(四)加强产业链配套建设

晶圆制造业一直是无锡市集成电路项目建设的重点,一批重点项目,如无锡动工、华虹无锡二期工程、SK 海力士存储半导体技术、无锡卓胜微 12 英寸射频芯片、江阴昕感科技 6 英寸硅功率器件制造等,相继入列江苏省 2023 年重大项目。我市拥有 6 英寸以上的晶圆生产线 13 条(12 英寸 3 条、8 英寸 4 条、6 英寸 6 条),产能和规模位列国内城市前列。其中以 SK 海力士为代表的外资企业以逻辑工艺为主,已达到 1 纳米的先进工艺水平;以华润微电子、无锡华虹为代表的本土晶圆制造企业以数模混合和特色工艺为主,主导工艺区间在 55 纳米到 0.25 微米。晶圆制造能力体现了我市集成电路产业的雄厚基础与核心竞争力,在下一阶段仍需不断加大投入,加强企业技术改造、产能提升和工艺升级。

集成电路装备和材料是整个产业的基础,也是美西方国家对我们"卡脖子"的主要手段;半导体行业遵循"一代技术、一代工艺、一代设备"的产业规律,而半导体工艺技术的升级迭代很大程度上依赖于设备及精密零部件的技术突破。设备零部件的基础是材料。我市在这方面的基础比较薄弱。近年来,随着国产化步伐的加速推进,无锡逐步形成了一批具有竞争力的专用装备和材料企业,如江苏微导纳米科技股份有限公司、吉姆西半导体科技(无锡)股份有限公司、江苏元夫半导体科技有限公司、中环领先半导体材料有限公司、江阴江化微电子材料股份有限公司、江苏中德电子材料科技有限公司等企业。但总体上还有明显差距。建议我市要结合实际,以自主可控、安全高效为重点,大力发展集成电路制造装备、零部件、高密度封装基板和半导体级硅材料、化学试剂、塑封料、光刻胶等关键材料,支持芯片类、封装及检测等关键设备的研发和生产。在产业布局上坚持差异化、特色化,着力引育一批专精特新中小企业。考虑到设备材料在送样、验证、考核,尤其是量产使用的长周期过程,应制定鼓励制造企业优先使用本市研发的设备材料之优惠政策,形成无锡在产业细分领域环节具有产品优势技术的领导力。也应吸引大型国企、央企、海外团队来无锡从事设备、零部件和材料产业的研发和生产;同时,可以依托长三角一体化的政策优势,争取更多的政策支持和资源配置,推动我市集成电路装备零部件和材料产业的高质量发展。

(五)持续关注人才引育

党的二十届三中全会指出,畅通教育、科技、人才的良性循环,建立完善的人才培育、引进、使用的工作机制是提升国家整体科技效能的重要手段。人才资源是集成电路产业极为关键的投入要素,人才的巨大缺口也是目前制约我国集成电路产业深入发展的瓶颈。近年来,因为无锡市集成电路产业发展较快,我市集成电路专业人才紧缺的状况,已经成为影响产业发展的"堵点"。

建议要发挥好东南大学无锡分校、江南大学、江苏信息职业技术学院的作用,进一步拓宽与外界联合办学、共建培养基地等渠道,为无锡市集成电路产业高质量发展夯实人才基础;同时,对特殊人才的招引应设立相应的特殊政策,除已有的奖励、补贴等之外,应在子女入学、住房、医疗等环境配套方面给予特殊待遇;另外,对专业人员的职称评定、科技奖励等方面也要予以足够的关注,使其感到在无锡工作有足够的事业上升空间。

集成电路产业是现代信息社会的基石,我国政府高度重视。党的二十届三中全会精神充分体现了国家继续大力支持集成电路产业发展的信心以及推动产业关键核心技术突破、实现自主可控目标的决心。

我们看到,从前几年遭遇产业低谷以及面对美西方的极限打压,中国集成电路产业在逆境中表现出了强大的韧性和蓬勃的潜力,未来可期。随着5G、人工智能、物联网等新兴领域的发展,中国集成电路产业蓄势待发,将迎来更加迅猛的发展势头。

"又踏层峰辟新天,更扬云帆立潮头。"无锡,作为中国集成电路产业的重要一极,在新的形势下一定能创造新的辉煌、贡献新的力量。

本文作者:于燮康,中国半导体行业协会集成电路设计分会常务副理事长、国家集成电路产业投资基金投资咨询委员会专家委员、中国微电子职教联盟理事长、江苏省集成电路产业强链专班首席专家、江苏省半导体行业协会执行顾问、江苏省产业技术研究院半导体封装技术研究所副理事长、无锡集成电路产业学院理事长、无锡市半导体行业协会荣誉顾问、无锡市新产业研究会咨询专家。

奋力打造世界一流动力之城，为新时代工商名城增添新荣光

朱剑明

动力产业是国民经济和国防建设的重要基础和支柱性产业，关系到国家的发展战略、竞争实力、国际地位和国防安全。无锡是名副其实的动力之城，曾为国民经济和国防建设作出重要贡献。"双碳"背景下，无锡应继续走在前列，奋力打造世界一流动力之城，为新时代工商名城增添新荣光。

一、国际国内动力产业的发端与发展

世界动力工业起源于18世纪英国诞生的蒸汽机，这种活塞式外燃机不仅大大推动了机器的普及和发展，而且产生了汽车、汽船和火车。到19世纪，德国、法国、美国等国进一步发展动力工业，先后诞生了煤气机、汽油机、柴油机、汽轮机等内燃机，以及增压器、电动机、发电机、发电机组，使电力开始用于带动机器，成为补充和取代蒸汽动力的新能源，同时引起了交通运输领域的大变革，使四轮汽车、内燃机车、远洋轮船等交通工具得到迅速发展。

进入20世纪，随着科学技术的进步，车用天然气机、电力机车电机、电站汽轮机、燃气轮机、舰船燃气轮机、航空涡轮风扇发动机、航空航天涡轮喷气发动机、电动汽车电驱、醇醚燃料发动机、氢气发动机、船用氨醚发动机、纯甲醇发动机、火力发电机、水力发电机、风力发电机、核能发电机、太阳能发电机等新产品层出不穷，成为经济社会发展的新动能。

我国动力工业起步较晚。1908年，广州均和安机器厂仿制成第一台煤气机，标志中国内燃机工业的起始；1918年上海钱镛记电器铺造出第一台小型直

流发电机,标志中国电机工业的起步;1954 年国营第 331 厂试制成第一批 M-11 航空发动机,标志中国航空动力工业的肇始;1955 年,上海汽轮机厂制造出第一台 6 兆瓦汽轮机,标志中国汽轮机工业的开始;1969 年,哈尔滨汽轮机厂试制成机车用 2 205 千瓦燃气轮机,标志中国燃气轮机工业的开端。

历经 110 多年的仿制、试制、引进、合作、自主创新,我国内燃机、汽轮机、燃气轮机、电动机、发电机组、航空发动机、航天火箭发动机、新能源汽车电驱、发动机技术已经接近或达到世界先进水平,有的甚至处于世界领先地位;动力工业也形成了完整的研发生产体系,已经成为世界动力装置生产大国。产品不仅适应国内交通运输、工业、农业和国防建设需要,而且出口海外市场。

二、无锡动力产业的起步与赶超

无锡是我国民族工商业的发祥地之一,早在 1895 年就诞生中国第一家民办棉纺厂——业勤纱厂。1900 年和 1904 年,又先后诞生了保兴面粉厂和裕昌丝厂。随着纺织、缫丝、粮食加工三大产业集群发展,为这些行业服务的动力机械企业应运而生。

创办于 1909 年的"无锡协记机器厂",从为纺织、碾米等工厂提供进口机器的易损配件,发展到修理进口的纺纱机、织布机、碾米机、柴油机等,1916 年还模仿英国茂仁洋行制造的烧球式二冲程柴油机,试制出 15 马力热罐式重型低速小马力煤油机,成为无锡第一台内燃机,也标志着无锡动力工业的开端。

此后,无锡除了试制成煤气机、木炭机,1925 年工艺铁工厂已仿制出中速煤油机,广东省一次就订购 50 台。1927 年,上海俞宝昌机器厂迁锡,专门制造 12—60 马力二冲程柴油机,年产量达 50 台左右。1933 年,合众铁工厂仿制成功更先进的四冲程柴油机,这种柴油机成为纺织、碾米、榨油等小型厂的主要动力装置。到 1936 年,无锡已有动力机械相关工厂 24 家,全年内燃机产量达 800 台。后因日寇侵略,大都遭受严重破坏。但在 1943 年,汪伪实业部筹建的中央农具实验制造厂开业,生产脱谷机、煤气发动机等。

抗战胜利后,无锡各厂纷纷修复或重建,动力工业也随之复兴。1946 年,合众铁工厂试制成功 25 马力的 36 型卧式四冲程单缸柴油机,标志中国柴油机从重型低速向轻型中高速发展,被上海、宁波、常州等地同行仿制。1947 年,祥丰电机厂先后仿制成功 7 马力和 25 马力电动机,年产量近 100 台,成为无锡最早生产电动机的工厂。到 1948 年,无锡动力机械相关工厂虽有 60 多家,但大都处于半停半开、开开停停的萧条状态。

1949 年 4 月无锡解放后,中央农具实验制造厂被市军管会接收并恢复生产,到 1953 年更名为无锡柴油机厂,1958 年 5 月自行设计出我国第一台风冷柴油机——4120 高速风冷柴油机。其余私营内燃机企业,主要生产 25 马力柴油机和煤气机,并设计出了 4120 型立式 60 马力高速柴油机,为内河轮船、轻轨机车、工程压路机、工矿企业提供配套动力。1956 年 2 月,合众铁工厂、信丰机器厂等 59 家私营企业,合并改组成立了公私合营动力机器制造厂,主要生产 4120 型 60 马力柴油机。当时,无锡内燃机产品性能和销售量在全国仅次于上海。

1957 年元月,中华人民共和国第一机械工业部(以下简称"一机部")安排无锡动力机厂向上海汽轮机厂移植试制适宜工矿、船舶动力或建造小型电站的 6250 柴油机,到 1958 年动力机厂研制成功了 2 台。1958 年,为给中国第一代铁道内燃机车"巨龙"号提供国产大功率高速柴油机,华东地区开展了 1 000 马力柴油机会战,上海柴油机厂、无锡柴油机厂、无锡动力机厂参加会战。经过三个季度的日夜奋战,上柴、锡柴各自总装出首台 12V175 型 1 000 马力柴油机样机,确保了"巨龙"号诞生。无锡动力机厂也于 1959 年试制成功该型柴油机。

1958 年无锡内燃机配件厂成立不久就制造出国内第一副喷油嘴,结束了中国油嘴依赖进口的历史;1965 年更名为无锡油泵油嘴厂后,1966 年又制造出我国第一代多缸 1 号泵、A 型泵样泵,并试制成功 S 系列喷油器,从此拉开中国油泵规模生产的序幕。1958 年成立的无锡电机厂等企业,也生产出了 100 千瓦电动机等产品。1964 年,锡柴试制成功国内第一代 35ZP 废气涡轮增压器,配套上柴 12V180 柴油机装上 62 型高速护卫艇,在 1965 年的"八六"海战中荣获战功;到 1969 试制成功的 40GP(261P)轴流式涡轮增压器填补了国内空白。

1970 年,锡柴增压器车间划归锡动、锡动 6300 型柴油机划归锡柴后,动力机厂加快开发 10ZJ、25GP、35GP、100GP 等涡轮增压器,尤其设计 5GJ 径流式增压器后,形成了涡轮增压器系列产品,能够满足 35—3 000 马力柴油机增压要求。

值得一提的是,1969年底,无锡承担了江苏"五号工程"直-6飞机的涡轴五型发动机试制任务,当时有无锡机床厂、无锡柴油机厂、无锡压缩机厂、江宁机械厂等16家工厂参与会战,其中涡轮转子及发动机总装试车就在增压器车间。会战到1970年9月27日,终于试车成功第一台样机。随后的1971年、1972年,无锡又相继制造出4台涡轴五型发动机,其中2台于1975年3月装上两架直-6飞机完成开车试验、滑跑、悬停、起落、空域、载重等科目,于1976年10月通过军工产品定型,写下了我国航空工业发展史上新的一页。

1974年,一机部委托市机械局组织23 000千瓦燃气轮机发电机组会战,简称"二万三"工程。无锡又有无锡动力机厂、无锡锅炉厂等8家企业参与会战。其中,燃气轮机的心脏部件涡轮转子最难试制,不仅叶身体积大,而且材料特殊、型面复杂。动力机厂从1974年10月开始试制叶片,到1976年11月共锻造、加工近10 000片,除了提供南京汽轮机厂装机,确保我国试制成功第一台大功率燃气轮机发电机组外,还向天津军粮城发电厂提供一级透平叶片安装在进口的23 000千瓦机组上长期运行。

1977年11月,中华人民共和国第六机械工业部(以下简称"六机部")又将6 000马力舰船用燃气轮机转到无锡试制,简称"四〇一工程"。新一轮会战由动力机厂提供涡轮转子、压缩机厂负责总装,锅炉厂、第二机床厂等7家工厂提供零部件。在参战企业协作攻关下,1978年国庆节前一次总装成功的首台燃气轮机,10月26日运抵哈尔滨汽轮机厂一次性试车成功,技术指标完全达到七〇三所的设计要求,于1979年1月在六机部主持下顺利通过鉴定。

改革开放后,动力机厂在1979年分出涡轮叶片、精铸件、辊锻件等产品成立叶片厂,分出涡轴五发动机成立龙山机械厂。改组后的动力机厂加快柴油机、发电机组和增压器新品开发,1982年还引进英国霍尔塞特H系列径流式增压器生产技术许可证。经过"七五""八五"技术改造,动力机厂成为国产涡轮增压器的最大生产企业。

1994年动力机厂改为万迪动力工程集团有限公司(以下简称"万迪动力")后,1995年与康明斯麾下的霍尔塞特工程有限公司签订合资协议,由下属的动力工程股份有限公司与其联姻。1996年2月,无锡霍尔塞特工程有限公司成立,2007年2月更名为无锡康明斯涡轮增压技术有限公司(以下简称"无锡康明斯")。随着无锡康明斯第一、第二工厂的建成投产,涡轮增压器产能不断跃升,不仅实现了轻、中、重功率的全线覆盖,而且持续引领汽车发动机增压器业内主流技术。2006年4月,万迪动力还与康明斯联手成立第二家合资企业——无锡范尼韦尔工程有限公司,先后建成一期工厂和二期工厂,生产的四大系列涡轮增压器产量扶摇直上。康明斯尝到合资甜头后,接着在锡设立康明斯发电机技术(中国)有限公司、伊顿康明斯(中国)变速箱有限公司,2023年8月还与卓品智能科技无锡股份有限公司合资成立康卓电子(无锡)有限公司,主要从事汽车电子控制系统相关产品研发生产。

目前,无锡已成为全国最大的涡轮增压器制造基地,拥有康明斯、范尼韦尔、石播、强谊、科博、贝斯特、毅合捷、蠡湖增压、凯迪航控、锡南铝业、鹰普罗斯[①]等50多家增压器及涡轮、涡轮壳、叶轮、中间壳、压气机壳等零部件企业,形成了完整产业链。

无锡柴油机厂于1982年从英国引进密烘铸造技术项目后,试制成功了第一台6110车用柴油机,从而拉开了由生产农用机向车用机转变的序幕。1986年7月,中国第一汽车集团有限公司(以下简称"中国一汽")推出换代产品CA141型载货车,无锡柴油机厂CA6110A型柴油机成为其配套动力之一。1992年初,无锡柴油机厂加入中国一汽,到1993年1月更名为一汽解放汽车有限公司无锡柴油机厂(以下简称"一汽锡柴"),从此开始跨越式发展。2001年,一汽锡柴开始挺进重型、高端发动机,先后开发出CA6DL重型柴油机、CA6DLD-30E4两级增压柴油机、混合动力发动机、复合涡轮增压柴油机、天然气发动机等产品,形成了奥威、恒威、康威三大品牌系列产品。2017年10月一汽解放发动机事业部成立后,又向"国内领先、国际一流"更高目标奋进,成功开发了奥威16升超级发动机、全球首款解放智慧动力域产品,成为国内柴油机行业的技术领军企业。

1980年,无锡电机厂开始消化吸收德国西门子1FC5系列船用无刷发电

[①] 全称分别为无锡康明斯涡轮增压技术有限公司、无锡范尼韦尔工程有限公司、无锡石播增压器有限公司、强谊汽车配件(无锡)有限公司、江阴市科博机械有限公司、无锡贝斯特精机股份有限公司、江苏毅合捷汽车科技股份有限公司、无锡蠡湖增压技术股份有限公司、江苏凯迪航控系统股份有限公司、无锡锡南铝业技术有限公司、鹰普罗斯叶轮(宜兴)有限公司。编注。

机产品生产技术,到 1982 年 9 月研制成功首台样机后,生产的船用无刷同步发电机装上了上海等地船厂建造的远洋货轮。1985 年 10 月,该电机厂又从德国西门子引进 1FC6 系列发电机技术,进一步扩展了产品型谱及规格。1995 年,该厂改制为江苏海星电机集团有限公司后,于 1998 年第三次引进德国西门子产品技术,获得 1FC2 三相同步发电机生产许可证,使公司形成三大系列产品矩阵;并与中国船舶重工集团有限公司(以下简称"中船重工")合作,于 2004 年成立无锡汾锡电机有限公司(以下简称"汾锡电机")。2006 年,汾锡电机又与汾西重工电机业务等组建成中船重工电机科技股份有限公司,成为国内一流技术水平的电机研发制造企业。

目前,除了解放动力、万迪动力、中船电机科技股份有限公司,无锡还有四达动力、华源凯马、常工动力、五菱动力、科杰动力、立达动力、瑞宾动力、凯奥动力、欧玛机械、大豪动力、珀金斯动力系统、珀金斯小型发动机、久保田发动机、百发动力、江苏瑞昌、康明斯发电机、中电电机、雷勃电气、富士电机、天宝电机、中达电机、新大力电机[①]等 60 多家发动机、发电机、发电机组研发制造企业。

1984 年,无锡油泵油嘴厂引进德国博世公司(以下简称"博世")A 型泵许可证后,设计出七大油泵主导产品,实现由配套农机到汽车的转型升级。1992 年改组成立无锡威孚高科技集团股份有限公司(以下简称"威孚")后,1995 年与博世合资成立无锡欧亚柴油喷射有限公司,生产柴油机用燃油喷射装置;1996 年又与博世合作成立联合汽车电子有限公司无锡厂,开发生产汽油电子喷射系统;2004 年还与博世合资成立博世汽车柴油系统股份有限公司,研发生产高压共轨柴油喷射系统。双方的成功合作,增强了博世在锡投资的信心,目前已有博世中国氢燃料电池中心、博世汽车系统(无锡)有限公司和博世创新

[①] 全称分别为江苏四达动力机械集团有限公司、无锡华源凯马发动机有限公司、江苏常工动力机械有限公司、无锡五菱动力机械有限责任公司、无锡科杰动力机械制造有限公司、无锡市立达动力机械有限公司、江阴瑞宾动力机械有限公司、无锡凯奥动力机械有限公司、江苏欧玛机械有限公司、无锡大豪动力有限公司、无锡珀金斯动力系统科技有限公司、无锡珀金斯小型发动机有限公司、久保田发动机(无锡)有限公司、百发动力(无锡)有限公司、江苏瑞昌哥尔德发电设备股份有限公司、康明斯发电机技术(中国)有限公司、中电电机股份有限公司、雷勃电气(无锡)有限公司、无锡富士电机有限公司、无锡天宝电机有限公司、无锡中达电机有限公司、江苏新大力电机制造有限公司。编注。

软件开发（无锡）有限公司三家独资企业。

此外，威孚还及早涉足发动机尾气处理，1995年收购无锡力达消声器有限公司后，成立无锡威孚力达催化净化器有限责任公司并建设新厂区，2004年又与外商合资成立无锡威孚环保催化剂有限公司（以下简称"威孚环保"）。随着市场需求爆发，2013年和2014年，威孚又在无锡高新区和惠山区建设两个威孚力达新厂区，腾出原有厂区让威孚环保扩大产能，成为国内发动机尾气后处理行业产销规模最大的供应商。

紧随威孚，无锡汽车尾气净化器、催化剂及零部件企业已有凯龙高科、科特拉、恒和、盛泽、锡创、世坤、丰洋、天地美、盛和、盛鼎化工、宁航机械、宜兴非金属化工机械[1]等近20家企业。

除了燃油喷射系统、发动机尾气后处理系统企业，无锡还有德纳、电装、金润、腾达、泽嘉、利纳马、格尔顿、新维特、卓品智能、康斯博格、奥特凯姆[2]等30多家企业生产变速器、传动轴、差速器、发动机控制系统。目前已形成完整的汽车动力总成产业链条。

无锡叶片厂1979年成立后加快引进消化西屋电气公司先进技术，试制成功了30万/60万千瓦汽轮机末级869毫米大叶片，接着完成了自主改进型900毫米、905毫米末级叶片攻关项目。2005年改为无锡透平叶片有限公司后，不仅为国内外著名电气、造船企业提供汽轮机、燃气轮机叶片，而且为航空发动机提供叶片、盘轴件、结构件，为"神舟"飞船试验和发射提供"长征"火箭发动机涡轮盘。

虽然1979年组建的国营龙山机械厂因直六涡轴五型发动机下马而停建，但中航工业航空动力控制系统研究所（无锡614所）仍然呈现勃勃生机。随着

---

[1] 全称分别为凯龙高科技股份有限公司、科特拉无锡汽车环保科技有限公司、无锡恒和环保科技有限公司、无锡盛泽环保科技有限公司、无锡锡创汽车环保有限公司、无锡世坤科技有限公司、丰洋（无锡）风机制造有限公司、无锡天地美环保科技有限公司、无锡市盛和科技有限公司、无锡鼎恒盛化工设备制造有限公司、无锡市宁航起重设备有限公司、江苏省宜兴非金属化工机械厂有限公司。编注。

[2] 全称分别为德纳（无锡）技术有限公司、无锡电装汽车部件有限公司、无锡金润汽车服务有限公司、无锡市腾达机械制造有限公司、无锡市泽嘉科技有限公司、利纳马汽车系统（无锡）有限公司、江苏格尔顿传动有限公司、无锡新维特精密机械有限公司、卓品智能科技无锡股份有限公司、康斯博格汽车部件（无锡）有限公司、奥特凯姆（中国）汽车部件有限公司。编注。

航空航天工业的发展。2010年以来中国航发动力控制、航亚科技、亚太航空、楼蓝科技、鸿鹏航空动力、东方空间航天动力、乘风航空工程①等企业先后成立，2023年又有尚实航空发动机无锡总部及产业化基地、联合飞机航空发动机生产研发总部、中国航发燃机轻型燃机产业化项目接连落户。

目前，我市已有透平叶片、飞而康科技、隆达超合金、航亚科技、亚太航空、江苏隆达、江苏永瀚、派克新材、乘风航空、鹰普航空、法尔胜、楼蓝科技、通流航空、创明传动②等100多家航空航天发动机相关企业，初步形成了从原材料、关键部件、系统集成、整机试验到维修的相对完整的产业链。

进入新世纪，特别是近几年，无锡还加快发展新能源汽车动力系统。2000年以来，已有村田新能源、闽仙汽车电器、新源动力、莱顿电子、格林美能源材料、明恒混合动力、LG汽车动力电池、蜂巢能源科技、远景AESC动力、联动天翼新能源动力电池、隆基新型氢能装备、力神新能源、江苏巨贤、中卓智能、盛合晶微、吉利高性能电驱、隆盛新能源驱动电机、华晟5GW异质结电池、德纳亚太区研发及制造总部、思源电气功率型储能器件、株洲中车时代电气、一汽解放远景动力智能电池、广源捷泰新能源动力电池组件、玉芯蓝（江苏）氢能、中能储能电池和产业园、华盛联赢锂电池负极材料、海立马瑞利中国区总部③等企业和

---

① 全称分别为中国航发动力控制股份有限公司、无锡航亚科技股份有限公司、江苏亚太航空科技有限公司、楼蓝科技（江苏）有限公司、无锡鸿鹏航空动力技术有限公司、东方空间（江苏）航天动力有限公司、无锡乘风航空工程技术有限公司。编注。
② 全称分别为无锡透平叶片有限公司、无锡飞而康科技有限公司、江苏隆达超合金股份有限公司、无锡航亚科技股份有限公司、江苏亚太航空科技有限公司、江苏隆达超合金航材有限公司、江苏永瀚特种合金技术股份有限公司、无锡派克新材料科技股份有限公司、无锡乘风航空工程技术有限公司、鹰普航空科技有限公司、江苏法尔胜泓升集团有限公司、楼蓝科技（江苏）有限公司、江苏通流航天科技有限公司、无锡创明传动工程有限公司。编注。
③ 全称分别为村田新能源（无锡）有限公司、无锡市闽仙汽车电器有限公司、江苏新源动力有限公司、无锡莱顿电子有限公司、格林美（无锡）能源材料有限公司、无锡明恒混合动力技术有限公司、LG汽车动力电池正极材料项目、蜂巢能源科技（无锡）有限公司、远景动力技术（江苏）有限公司、联动天翼新能源动力电池及系统项目、隆基新型氢能装备项目、无锡力神新能源研究院有限公司、江苏巨贤合成材料有限公司、无锡中卓智能科技股份有限公司、盛合晶微半导体（江阴）有限公司、吉利高性能电驱系统项目、无锡隆盛新能源驱动电机核心部件项目、华晟新能源5GW异质结电池及组件项目、德纳亚太区车辆核心系统和部件研发及制造总部项目、思源电气股份有限公司功率型储能器件产业基地项目、株洲中车时代电气股份有限公司、一汽解放远景动力智能电池制造基地项目、无锡广源捷泰新能源科技有限公司、玉柴芯蓝（江苏）氢能源科技有限公司、中能瑞新储能电池及电芯制造产业基地一期、华盛联赢锂电池负极材料项目、海立马瑞利中国区总部项目。编注。

项目在锡落地。

不仅如此,博世、威孚、先导、远东、众联、晶石、晶晟、毅合捷、贝斯特、奥特维、松下能源、上机数控、蠡湖增压、中捷精工、吉冈精密、锡南科技、华新电器、鹏德科技、华光环保能源①等传统企业也顺势而为,加紧上马新能源动力项目。

目前,无锡已有新能源材料、电池、电机、电控、氢能装置装备等相关企业80多家,正在抢占新能源汽车动力系统制造高地。

三、无锡动力产业的优势与不足

2018年11月,首届世界内燃机大会在无锡成功举办。有35名院士参加大会开幕式和主题论坛,中国汽车工程学会、中国汽车工业协会、中国内燃机学会、中国内燃机工业协会、中国能源学会、中国机床工具工业协会、国际标准化组织(ISO)/内燃机标准化技术委员会、国际内燃机学会(CIMAC)等行业组织领导以及2 000多名代表,其中180多名外国专家学者、企业家参加大会,扩大了无锡动力产业的国际影响力,推动了全球动力技术进步和产业发展。

无锡是名副其实的世界动力之城,汽车动力系统是无锡的最大优势。一汽锡柴重卡发动机全国第一;威孚高科汽车发动机零部件全国第一;中国第一汽车股份有限公司无锡油泵油嘴研究所汽车发动机研发机构全国最强;博世汽车的零部件全球第一,该公司在无锡的动力总成系统基地的规模为亚洲最大;康明斯的发动机全球第一,该公司设在无锡的涡轮增压器制造基地是亚洲唯一的制造基地;美国的卡特彼勒公司(CAT)的工程机械全球第一,该公司在无锡设有多功能研发中心和发动机生产企业。动力系统在整个无锡汽车及零部件产业中占了"半壁江山",营收规模超过1 000亿元。其中,博世动力(无锡板块)300多亿元、一汽解放动力总成事业部200亿元、威孚高科(包括威孚环保)近200亿元,还有康明斯、卡特彼勒以及发动机燃油系统、增压器、发动机

---

① 全称分别为无锡先导智能装备股份有限公司、无锡市远东机电设备有限公司、无锡众联能创动力科技有限公司、无锡晶石新型能源股份有限公司、无锡晶晟科技股份有限公司、江苏毅合捷汽车科技股份有限公司、无锡奥特维科技股份有限公司、松下新能源(无锡)有限公司、无锡上机数控科技有限公司、江苏中捷精工科技股份有限公司、无锡吉冈精密科技股份有限公司、无锡锡南科技股份有限公司、无锡市华新电器厂、江苏鹏德工业科技有限公司、无锡华光环保能源集团股份有限公司。编注。

尾气后处理等200多家零部件规上企业的营收加起来有数百亿元。江苏是全国发动机最强的省(山东第二)，无锡是全国最强的城市。

综观一百多年发展历史，无锡动力工业从无到有、从小到大、从弱到强，已经成为名副其实的动力之城。与其他城市相比，无锡动力工业主要有以下几点优势。

一是产品门类多，产业链条全。无锡是国内较早仿制内燃机的城市，曾在内燃机领域创造多个国内乃至全球第一，不仅高压共轨、涡轮增压、排放后处理三大核心技术处于国际领先地位，而且具有完整的汽车动力总成产业链条，是我国重要的内燃机研发制造基地。凭着坚实的动力工业基础，无锡还曾涉足飞机发动机、舰船燃气轮机、远洋货轮发电机，以及电站汽轮机、航空发动机、火箭发动机等核心零部件，近年来又增添了联合飞机航空发动机生产研发总部、尚实航空发动机无锡总部及其产业化基地、东方空间(江苏)航天动力有限公司总部等航空航天发动机项目。随着无锡航空航天产业园、惠山区航空航天产业园、梁溪区空天产业生态圈的建设发展，目前全市航空航天发动机产业已初步形成原材料、关键零部件、控制系统、发动机整机等产业集聚，尤其压气机叶片、机匣、整体盘轴及涡轮盘制造等具有较强竞争力，国产C919大飞机的叶片、机匣就由航亚科技、派克新材提供。电机则形成了交直流电动机、多种燃料发电机、传统及新能源汽车电机、船用电机等系列产品。

二是科研单位多，研发水平高。无锡是我国动力装置研发高地，目前有国家级动力相关科研单位5个，涉及"陆海空"各类动力研究领域。其中，无锡614所成立于1974年，是国内唯一的航空动力控制系统专业研究所，C919大飞机的软件就由其提供。中国船舶重工集团公司(以下简称"中船")第七〇三研究所无锡分部于1983年设立，是国内唯一的舰船动力系统、电力系统及蒸汽动力辅机陆上联调试验基地。中船第七〇二研究所1951年建于上海，1965年总部迁至无锡，主要从事船舶及海洋工程领域的水动力学、结构力学等基础研究，以及高性能船舶与水下工程的研究设计与开发，已成功研制出蛟龙号、深海勇士号等载人潜水器。一汽无锡油泵油嘴研究所建于1980年，是我国最高水平的汽车发动机研究机构，研发、生产的电控共轨系统主要用于国防装备。公安部交通管理科学研究所成立于1985年，近几年承担建设了国家智能交通综合测试基地,项目将建成世界领先的智能交通测试及研发基地。一座城市落户5个国家级动力领域相关科研单位,在全国绝无仅有,是无锡得天独厚的优势。

三是创新动力集聚,发展后劲足。无锡近几年加快发展新能源动力产业,已形成锡山区宛山湖生态科技城新能源产业园和江阴临港经济开发区新能源产业园两大主要的新能源产业聚集区;无锡高新区新能源新材料产业园、惠山区新能源汽车核心电驱零部件产业基地建设也已呈现雏形;宜兴建设长三角氢能源产业高地,滨湖区打造的新能源产业集群正在强力推进,不仅吸引了LG集团、德纳、福伊特集团、远景动力、浙江吉利控股集团、新源动力等国内外头部企业落地生根,还吸引了清华大学无锡应用技术研究院、上海交通大学无锡碳中和动力技术创新研究院、天津大学无锡先进内燃动力技术创新中心、南京航空航天大学无锡研究院、无锡航空发动机基础部件产业创新研究院等研发机构,为无锡动力产业发展增添了新优势。

无锡动力工业虽有诸多优势,但也存在一些不足,主要体现在以下两个方面。

首先,汽车动力总成发达,尤其传统动力技术在国内外处于领先地位。而船舶动力相对较弱,虽有一流的船用发电机,但没有一流的船用发动机,尤其是燃气轮机。航空航天发动机虽有较强的核心零部件和控制系统,但整机制造尚处起步阶段,且没有形成完整的产业链条。

其次,就新动力而言,动力电池已形成规模,尤其锂电池四大关键材料中的正、负极材料优势明显,但隔膜、电解液相对较弱;燃料电池,特别是氢燃料电池在国内率先实现产业化,但目前产能不大,竞争力还不强。新能源汽车电驱动系统中,除电池以外,电机、电控、减速器等相对较弱。

四、动力产业发展趋势及其市场前景

目前,全国发电总装机容量31.6亿千瓦(2024年9月底),清洁可再生能源发电装机容量超过了火力发电装机容量。根据有关数据显示,西部地区(新疆、甘肃、青海等)光伏、风能等可利用资源(装机容量)超过160亿千瓦。在碳中和的背景下,从西部地区用绿电制氢基燃料(甲醇、氨气、二甲醚等),通过国家油气管网储运，把低成本的低碳可再生能源（碳中和燃料）输送到沿海发达地区。这是继国家电网（没有储存功能）之后第二条主要能源输送和储存途径，我国是全球唯一具备这个能力和条件的国家，这也将成为国家重大的能源战略。利用氢基绿色能源（碳中和燃料）替代化石能源（柴油、汽油等），是未来船舶、商用车、低空动力等交通运输以及农机、工程机械、发电机组等主要的技术路线和发展方向。

随着汽车产业绿色化、智能化变革，汽车动力除了向纯电动力、混合动力、醇氢燃料电池动力、"燃油＋氢燃料"电池或"纯电＋醇燃料"电池复合动力、氢基碳中和内燃动力等发展，还向零部件集成化和模块化发展。随着近几年商用车产销量一路下滑、新能源汽车产销量不断攀升，未来传统动力市场空间越来越有限，而新能源动力市场越来越壮大。

船舶产业也在向绿色智能转型发展，海上船舶动力除了柴油机、燃气轮机、柴油发电机组等节能减排，还向醇燃料、氨燃料等清洁动力发展；内河船舶则在发展纯电、混合、液化天然气、氢燃料等绿色动力。未来中国整体造船市场将呈现除散货船、集装箱船、油船三大主力船型以外的多样化发展，将为一些小型和小众船型的新造船板块带来发展机会。配装绿色清洁动力的集装箱船、高端船型将逐渐成为市场未来发展的重点之一。

航空产业随着国家推进低空空域改革和低空经济发展，带来通用航空产业的大发展。未来小型客机、直升机、无人机、飞行汽车的市场广阔，也会带来涡扇、涡喷、涡轴、涡桨、活塞等发动机，以及无人机的电机、电调、螺旋桨和电池的需求旺盛。此外，商业卫星等航天产业的发展前景光明、市场需求旺盛，也会带来运载火箭发动机需求量的不断增加。

燃气轮机和航空发动机在结构上高度近似，被广泛应用于电力、大型船舶、重型机车、油气运输等众多领域。航空发动机和燃气轮机作为国家"两机"重大专项，现已进入加速发展阶段。目前轻型燃气轮机是国内市场主流产品，未来将重点发展重型燃气轮机，其市场空间会越来越大。

汽车动力的轮毂电机驱动是未来的技术方向，汽车电动化是必然趋势，但纯电动汽车不是唯一选择。采用氢、氨、甲醇等低碳燃料替代柴油、汽油，内燃动力能实现碳中和，且很有市场竞争力。在"双碳"背景下，纯电动、混合动力

（增程式）、碳中和发动机的技术路线将会三足鼎立。尤其随着西部地区绿电开发、油气管网铺通，氢基新能源碳中和发动机将有更大市场空间和竞争力。

从目前新能源汽车市场看，混合动力、增程式动力的市场份额正在逐步增加，而纯电动汽车的占比正在缩小。就纯电动车企业而言，除了特斯拉，其余造车新势力企业都处于巨亏状态，且产能大大过剩。无锡市如果引进纯电动汽车新势力企业项目，风险较大。

造车新势力企业都面临巨大的竞争压力和生存问题。如果引进新能源汽车项目，建议优先考虑国内外知名品牌汽车企业，如奔驰、宝马、大众、丰田、通用和一汽、东风、上汽、吉利、比亚迪、广汽、长安等，这些企业体系能力强、市场启动快，该布点时就能布点，而且相对容易接触，风险也小，是比较理想的合作伙伴。

五、打造现代化动力之城的思考与建议

在强国建设、民族复兴的新征程中，各地都在构建经济高质量发展新格局，结合优势打造产业新地标。2013年，湖南省株洲市提出以轨道交通、中小航空、新能源汽车这三大动力产业优势打造"中国动力谷"；2019年，山东省潍坊市提出围绕整机整车、新能源、发动机这三大板块建设潍柴国际配套产业园，打造"国际动力城"；2023年，江苏省常州市提出用真金白银、真心实意的政策支持撬动市场力量，为新能源产业发展再添一把火，全力打造引领长三角、辐射全国、有全球影响力的新能源之都。

相较于其他城市，无锡工业历史长、基础好，多年来利用本地资源优势不断发展汽车、船舶产业。目前已有上汽大通、常隆客车、中车新能源、华晨新日、华策汽车、铠龙东方、一汽解放锡柴汽车、江阴汽车改装、彩虹专用车、海鹏特种车、戎辉机械[1]等10多家整车、改装车企业，并有中船澄西、扬子江船业、无锡船厂、红旗船厂、兴东船业、东方高速艇[2]等10余家造船企业。近几年还

---

[1] 全称分别为上汽大通汽车有限公司、江苏常隆客车有限公司、无锡中车新能源汽车有限公司、华晨新日新能源汽车有限公司、无锡华策汽车有限公司、铠龙东方汽车有限公司、一汽解放汽车有限公司无锡锡柴汽车厂、江阴市汽车改装厂有限公司、无锡彩虹专用车有限公司、江苏海鹏特种车辆有限公司、江阴戎辉机械设备制造有限公司。编注。

[2] 全称分别为中船澄西船舶修造有限公司、江苏扬子江船业集团有限公司、江苏省无锡船厂有限公司、无锡红旗船厂有限公司、宜兴市兴东船业有限公司、无锡东方高速艇发展有限公司。编注。

加快发展航空航天产业,目前已有道尼尔海翼、汉和航空、星辰无人机[1]等飞机制造企业,银河航天、微纳星空、遨天科技、紫微宇通、最终前沿、氦星光联[2]等卫星制造及配套企业,并有紫微科技太空飞船智能制造基地、蓝箭航天火箭高端智能制造产业基地等项目落地。而发动机是汽车、船舶、飞机、火箭的"心脏",也是决定汽车、船舶、飞机、火箭的性能、水平的关键部件。

在碳中和大背景下,倾力打造世界一流动力之城,促进我市汽车、船舶、航空航天动力产业做大做强,带动相关传统制造业的转型升级,成为无锡新质生产力的重要增长极。为此提出如下建议:

第一,通盘布局,统筹推进。打造世界一流动力之城,需要构建"空天陆海"绿色先进动力产业体系。目前,我市已有汽车动力、航空航天动力两个产业园,还无深海及海工装备动力产业园,建议政府把船舶动力的发展也纳入现代产业体系,对绿色先进动力产业一盘棋布局、一体化推进。当下除了对现有无锡赛思亿电气科技有限公司、无锡蠡湖增压技术股份有限公司给予重点支持、帮助做大做强,建议规划建设海洋船舶、内河货运、游轮、海工装备等绿色船用动力产业园。鉴于全球三大造船国中,日本船企主要从氢能、氨能、海上风电等三个新能源产业方向进行布局,韩国船企主要开发利用智能电力、甲醇燃料动力、氢燃料电池、氨燃料电池、固体氧化物燃料电池,我国则以液化天然气、液化石油气、甲醇、纯电、氢(氨)燃料电池等为动力,可以考虑引进日本川崎重工、洋马动力技术,韩国现代重工、HD韩国造船海洋、韩华发动机,以及我国中船柴油机、上海中船三井造船柴油机等[3]国内外船用发动机头部企业,加快发展绿色先进船舶动力。通过发力新能源船用发动机,推动船舶及相关零部件产业向高端、绿色、智能船型发展,成为无锡制造业新的竞争力。

第二,产研联动,集成创新。新能源是动力装置行业的发展方向。经过近

---

[1] 全称分别为道尼尔海翼有限公司、无锡汉和航空技术有限公司、无锡星辰无人机科技有限公司。编注。

[2] 全称分别为银河航天科技(无锡)有限公司、北京微纳星空科技股份有限公司、遨天科技(北京)有限公司、紫微宇通科技装备(无锡)有限公司、最终前沿(无锡)航天有限公司、氦星光联(无锡)航天有限公司。编注。

[3] 全称分别为川崎重工业株式会社、洋马株式会社、韩国现代重工集团、HD现代集团的造船业务控股公司、韩国韩华发动机株式会社、中船柴油机有限公司、上海中船三井造船柴油机有限公司。编注。

几年努力,无锡市新能源动力产业已形成一定规模,但产业链还存在短板弱项,尤其发动机控制芯片、半固态电池、固态电池、氢(氨)基碳中和内燃动力等有关新型先进动力方面进展缓慢。建议政府充分利用在无锡的"大院大所"和合作高校的科研资源,鼓励国家院所和高校的在锡院所与相关企业开展项目洽谈、技术合作、协同创新,助力企业及早突破新能源动力关键材料、核心零部件技术的难关。当前需要加强对上海交通大学、天津大学等顶尖高校无锡研究院的支持,使其能够助力企业加快发展低耗能、高热效、零排放先进发动机,特别是绿电氢基新能源碳中和发动机。同时,建议政府专门对落地和在建的材料、电池、电机、电控、电驱等项目加强跟踪服务,帮助企业早日开工、投产,实现预期目标、形成新增量,并继续招引集聚国内外新能源发动机及固态电池等核心零部件头部企业,抢占高端绿色动力技术高地,带动传统动力企业向绿色低碳转型升级,形成领先的汽车动力产业集群规模优势。

第三,"智改数转",提质增效。智能化改造、数字化转型、绿色化提升,既是企业现代化发展的需要,也是企业降碳提质增效的有效途径。建议政府有关部门协调相关研究机构及软件、移动、智能装备企业,专门在新能源动力制造企业中推进"智改数转绿提",对走在前面的企业给予鼓励,对正在实施的企业给予支持,对需要晋级的企业给予"一企一策"帮扶;同时鼓励知名软件公司等企业搭建动力工业互联网平台,注重嵌入数据汇集、建模分析、知识复用、应用创新、金融服务等功能,引导动力零部件企业上平台提升研发、生产、经营、管理水平,促进动力工业基础高级化、产业链现代化。

第四,重视人才,厚植队伍。一流的动力产品是靠一流的人才队伍研发制造出来的。无锡发展高端、先进动力产业,关键在于各类人才。因此,建议政府除了继续加强引进适应汽车、船舶、航空航天等动力产业绿色智能发展需要的高端研发人才之外,还要引导在锡本科、高职、中职院校适应动力产业发展需要,加快开展校企合作、产教融合,开设相应专业、课程,为企业培养转型升级急需的一线技术技能型人才,同时利用本市高技能人才培养示范基地资源,对现有企业员工开展相关技术培训。此外,在市政规划建设中,重视工业园区周边的生活、娱乐、体育等配套设施,以及方便到市区的交通线路,为留住各类人才营造更好环境。

第五，对外交流，扩大影响。推动合作共赢的新型全球化，已成为我国扩大高水平对外开放的战略重点。无锡打造世界一流动力之城，需要有世界眼光，需要进行对外交流合作。因此，建议市政府组团到欧美、日韩等发达国家和地区拜访、对接新能源发动机、动力电池领域的头部企业并举办产业合作交流活动，展示无锡动力产业特色及相关配套优势，更好地吸引高端人才、头部企业来锡投资发展。继续办好世界内燃机大会和全球汽车芯片创新大会，让永久会址落地无锡，同时争取创办全球动力产业创新大会，邀请国内外汽车、船舶、航空航天领域的院士、专家和企业家交流最新成果，探讨技术创新，共谋发展大计。凝聚全球智慧力量推进无锡高端动力产业发展，把无锡打造成世界一流的现代化动力之城。

另外，智能驾驶技术和汽车芯片是汽车产业两个未来最重要的领域，也是被欧美国家主要"卡脖子"的技术。无锡具有很强的竞争优势，应该聚全市之力，打造成无锡汽车产业的重要品牌和城市名片。

本文作者：朱剑明，中国科学技术法学会副会长、无锡市汽车工业协会会长、无锡市新产业研究会咨询专家，加州大学伯克利分校访问学者、博士生导师，获国务院政府特殊津贴；曾任中国第一汽车集团公司技术中心副主任兼无锡油泵油嘴研究所所长、中国内燃机工业协会副会长、中国内燃机学会副理事长、中国汽车工业协会发动机分会副理事长、全国燃料喷射系统标准化技术委员会主任委员。

从统计数字看苏锡常都市圈在长三角城市群中的重要位置

朱玲燕

苏锡常都市圈,包括苏州、无锡、常州,以经济成就和创新活力成为长三角城市群乃至中国的新增长极。2023年苏锡常都市圈GDP总量突破5万亿元,与上海相当。三城各具特色,苏州以制造业和服务业著称,无锡转型高新技术产业,常州在新能源和智能制造领域快速发展。作为长三角城市群的重要组成部分,苏锡常都市圈以"一轴两带"的战略格局,强化内部经济联系和领域合作,加强基础设施和产业布局,一起防控大气污染、治理湖泊河道,打造半小时生活圈、一小时通勤圈、24小时包邮圈,推动长三角区域一体化,展现全球经济影响力。

一、经济总量跃上新台阶,示范引领作用凸显

经济总量是评价一个城市经济规模的关键指标。尽管经济总量高的城市不一定经济发达,但经济总量低的城市,其经济状况通常不会太好。2023年,苏锡常都市圈GDP首次突破5万亿元大关,不仅超越了许多省级行政区,更是与上海的4.7万亿元GDP旗鼓相当,接近长三角城市群总量的五分之一。

从区域看,苏州GDP总量接近2.5万亿元,在长三角地区仅次于上海;无锡GDP总量突破1.5万亿元;常州地区生产总值首破万亿,成为江苏第5座"万亿之城";三地合计占长三角城市群"万亿之城"总数的1/3。苏锡常都市圈人均经济总量逼近20万元,位列全国前茅。2023年,无锡人均GDP高达

206 217元,连续多年位居全国大中城市首位;苏州和常州的人均GDP分别为190 253元和188 204元;三市平均人均GDP达到194 459元,远高于128 562元的长三角平均人均GDP,这一数字在全国城市中也处于领先位置。

二、产业结构优化升级,集群集聚优势明显

产业是经济发展的重要基础,产业兴则城市兴,产业强则经济强。2023年,苏锡常都市圈三次产业构成比为1.0∶47.3∶51.7,工业比重依然保持接近50%,比长三角城市群(2.6∶39.6∶57.8)第二产业比重高7.7个百分点。产业集群优势是苏锡常都市圈的特色所在,也是其支撑长三角城市群产业结构优化的载体所在。

从区域看,苏州规模以上工业总产值超4.4万亿元,前六大主导行业占规模以上工业总产值比重为65.3%,其中电子信息、装备制造这两个万亿级产业"沉锚压舱",全年产值分别达13 441.1亿元和14 241.9亿元;生物医药在首批国家战略性新兴产业集群考评中获得优秀。无锡战略性新兴产业产值首次超万亿元,高新技术产业产值占比达52.3%,"465"现代产业集群实现规上营收1.99万亿元,同比增长7.7%;超2 000亿元规模的集群达6个,比上年增加4个;国家级专精特新"小巨人"累计达到232家,位居全省第二。常州全年工业开票销售收入达21 638.1亿元,比上年增长7.6%;十大先进制造业集群产值规模逐步扩大,5个产业集群接续步入千亿级产业,其中高端装备制造产值达5 438.8亿元;新能源产业增势强劲,新能源整车和新型电力装备产值分别增长126.6%和11.0%;新能源汽车产量达67.8万辆,充电桩产量增长59.2%。

三、互联互通加速流动,服务业发展持续稳定

2023年底,苏锡常都市圈已建成和在建的轨道交通有41条,市域铁路(含都市快线)有15条,总计56条线路。苏锡常都市快线开工建设,设计时速160千米、全长222千米(含苏州北站快速联络道及苏锡常城际铁路太仓先导段)、设站38座、平均站距6千米,建成后将与上海市域铁路嘉闵线及上海轨道交通市域线机场联络线贯通,按照小编组、高密度、公交化的"地铁"模式运营。

从区域看,苏州全年铁路客运量达11 140.2万人次,旅客周转量达239.4

亿人千米,分别比上年增长168.1%和136.2%。无锡全年邮电业务总量达257.83亿元,发送函件750.37万件,比上年增长7.3%。全年快递服务企业业务量累计完成8.18亿件,实现快递业务收入103.67亿元。常州首开"常州—宁波舟山港"出口新能源汽车海铁联运集装箱专列,实现"常州—上海港"海铁联运循环双班列,全年海铁联运重箱发送量达7.7万标箱,增长28.5%。便利的交通带动苏锡常都市圈服务业发展持续稳定增长,规模以上服务业企业合计营业收入达8 677亿元,同比增长11.8%,高于长三角城市群增速6.4个百分点,增长贡献率为17.2%。

四、统一市场有序形成,消费恢复态势向好

在一体化进程下,一个统一开放的市场体系在长三角逐步形成。长三角各地共同启用"310"号段的长三角标准一体化编号,联合制定《制药工业大气污染物排放标准》等12项长三角区域统一地方标准。联合推出文化市场和气象领域轻微违法行为免罚清单,探索了区域执法标准统一和监管协同的新路径,促进消费品市场稳定繁荣。2023年,苏锡常都市圈社会消费品零售总额达1.62万亿元,占长三角城市群社会消费品零售总额的16.8%,增长贡献率为14.8%。

从区域看,苏州持续打响"五五""双十二""夜ZUI苏州"购物节品牌,开展多轮促消费活动,新能源汽车零售额达310.2亿元,增长47.5%,跻身十大首店城市行列,线下购物无理由退货经验在全国推广,连续两年在中国消费者协会全国百城消费者满意度测评中位居第一。无锡重点打造"太湖购物节"品牌,充分挖掘消费需求,着力突出"商文旅体"消费融合优势,打造"美食之都 购物天堂"。全年共接待国内游客12 711.97万人次,比上年增长64.7%;接待旅游、参观、访问及从事各项活动的入境过夜旅游者19.01万人次,比上年增长284%。常州累计举办各类营业性演出超1.6万场次,成功打造太湖湾、新龙等品牌音乐节。

五、对内投资规模扩大,对外贸易保持韧性

2023年,苏锡常都市圈固定资产投资总额比上年增长5.3%,其中工业投资同比增长7.4%。三市固定资产投资总额接近1.5万亿元,其中高技术产业

投资占比20.7%,战略性新兴产业投资占比38.6%。苏锡常都市圈成为长三角区域高质量投资的重要引擎。从区域看,苏州完成高技术产业投资达1 022.3亿元,比上年增长7.5%;完成新兴产业投资1 955.0亿元,比上年增长9.4%;占固定资产投资比重达32.4%,比上年提高1.3个百分点;新能源、高端装备制造、软件和集成电路、生物技术和新医药等行业投资分别比上年增长32.5%、26.3%、14.1%和12.4%。无锡高新技术产业投资达1 138.25亿元,比上年增长18.6%;先进制造业投资达1 510.93亿元,比上年增长15.5%;战略性新兴产业投资达2 072.88亿元,比上年增长11.8%。常州新能源产业产值达7 680亿元,对规上工业产值增长贡献率达98.9%;产业集聚度全国第三,投资热度全国第一。

2023年,苏锡常都市圈进出口总额达34 763亿元,占长三角城市群总量的1/4,其中出口总额达22 238亿元,占比超过26%,成为长三角城市群货物进出口的重要支撑。从区域看,苏州民营企业进出口额达9 682.4亿元,增长17.3%,占进出口总额的比重为39.5%,比上年提高7.4个百分点;对印度、俄罗斯、中亚5国等新兴市场进出口额分别增长14.5%、6.9%和30.2%。对"一带一路"共建国家和地区进出口额占进出口总额的比重达36.2%。无锡全年批准外资项目498个,新增协议注册外资达64亿美元,高技术产业实际使用外资占比46.9%。至2023年底,全球财富500强企业中有117家在无锡投资兴办了247家外资企业。常州全年新增对外投资项目116个,增长114.8%,其中,国际产能和装备制造项目49个,在境外投资项目中占比达42%,中方协议投资额达14.1亿美元。在中德(常州)创新产业园、西太湖国际社区挂牌设立"外事彩虹桥·先锋站",助力国际合作园区、国际社区建设。

六、都市圈聚力一体化,长三角阔步再向前

苏锡常都市圈是国内发展最早、最成熟、实力最强的都市圈之一,是长三角城市群对外贸易重地、制造业发展高地、金融发展集聚地。推进长三角一体化高质量发展,苏锡常都市圈要围绕都市圈空间尺度和国家顶层战略设计的互动,推进体制机制创新,通过跨江融合发展、拓展"大运河朋友圈"、做强环太湖科创圈和融入大上海都市圈,为长三角区域协同发展探索新经验、新模式。

一是大力推动跨江融合发展。深化拓展苏锡通跨江融合。苏通、锡通跨江融合是撬动江苏"江海联动、南北融合"的关键点和突破点。不断优化苏锡常通跨江融合产业协作联盟工作机制，推进高端制造、纺织服装、生物医药等重点产业高质量协同发展。联合推动关键核心技术攻关和科技成果转化，增强产业链、供应链的韧性与竞争力。推动苏锡通科技产业园持续优化升级，深度对接上海与苏南的产业、科创资源，不断做大做强经济总量，高水平建设国家级"跨江融合发展试验区"。积极推动锡常泰跨江融合。要加快常泰长江通道、张靖过江通道建设，在此基础上进一步加强联动，做好区域快速公路网、港口、航道等相关规划的协调，配套做好快速路网对接，带动交通干道沿线建设，为产业协作、园区共建和产业联盟提供便捷的交通支撑。

二是积极拓展"大运河朋友圈"。大运河是苏锡常都市圈最闪亮的文化名片。以运河文化为媒介，内联外拓，打造"运河朋友圈"，合力把大运河苏州段、无锡段、常州段打造成大运河文化带的示范样板段。要强化文化战略意识和合作创牌意识，以"诗画江南"为灵魂、以"吴文化"为主线、以"活化利用"为手段，深入挖掘和彰显江南运河承载的深厚文化底蕴，凸显江南文化的独特魅力，组团打造"最江南"区域文化品牌，塑造保护、传承、利用运河文化的"苏锡常范本"。江南运河作为京杭大运河中独具特色的经济带、文化带、生态带，其沿线7个城市分属南京都市圈、苏锡常都市圈和杭州都市圈，皆为长三角一体化重要的节点城市。以三大都市圈为支撑、以运河文化为纽带，7市应整合运河文化资源，联手打造江南运河文化带，为长三角一体化贡献"文化力量"。要大力培育跨省市协同、跨领域合作机制，探索建立统一的顶层设计和战略规划，协调一致，整体推动运河文化保护和利用。

三是努力做强环太湖科创圈。苏锡常都市圈虽然经济体量不小、发展势头不弱、发展水平不低，但由于空间局促、腹地狭小，发展后劲略显不足。要以太湖为纽带、以科创为桥梁，打造形成了环太湖科创圈。进一步完善区域协同创新机制。摒弃竞争性思维和"吃独食"理念，逐步打破行政壁垒和利益分布格局。探索建立项目共享、租赁共享、候鸟型人才共享等多种形式的柔性用才机制和户口不迁、关系不转、身份互认、能出能进的科技人才柔性流动机制。进一步打造区域协同创新体系。支持高校、实验室、高新区等创新载体采取联盟方式推进创新合作，联合建设大型科学仪器设备共享服务平台，整合建设科技资源信息综合服务平台，打通科技资源经络，推动科技资源合理流动和开放共享。围绕创新链布局产业链，在环太湖科创圈以及与周边的上海、南京、杭州都市圈之间形成交叉错落的"研发—孵化—转化"产业链合作关系。

四是全面融入上海大都市圈。以"圈内一体"为基础，整体对接上海。要在破除行政性壁垒、消除体制性障碍上加速破题，在都市圈城市间进一步完善市场规则、优化市场环境、打造信用体系、降低交易成本，用市场化力量进一步推动土地、劳动力、资本、技术和数据等要素自由畅通流动，以都市圈规则的一体化凝聚形成强大磁场，探路区域统一大市场建设。以产业科创合作为重点，等高对接上海。主动嵌入上海先进制造业产业链和供应链，推动实施跨区域"造链、强链、补链、延链"工程，加快区域间上下游产业衔接配套，协力共建电子信息、汽车、生物医药、集成电路、人工智能、高端装备等世界级产业集群，打造具有苏锡常特色的产业地标品牌。加强与张江科学城、虹桥商务区、上海自由贸易试验区临港新片区等区域的对接合作，围绕苏锡常主导产业以及物联网、新能源、新材料等新兴产业，积极导入科创资源、人才资源和产业资源，推动产业提升发展。基于共享共赢理念，率先探索建立跨区域税收共享机制，推动科技成果等创新要素在沪苏锡常之间自由流动，从而推动创新链与产业链深度融合。

本文作者：朱玲燕，无锡市统计局党组成员（副局长）、无锡市哲学社会科学联合会理事、江苏省统计局综合处特聘研究员、无锡市新产业学会特聘分析师、无锡市新产业研究会特约研究员。

无锡发展未来产业的几点思考

胡新兵

党的二十届三中全会《中共中央关于进一步全面深化改革 推进中国式现代化的决定》(以下简称《决定》)指出要"建立未来产业投入增长机制"。自2014年中央经济工作会议明确提出探索未来产业发展方向,至党的二十届三中全会再次对发展未来产业提出具体明确要求,10年时间,我国未来产业的发展方向、探索路径、重点领域、实践模式逐步清晰。2024年1月,《工业和信息化部等七部门关于推动未来产业创新发展的实施意见》明确提出"未来产业由前沿科技驱动,当前处于孕育萌发阶段或产业化初期,是具有显著战略性、引领性、颠覆性和不确定性的前瞻性新兴产业"。

按照中央和省部署,无锡快响应、早决策,在2024年4月出台《无锡市加快培育发展未来产业的实施意见》,明确了路径选择、发展目标、产业重点、行动计划、保障举措。全市各板块按照市委、市政府部署,配套健全组织体系、政策矩阵、推进机制,各项工作进展快,未来产业发展趋势好。

但在实际工作中,市直部门、板块基层和企业负责人针对未来产业发展也存在顾虑、心有疑惑,如:担心投资、市场等风险,创新、人才跟不上,链主龙头企业缺乏,产业链不完整,空间载体紧张。其实,回溯46年来的改革开放发展历程,这些问题一直存在,只是在不同发展阶段表现形式不一样罢了,但最终都在发展中迎刃而解。发展未来产业,是经济规律驱使的历史必然,是高质量发展的内在要求。无锡承百年工商名城之人文底蕴,积累经济社会发展一直走在前列之物质、精神丰硕成果,完全有信心在新时代发展未来产业上步伐稳、行得快、成效好,继续走在前、作示范、多作贡献。

习近平总书记指出:"因地制宜发展新质生产力,改造提升传统产业,培育壮大新兴产业,布局建设未来产业,完善现代化产业体系,"习近平总书记的指示深刻揭示:就产业类型来讲,未来产业是现代化产业体系的一个组成部分;就发展阶段来说,未来产业目前总体处于"布局建设"层面;就生产力属性来看,未来产业代表新质生产力的发展方向。但生产力的发展是承前接后、有连续性的,发展新质生产力就要一体谋划、协同推进、改造提升传统产业,培育壮大新兴产业,布局建设未来产业,推动短板产业"补链"、优势产业"延链"、传统产业"升链"、新兴产业"建链"。因此,发展未来产业要增强系统思维、全局观念,把准着力点,量力有序、因地制宜推进落实。

一、辩证认识未来产业

这既是解决思想问题,也是解决出路问题。有思路,才有出路,才能主动变"要我发展未来产业"为"我要发展未来产业"。"大力发展未来产业"是实现城市经济总量稳步提升和质态明显优化的唯一选择,是建设"经济大市"的应有之义,要在全市形成这样的社会共识。虽然目前讲不清未来产业的各种具体形态,但是要明白发展未来产业的重要性、必然性、实践性。显然,经济发展轨迹、当前产业发展的优势和瓶颈,是认识清晰的,是完全能够讲清楚、弄明白的;"465"现代产业集群里的一些产业形态,在20年前还只是在学术论文中、实验室里,是当时标准的"未来产业",现在都已经发展成为支撑城市发展的"重要一极"。发展未来产业,首先要尊重、敬畏规律,把当前的重点产业状况彻底梳理个遍,凝练出剥离具体表象形态的产业规律性内容,借鉴"前师",指导"后世"。特别是当前外部环境变化带来的不利影响增多,新旧动能转换存在阵痛,更要用发展未来产业的战略价值来坚定发展信心,稳定发展预期,唱响未来产业光明论。

二、围绕制造业主战场,加快发展未来产业

无锡市产业强,根基在于制造业强。2023年,全市规上工业总产值突破2.5万亿元,这既为发展未来产业奠定了坚实基础,也为发展未来产业创造了无限可能。未来产业的未来制造、未来信息、未来材料、未来能源、未来空间和未来健康"六大方向",与我市"465"现代产业集群及"5+X"未来产业布局重合度极高。要精心做好两者"交集"文章,因地制宜选准未来产业发展方向,加

强项目招引和培育,用存量产业优势培育新的发展生态、创造未来产业增量优势。对已经布局未来产业新赛道的企业,要形成专门机制,加大支持力度,强化土地、人才、资金等要素保障和专业化服务,推动存量企业迭代未来产业。要加速制造企业的"智改数转网联绿提",走"专精特新"发展之路,引导制造企业争做瞪羚企业、独角兽企业,进一步提升为未来产业配套服务的能力和水平;支持"龙头链主"企业、民营科技型领军企业联合产业链上下游企业组建科创联合体,聚力攻关产业链关键核心技术的"卡脖子"难题,既提升产业链稳定性和竞争力,也在攻克核心技术中精准识别和培育高潜能未来产业。

三、确保未来产业发展"确定性"的领先优势

未来产业"不确定性"特征显著,这决定了在发展未来产业新赛道上存在"岔道""盲道",甚至"陷阱",必须用在发展中累计的"确定性"经验、做法和产业发展的一般性规律,来对冲未来产业发展"不确定性"因素,护航未来产业稳健、可持续发展。

第一,坚定党领导发展这个"最大确定性"。不折不扣落实党的二十届三中全会精神,积极对上争取经济改革试点,精心施策,确保改革落到实处细处、达到预期效果;积极对上争取产业政策,为未来产业发展配备各类高阶资源;积极与央企和"大院大所"对接,主动承接适合无锡发展的科技成果产业化项目。赋予发展未来产业更高考核权重,倒逼各级政府进一步重视,腾得出时间、想得出办法、舍得出资源来培育发展未来产业。

第二,适度超前布局建设新型基础设施。发展产业,基础设施先行。发展未来产业,必须配套新型基础设施,特别是新式网络、信息服务、算力支撑、信息化应用等数字基础设施。要适度超前布局建设,进一步增强发展未来产业基础底座的"确定性"支撑力。未来产业"当前处于孕育萌芽阶段或产业化初期",要紧紧围绕"465"现代产业集群和"3010"重点产业链,配套布局建设具有产业差异性的概念验证平台,打造一支专门的概念验证服务团队,拓宽概念验证中心"朋友圈"和"资源链接圈",开展"原理验证""产品与场景体系验证""原型制备与技术可行性验证"等概念验证服务及关联服务,畅通科技成果转移转化"最初一公里",加速创新链与产业链融合,助力更优质、更有价值的服务内容和产品不断涌现。

第三，大力招引关键人才。发展未来产业，首要是人才。要聚焦战略科学家、顶尖技术人才、领军企业家等三类关键人才，切实做好育才、引才、用才文章。进一步加强与全国12所未来技术学院的合作，做深做实合作载体，推动领军人才带领核心团队创新创业。做实放大国内外"科创飞地"效应，重点融入长三角、京津冀、粤港澳大湾区、西三角经济区等国家区域发展战略，推动高端人才"共享、共引""不求所在、但求所用"。要懂得科学家，他们往往关注技术本身的前沿性，但大多无法全职投入创业且缺乏产业落地经验；要懂得顶尖技术人才，他们是推动未来产业前沿技术突破的关键，但受制于体制机制难以健康有序流动；要懂得领军企业家，他们是推动未来产业前沿技术落地应用不可或缺的关键人物，但受环境影响有时信心决心不足。要打通三类关键人才的信任"堵点"，以"人才特征＋价值增长"建桥梁，实施"一人一策"，以看得见、信得过的"真感情"将现实主义和理想主义耦合，缩短未来产业成果转化与经济效果之间的距离。

第四，强化科技成果产业化。未来产业要形成现实生产力，必须高度重视科技成果产业化，创新商业模式、选准应用场景。要构建以企业为主导的"产学研"深度融合机制、科研项目组织实施机制和科创资源配置机制，更好推动创新链、产业链、资金链、人才链的深度融合，充分发挥国有企业作为科技创新主力军作用，使更多科技成果从技术变成实物、从样品变成产品。要发挥政府采购单一来源功能，加大对首台（套）、首批次、首版次创新成果的应用支持政策，推动新技术新产品落地应用。要深化科技体制机制改革，完善科技成果保护机制、利益分配机制、宽容激励机制，畅通科技成果转化渠道，提高科技成果转化成功率。

第五，大力建设未来产业特色园区。要聚焦"465"现代产业集群及"5＋X"未来产业布局，大力推进特色产业园区建设，推动创新单元和创新要素有机叠加，积极构建集群创新生态，推动加强创新链、产业链、资金链、人才链的融合性、稳定性、持久性。一是强化规划引领，认真谋划"十五五"规划，引导每一园区始终抓牢"十项要件"：选择一个未来产业、制订一个产业规划、组建一家专业公司、建设一个专业园区、合作一家大院大所、设立一支产业基金、成立一个服务机构、集聚一批龙头企业、搭建一批公共平台、打造一个品牌盛会。二是强化园区运营，加强国有、民营、外资、混合等各类型所有制性质的特色产业园区运营的系统性研究和实践探索,推动构建"资本＋产业＋园区"生态圈,探索园区对接"科创飞地",推动园区未来智能化管理、数字化运营、绿色化发展。三是强化产业聚链,强化招商定位与主导产业的统一性,全力培育隐形冠军、单项冠军、专精特新中小企业和瞪羚、独角兽企业,不断拔高园区主导产业集群能级。四是强化服务功能,以专业化、高品质,打造满足"人"的全生命周期和"企业"发展周期的产业发展服务体系。五是强化要素保障,重点破解园区土地制约难题,做实"开源"与"节流"两篇文章;拓展园区融资渠道,设立市级特色产业园区建设专项基金;放大"太湖人才计划"效应,支持园区招引特色产业领域的战略科学家、顶尖技术人才和领军创业团队,培育特色产业的"无锡工匠",建立园区、高校院所、企业相融合的联合培养人才机制,着力构建园区产业和人才融合发展生态。

　　第六,加大未来产业投入力度。要舍得投入、长期投入、用机制保障可持续增加投入,这是党的二十届三中全会《决定》关于发展未来产业的具体明确要求。政府投入要积极主动,这是未来产业"不确定性"属性使然。只有政府"有形之手"发挥引导作用,才能影响、带动市场"无形之手"发挥作用;政府投资要坚定,突出公共性、实现可持续,让市场看到政府的决心和信心。但政府投资功能有限、额度有限,必须统筹、融合"两只手",建立耐心资本、长期资本,更好地发挥市场机制作用,通过市场化方式决定投资的未来产业。要发挥企业主体作用,支持企业投资未来产业新赛道,帮助企业破解融资贵、融资难、融资繁等难题。要大力招引优品天使投资、风险投资(VC)基金、私募股权投资(PE)基金、二手份额转让基金(S基金)、合格境外有限合伙人(QFLP)基金,形成对未来产业的全产业链股权投资体系。知识产权是科技型企业最重要的无形资产之一,要探索企业知识产权金融价值实现方式,突破知识产权融资瓶颈,真正让"知产"变"资产"。要积极探索、统筹建立、共享利用相关大数据平台,为未来产业要素支撑、场景应用等精准画像,解决金融机构对未来产业"看不懂、看不准、看不透"问题,引导金融机构"敢贷、愿贷、会贷"未来产业,完善并落实风险共担和补偿机制,对金融机构在利率补贴、风险补偿等方面进行正向激励。

　　本文作者:胡新兵,无锡市政协经科农委副主任、三级调研员,无锡市新产业研究会特约研究员。

把握科创走廊建设发展逻辑，促进环太湖"一带一圈"发展

罗安斌　顾军厚　文　龙

当前，科创走廊（带、圈）正成为区域创新竞争的新赛道和引领区域高质量发展的新引擎。2020年以来，我市启动了太湖湾科技创新带（以下简称"一带"）建设，在科学规划、统一部署、联动协作的基础上，展开了一系列工作和工程，有力地促进了"一带"的空间整合、要素集聚、品牌拓展，取得了建设发展的初步成效。在此基础上，抓住长三角一体化推进机遇，依托苏锡常都市圈建设基础，着手协调推进环太湖科技创新圈建设。2021年5月，长三角地区主要领导座谈会签订了一系列一体化框架协议，正式提出"共建环太湖科技创新圈"（以下简称"一圈"）的战略目标，并着手开展各项具体工作计划。应该说，在高层高度重视、基层积极推进的局面下，"一带一圈"建设一定会在不远的将来结出更加丰硕的成果。但是，必须清醒地看到，在"一带一圈"特别是"一圈"的系统谋划和具体推进工作中，很多方面还存在"心有余而力不足""形有余而神不足""名有余而实不足"等问题。从工作研究层面看，我们对"一带一圈"建设形成机理、动力机制等发展逻辑问题认识并不到位，有必要在调查研究的基础上进行一次再梳理和再思考。

一、从国内外相关范例看科创走廊建设发展逻辑

科创走廊（带、圈）是指相关城市通过集聚创新要素、改革创新制度，打造形成的创新要素高度集聚、高端人才资源汇集、新兴产业创业密集的条状区域。科创走廊首先是一个区域，其次是一个生态系统，再次是区域发展的增长

极;科创走廊在形成、发展、扩张、泛化的过程中,蕴藏着创新理论、产业经济学和政府治理领域的许多重要原理。

(一) 国内外相关创新走廊的基本情况

位于美国西海岸的硅谷,起步于 20 世纪 50 年代斯坦福工业园区,后来沿着 101 公路不断拓展,最终形成了一条绵延约 40 千米的世界著名科技创新廊道。硅谷以科研力量雄厚的斯坦福大学、加州大学伯克利分校等世界知名大学为依托,以数万家高技术中小公司和数百万高科技人员群为基础,以大量风险投资公司及基金为支撑,形成了大学与企业紧密结合的"产学研"体系与产业链条,成功把廊道两侧的矿业、铁路城市带动转型为科创湾区。科创廊道创新发展方向,推动创新生态演进及产业结构转型。硅谷自诞生以来,经历了从半导体、微型处理器、软件开发,向信息技术、互联网等信息产业演变的过程,集聚了谷歌、脸书、英特尔、特斯拉、苹果、惠普、甲骨文等超过 1 万家科技创新企业。

日本东京—横滨—筑波创新带以东京为中心,与横滨和筑波等城市联动发展,绵延长度约 110 千米。创新带内集聚了 150 多所高等院校、约 8 000 家科技创新企业、800 多家研究机构;三菱、丰田、索尼等一大批世界 500 强企业总部都坐落于此,钢铁、石油化工、现代物流、装备制造、游戏动漫等产业十分发达。其中,东京—筑波段以常磐自动车道和筑波快线为主轴,主轴上的筑波科学城,集聚了筑波大学和数十家高级研究机构,形成了功能复合的科技新城和产业新城。

长三角 G60(沪昆高速)科创走廊是我国率先探索的全球科创走廊,由上海市主导规划和协调推进。长三角 G60 科创走廊从最初提出设想到目前,已经实现了从 1.0 版"源起松江"到 2.0 版"联通嘉杭"再到 3.0 版"九城共建"的扩容升级,总面积达 7.62 万平方千米。长三角 G60 科创走廊依托人才、技术、资金、装置、机构、项目等多方面要素优势,聚焦"三先走廊"战略定位,创新建立了"央地联动、区域协同"机制,构筑了"1+7+N"产业联盟体系,形成了"研发在上海、生产在苏浙皖""孵化在上海、转化在苏浙皖""前端在上海、后台在苏浙皖"的科创及产业合作模式。走廊内 448 家科创投资联盟成员为科创企业提供全牌照、全产业链、全生命周期的金融服务,构建债权、股权、基金、上市联动的金融服务生态。2022年,九城市根据《专利合作条约》(PCT)进行的国际专利申请的数量增长达163.4%,占全国总量的1/9,占全球总量的2.85%;国家科学技术奖获奖数量占全国总量的16.2%;研发投入强度达到3.55%,远超全国平均水平。

广深港澳科技创新走廊启动于2017年,总长度约180千米,总面积约1.1万平方千米。作为广东省级层面规划打造的依托和支撑大湾区未来发展的科技创新走廊,广深港澳科技创新走廊以"打造国际科技创新中心"为目标,加大区域协同力度、吸引和对接港澳及全球创新资源、推动要素联动流动。其中,广州、深圳、东莞围绕"一廊十核多节点",集聚一批科技园区、科技企业、科研平台、大科学装置和公共服务机构。

(二) 对国内外科创走廊发展逻辑的几点认识

因为国情、区域、体制等情况不同,也因为所处的历史时期不同,上述4个科创走廊也呈现出不同的情况特点,有的方面差异还特别明显。但从发展逻辑上看,还是具有很多方面的共性。要充分理解科创走廊,必须在对其差异性和共性把握的基础上,进一步领会其成因、演变、效应等发展逻辑。

1. 科创走廊一般都与海湾、港口高度相关

科技创新走廊不是凭空而来的,更不是纸上作图或凭空想象出来的,而是需要有产生的基本条件。分析这个基本条件,我们首先看到其既与交通轴线高度相关,也与海湾、港口高度相关。关于交通轴线这个条件很容易理解,没有交通轴线,各类科技资源就不能自由流动。美国的101公路、日本的常磐自动车道和筑波快线、我国G60都是属于交通轴线。硅谷背靠太平洋海岸山脉、面对旧金山湾。东京—横滨—筑波科创带、广深港澳科技创新走廊,都地处海湾区。科创走廊与港口、海湾具有强相关关系其实也不难理解:海湾与港口的存在,说明了这个地区过去就是工商业发达之地;发达的工商业基础能够为科技创新走廊提供先进的硬件设施、人才队伍和商业氛围;尤其是港口具有发达的港口服务业,这些服务业中相当一部分能够转化为创新企业服务。

2. 科创走廊是自然形成与人为引导共同作用的结果

尤其是发达国家,其早期的科创走廊并不是预先规划好的,而是科技创新

资源在现状基础上,根据经济学规律进行自由流动、配置而形成,随后经过经济管理当局的发现、总结、规划、引导,最终形成了呈现在我们眼前和教科书里的科创走廊。同时,科创走廊的规划、引导更多是一种概念性、品牌营造性的,一般很少有明确的"四至"范围规划。所以,科创走廊的"线长""带宽"也仅仅是描述性的,不能真正作为比较科创走廊范围、能级和成效的依据。

3. 不同国家的科创走廊发展有着不同的动力机制

科创走廊本质上就是集聚科技创新资源的平台,这是世界上所有科创走廊的共性。无论是硅谷还是东京—横滨—筑波创新带,都集聚了一大批高校、研究所、优质企业、创新服务机构。但每一种资源占有的分量、发挥的作用,在不同的科创走廊中是不一样的。硅谷的高校和风投资本发挥了至关重要的作用,而在东京—横滨—筑波科创带中,龙头企业、财团的作用更加明显。同时必须认识到,它们之间的差别有时候并不是由传统和习惯所决定,而可能与其创新的领域有关。在我国的相关科创走廊建设中,动力机制构建可能又会有所不同。

4. 跨区域协调是科创走廊不得不面对的问题

科技资源布局是不会按照行政区划的逻辑进行的。创新走廊建设常常跨越多个行政区域,这是统一大市场下经济规律起作用的结果,在某种程度上也是科创走廊博采众长的优势所在。但是,因为跨区域,区域之间的竞争和负外部性也就在所难免,这就需要加强协调。在这样的背景下,统一规划(特别是小尺度下的规划)、统一政策、工作协调合作显得十分必要。这不仅在欧美日韩如此,在我国更加迫切。

二、苏常两地在环太湖科技创新圈推动方面的情况

2020年,科技部印发《长三角科技创新共同体建设发展规划》,明确提出"支持环太湖科技创新带发展"。2021年5月,在长三角地区主要领导座谈会提出的"一圈"建设战略目标中,具体的策略路径是以"科创+产业+生态+人文"为引领,以加强环太湖区域高质量一体化发展为主线,对标国际最高标准、最好水平,优化环太湖区域创新布局和协同创新生态,打造世界级策源创新高地。2021年,江苏省"十四五"规划纲要提出,要在沿太湖地区"强化科技创新

策源功能,建设世界级生态湖区、创新湖区"。由此可见,高层就环(沿)太湖进行创新导向的开发保护具有强烈的共识,对将"好山好水"转化为"好脑袋"具有很大的信心。另一方面,环太湖地区城市也早已充分认识到湖区自然生态和人文资源对于科技创新的重要意义,并把环太湖地区的科技创新开发摆在各自发展全局的位置加以谋划,开展了一系列自觉行动。

(一)苏州围绕太湖推进科技创新情况

十年前,苏州即启动了苏州湾两个"太湖新城"(吴江、吴中)规划建设,拉开了苏州环湖科创开发的帷幕。近两年,苏州在环湖开发上谋划不断、动作不停,形成了沿湖开发新一轮热潮。

一是积极谋划决策环太湖科创带圈协同发展。该市"十四五"规划明确提出,加快共建环太湖世界级湖区,共同打造环太湖生态创新带;苏州市委、市政府2022年"一号文件"《关于苏州市推进数字经济时代创新产业集群发展的指导意见》也指出,要积极落实长三角一体化发展战略,协同推进环太湖科创圈建设。同年7月,该市出台了《关于全面实施苏州"环太湖科创圈""吴淞江科创带"建设的指导意见》,提出了"环太湖科创圈""吴淞江科创带"(科创圈带)协同概念,并将其作为推动产业创新集群发展的重要抓手,相关空间规划已由苏州市规划建设委员会审议通过。苏州市2023年的政府工作报告则将科创带圈协同范围进一步放大,提出以更大力度推动沿沪宁产业创新带、环太湖科创圈、吴淞江科创带、长三角G60科创走廊的建设。

二是积极打造沿湖科创"城岛湾港区"。苏州把最好的湖区空间、最佳生态区位留给科创活动和企业布局。在规划布局上,一体推进相城区、虎丘区、吴中区、吴江区等沿湖片区科创"城岛湾港区"建设,以串珠状、圈带型、组团化的集聚开发方式,着力打造世界级创新湖区。虎丘区、相城区重点规划建设苏州科技城、太湖科学城、望亭镇-黄埭镇太湖临空科创港;虎丘区还将联动吴中、吴江两区,高标准布局建设太湖新城;吴中、吴江两区强化苏州湾的"科创圈带交会点"角色,继续抓好两个太湖新城建设,着力推进木渎数字智造科技园、太湖湾数字科技园、金庭太湖生态岛、宝带桥国际研发社区、胥江半导体产业园、甪端新区、吴淞江科技城、七都镇-震泽镇太湖新经济协同发展区等建设,推动"产业+科技""人才+科技""文旅+科技"高质量发展。

三是全力构建全域科创空间链条。构建由湖向内的科创服务-科创策源-产业转化的创新空间链,打造科创服务中心节点:以数字经济创新港、花港湾科创商务区和苏州湾科技城作为苏州湾区三角增长支点;以太湖科学城、独墅湖科教创新区、昆山未来城为依托打造科创策源中心节点,努力聚集一流大科学装置、一流国家级平台、一流研究型大学、一流创新型企业、一流科技队伍;以离岸15千米左右的重要产业园区为产业创新集群节点,强化与科创服务、科创策源中心节点的功能互动,推进技术成果有效转化和规模化生产。

(二)常州围绕太湖周边区域推进科技创新情况

2021年4月,《常州市国土空间总体规划(2020—2035年)》对外发布。其中提出创建"一主一区、一极三轴"的市域城镇空间结构,"一区"即指"两湖"(滆湖、长荡湖)创新区。同年9月,常州市第十三次党代会将"两湖"创新区建设上升到"承载常州的未来和希望"的高度。2022年5月,常州市委、市政府召开"两湖"创新区建设推进大会,"两湖"创新区建设由此成为常州"举全市之力"推进的战略部署,也是西太湖地区推进科技创新的重大举措之一。

一是大手笔规划。"两湖"创新区总面积约1485平方千米,包括武进区、金坛区、钟楼区、溧阳市在内的17个镇(街道)。其中,核心区面积约56平方千米,北至孟津河、南至滆湖岸线、东至江宜高速、西至嘉兴路。根据常州相关推进计划,按照"五年成势、十年成形、十五年成城"的方向,打造一座生态之城、秀美之城、科技之城、创新之城、青年之城、未来之城,成为支撑常州城市发展的新增长极。核心区5年内计划投资建设47个项目,总投资额达923.7亿元。

二是强化功能开发。紧扣"生态创新区、最美湖湾城"定位,聚焦构建"两湖四带,五片八组团"的总体结构,大力开发各有侧重、差异发展的五大功能片区(中央活力区、国际智造区、未来科创区、融合创新区、水乡绿苑区)。以交通为支撑,构建集高铁、地铁、公路、公交等为一体的综合交通体系,打造多功能、现代化、智能化的常州南站枢纽。引进筹建河海大学新校区、常州医学院、南京医科大学常州校区等高校资源,建设10万套人才公寓、100万平方米创客空间,打造"长三角青年创新创业港"。

三是构建新产业体系。以创新为内核,围绕科技策源和高端商务两大主要方向,依托中以常州创新园、中德(常州)创新产业园、智能制造龙城实验室等平台载体,发展科研机构、实验研发、企业总部、金融贸易等核心功能;聚焦新能源汽车、新材料、高端装备制造、数字经济等产业赛道,支持理想汽车、中创新航、蜂巢能源、星星充电等独角兽领军企业发展,谋划推进氢能、细胞治疗等产业新赛道,提升技术转化、文化旅游、生活服务、现代物流等支撑功能,培育引领长三角产业科技创新中心的核心区、打造支撑长三角中轴枢纽的区域服务中心。

上述情况表明,苏常两地对太湖和太湖周边的开发意识强、理念新、动作快、收效早。但是也必须看到,沿湖城市在落实《长三角科技创新共同体建设发展规划》和长三角地区主要领导座谈会精神、推动形成实质性行动方案方面尚未形成强大力度。尤其是在环太湖区域的开发上,都本着"以我为主"理念,缺乏统筹规划和协同布局,"你搞你的,我搞我的"特点明显。去年年底,无锡与苏州方面签署了合作框架协议,但具体项目计划中基本没有涉及环太湖的科技创新合作内容。在常州市发展战略中,两湖是重点和亮点,而竺山湖处于比较边缘的位置。在滆湖方向,武进区与宜兴市的协同仅仅限于生态环保及退渔还湖政策方面。

三、对我市推进"一带一圈"建设的工作建议

环太湖科创圈与我市的太湖湾科创带建设不仅是简单的整体与局部、先行与后发的关系,还是彼此体现、相互赋能、全面合作的关系。必须充分认识"一带一圈"建设的辩证关系,用更科学的谋划、更大的协调力度、更精准的推进措施,着力推动"一带一圈"建设取得应有成效。

(一)抓"一带"促"一圈"

1. 认真抓好太湖湾科创带建设各项行动的推进

一是加快系列科创新城建设,抓好梁溪科技城、蠡湖未来城、霞客湾科学城、陶都科技新城、宛山湖生态科技城、洗砚湖生态科技城、太湖湾科创城等科

创新城投资建设,保障投入进度,确保3年内投用、科创载体达600万平方米。二是加快建设重大创新平台。加快建设太湖实验室、国家集成电路特色工艺及封装测试创新中心、无锡先进技术研究院等重大科创服务平台。三是持续与科创圈内著名高校院所、龙头企业加强战略合作。持续深化与中国科学院、东南大学、上海大学、上海交通大学、复旦大学等高校院所的战略合作,推动与南京航空航天大学、上海理工大学等高校合作,抓好与12所高校未来技术学院合作事项,确保产生应有合作成效。四是制定实施更加积极、更加开放、更加有效的人才和科技项目引进政策,科学编制产业科技领军团队(人才)地图,定期赴创新资源密集地区开展精准招商,持续壮大城市创新合伙人队伍;精心组织实施"太湖人才计划""外专人才计划"和各类引智项目,持续推进外国人来锡工作便利化。

2. 进一步扩大太湖湾科创带建设影响力

一是制定专门的宣传推广方案,全天候做好太湖湾科创带宣传工作。特别对太湖湾科创带建设相关信息的见报、上线等要作出具体要求。二是定期举办专业专题论坛。每年举办一次专题或专业论坛,就科创带建设中的某方面专题,邀请科技专家、园区管理专家、经济学家来锡参加活动。三是制定科创带建设接待考察专线。欢迎上级领导、兄弟城市和智库专家来锡考察调研科创带建设,制定专门考察路线,并进行定期更新。

(二) 谋"一圈"、优"一带"

1. 抓紧开展"一圈"建设的研究论证

一是组织力量或建议上级组织力量开展"一圈"前期研究。要对"一圈"建设的必要性与可行性、优势与劣势、挑战和机遇,与长江经济带的关系、与苏南国家自主创新示范区的关系、与苏锡常都市圈的关系等问题进行全面系统的研究。二是结合对环太湖周边科技创新资源的考察摸排,深入思考"一圈"的功能定位、发展特色和可持续竞争等问题。三是学习国内正在规划建设的各类创新走廊,了解其动向、学习其经验、规避其遗憾。

2. 积极争取省级层面开展环太湖科创圈的规划工作

一是积极向省有关部门和相关省领导汇报,争取由省级层面牵头开展环太湖生态圈建设规划工作。二是在省级层面进行环太湖科创圈规划时,积极争取其同步制定一套政策体系、一个三年行动计划,给规划落地插上有力的行动翅膀。三是梳理整理好我市的情况,在省级层面制定规划时,多提有力有利的建议,让我市把更多的点位、项目、平台纳入省级规划之中。

3. 在"一圈"视角下优化"一带"

一是开展太湖湾科创带三年建设回头看总结活动,特别是要根据形势发展的新变化、根据我们对创新走廊建设的新认识、新理解,对三年建设经验和薄弱环节进行全面总结评估。二是结合回头看,在"一圈"的视角下,调整优化"一带"规划中的空间布局、资源布局与功能布局,让"一带"与"一圈"呼应更加灵敏、衔接更加紧密、联动更加高效。三是制定融入一圈、提升一带,促进我市全区域开放创新的工作意见,对未来3—5年我市科技创新工作进行系统谋划,抓住新阶段的目标任务和工作重点。

(三) 推进"带""圈"充分衔接

1. 以科创圈为主题率先推动苏锡合作

一是在苏锡合作基础上深化科技创新合作。推动锡山区与常熟市,江阴市与张家港市,新吴区与虎丘区、吴中区开展科技创新务实合作,鼓励双方通过共建科技园区、共引顶级科技资源、共同成立科创基金等方式开展合作。要加强与苏州在贡湖湾创新开发上的协同,促成双方共同规划、一体部署、分头运作。二是积极调动常州在环太湖科创开发方面的积极性。常州在竺山湖沿岸的开发动力有所递减,目前主要聚焦于打造"两湖"创新区。"两湖"创新区在地理概念上也属于"一圈"。要从更长远的战略角度推动与常州市在竺山湖方向的规划协同,要鼓励宜兴市在滆湖保护与开发上加强与常州方面的协同,让滆湖、竺山湖地区成为两市科创带建设的交会点、合作区。三是及早谋划打造苏锡常南部高速创新轴线。未来5—10年里,随着竺山湖隧道与贡湖隧道建成投用,一个新的创新轴线将会形成。必须加强周铁、马山、荣巷、山水城线的科创空间谋划,围绕未来创新亚轴线的构建搭好框架、打好基础。

2. 积极促进南北太湖交流合作

一是促成苏锡湖环太湖基础设施的统一规划,积极研究谋划未来南北太湖交通新动脉建设问题。二是促成宜兴与湖州方面的科技创新深度合作。要用好双方在美丽乡村、江南溪山方面的优势,探索把绿水青山、美好溪山转化为科技创新的高原高峰的机制。三是探索建立无锡与湖州以及嘉兴的交流合作机制。加强南北太湖对话与合作机制,动员我市科技城主动与嘉兴相关科技城(园)加强交流,条件成熟时开展结对活动。

本文作者:罗安斌,无锡市政府办公室副主任、江苏省行政学会会员、无锡市社会科学界联合会副主席、无锡市新产业研究会特约研究员;顾军厚,无锡市政府办公室秘书二处处长;文龙,无锡市政府办公室调研处四级主任科员。

国家高新区应走在发展新质生产力的最前列

——兼论无锡高新区发展新质生产力的思路与对策

黄胜平　黄　程

一、国家高新区在发展新质生产力方面的突出优势

党的二十届三中全会《中共中央关于进一步全面深化改革　推进中国式现代化的决定》(以下简称《决定》)强调指出,要健全因地制宜发展新质生产力体制机制,推动技术革命性突破、生产要素创新性配置、产业深度转型升级,推动劳动者、劳动资料、劳动对象优化组合和更新跃升,催生新产业、新模式、新动能,发展以高技术、高效能、高质量为特征的生产力。

新质生产力的核心是创新、载体是产业,一切利用新技术提升生产力水平的领域,都属于其应用范畴。高新技术产业开发区作为国家批准成立的高科技工业园区,它以高新技术为基础、以推动经济发展和产业升级为核心目标,是创新和产业发展的前沿阵地。因此,国家高新技术产业开发区走在了发展新质生产力的最前列,具有诸多有利条件和独特优势。

第一,具有科技创新优势。国家高新区聚集了大量的科研机构和企业,拥有近80%的全国重点实验室、70%的国家制造业创新中心和78%的国家技术创新中心。园区企业的研发经费投入占全国企业研发经费投入的50%以上。国家高新区汇聚了全国30%的高新技术企业、40%的专精特新"小巨人"企业、60%的独角兽企业,形成了万亿级产业集群,是名副其实的科技创新"先锋队"。

第二,具有产业创新优势。国家高新区诞生了许多重要的科技创新成果,如第一枚人工智能芯片、第一颗量子通信卫星等,这些成果加速了产业化进

程，形成了许多引领性原创成果。目前，国家和地方在科技创新方面，正在推动更多的国家和地方制造业创新中心、大科学装置、重点实验室等创新平台在国家高新区布局，建设高能级企业孵化器，集聚和培育更多领军人才和创新团队。各地高新区正在以科技创新为引领，统筹推进传统产业、新兴产业和未来产业的发展，加快建设数字园区和绿色园区。国家高新区聚焦特色优势产业，深入推进"强链""延链""补链"，提升全产业链竞争优势，深度参与建设国家先进制造业集群，支撑打造世界级先进制造业集群。

第三，具有体制机制改革优势。国家高新区是我国改革的试验田和先行区，持续深化改革开放、创新体制机制，在要素市场化配置改革、科技体制改革、营商环境改革等方面形成了一批首创性和引领性改革举措。

第四，具有政策支持优势。国家高新区享受多项优惠政策，包括税收优惠、资金支持等，这些政策为高新区的创新和发展提供了有力保障。同时，国家正在进一步健全高新区工作体系，优化高新区综合评价体系，建设综合管理服务平台，促进科技、教育、产业、金融等资源要素在高新园区融通发展。

第五，人才、技术密集的优势。国家高新区聚集了全国众多顶尖类科研机构与平台，为新质生产力的发展聚集了丰富的发展要素，已经成为我国创新成效最为突出、创新活力最为活跃的区域创新高地。

鉴于以上国家高新区所具有的有利条件和独特优势，在发展新质生产力方面既有必要性，又有可行性，因而完全可以在发展新质生产力方面走在前、作示范。

二、无锡高新区具有发展新质生产力的良好基础

无锡高新区成立 30 多年来，始终坚持把创新作为第一动力，在经济、社会、文化等方面的建设上取得了显著成效，特别是在以下四个方面取得了瞩目成就，成为新质生产力进一步发展的良好基础。

一是筑牢了高质量经济发展的根基。近年来，无锡高新区在国家高新区火炬排名(科技部火炬中心对全国的国家高新区进行的排名活动)中持续进位，成功跻身全国 20 强，年净增高新技术企业数、当年在境内外上市(不含新三板)企业数、当年新晋高成长(瞪羚企业)企业数等位居全国前列。而且，无

锡高新区还形成了"日资高地""韩资板块""欧美组团"等外资集聚区,集聚外商投资企业近 2 000 家。

二是培育了高竞争力的核心产业集群。"6+2+X"现代化产业体系加速构建,形成了 3 个超千亿产业集群、2 个超 500 亿产业集群。① 其中,物联网产业营收规模超 2 300 亿元,位居全国第一,拥有以无锡中感微电子有限公司、朗新科技集团股份有限公司(以下简称朗新科技)等为代表的 1 400 多家企业。集成电路产业 2023 年产值达 1 554 亿元,全国占比 1/9,是国内首个完整覆盖研发、设计、制造、封测、装备、应用和服务等环节的产业集群,成功入选江苏省首批创新型产业集群。

三是集聚了高水平的科技创新要素。当前,无锡高新区集聚国家级创新平台 10 个、国家级检测机构 4 家、国家级企业重大创新平台 8 家、省级研发机构 240 家、省级以上工程技术研究中心 15 家。②产业关键核心技术取得突破性进展:金风科技股份有限公司打破了仿真软件领域的国际垄断,无锡影速半导体科技有限公司打破光刻领域的国际垄断,江苏微导纳米科技股份有限公司突破集成电路"卡脖子"技术。

四是营造了高活力的创新创业生态。无锡高新区构建了"科技型中小企业—雏鹰企业—瞪羚企业—准独角兽企业—上市企业"梯度培育体系和全方位的科技金融服务体系,启动"高新金融谷"建设,科创城基金大厦揭牌,全区累计聚集基金 130 只,规模达 650 亿元。"众创空间—孵化器—加速器—产业园区"这一科技企业孵化链条体系持续完善,累计聚集省级以上众创空间 21 家,其中国家级 5 家;拥有省级以上孵化器 20 家、加速器 4 家、科技企业孵化器链条 3 家;科创载体累计投用面积超 200 万平方米、在建面积超 400 万平方米。③

三、无锡高新区培育和发展新质生产力的难点

多年来,特别是近几年,无锡高新区蓬勃发展所取得的诸多科技成果与产

---

①②③ 无锡国家高新技术产业开发区管理委员会:《无锡高新区建设具有世界影响力的高科技园区行动纲要(2022—2035 年)》(〔2022〕18 号[Z])。

业成就是骄人的,但面对日新月异的全球科技革命和产业变革,仍将面临更多挑战。目前,无锡高新区还需打通制约新质生产力发展的几个堵点。

第一,本土企业自主创新能力有待进一步提升。无锡高新区科技型企业较多,但本土企业的研发能力和研发投资能力还较为薄弱。

第二,外资企业的地方根植性和技术溢出性较弱。外资企业是无锡高新区的重要产业主体。外资企业在全球战略布局中,一般把本地定位成价值链低端环节。故而它们对本地环境的根植性较差,技术溢出性较弱。

第三,资本环境和商务环境的发育有待进一步完善。风险性资本与风险性融资等是发展新质生产力的创新要素。对无锡高新区而言,尽管无锡高新区具有较强的经济实力和资本实力,但风险投资或融资的渠道网络有待强化。

第四,本土知识载体较为缺乏。虽然高新区的基础教育和职业教育发达,但高等教育力量相对薄弱,本土仅有无锡科技职业学院一家,高新区尤其缺乏一流高等教育学校的建设。因此,无锡高新区的本土知识载体还远远不能支撑新质生产力发展所需要的知识和人才资源。

四、无锡高新区进一步培育和发展新质生产力的思路和对策

生产力是人类社会发展的根本动力。新质生产力已经在实践中形成并展示出对高质量发展的强劲推动力、支撑力。党的二十届三中全会《决定》精神为我们抢抓机遇、找准路径、靶向施策,加快培育和发展新质生产力指明了方向。基于此,我们结合无锡高新区的实际情况提出以下几点思路和建议。

(一) 以数字生产力作为发展新质生产力的主攻方向

数字经济是新质生产力的前沿领域,也是最具创新活力的领域。数字经济创新能力越强,数字技术越先进、应用越广泛,对推动新质生产力发展的作用就越大。无锡高新区要以"数字产业化、产业数字化、城市数字化、数据价值化"为主攻方向。为此,我们建议:

第一,举全区之力,培育具有全球竞争力的物联网产业集群。物联网是数字经济的核心技术之一,无锡高新区是全国最早的国家传感网创新示范区、无锡物联网产业发展的核心区,创新技术在这里先导策源、优质资源在这里先行

集聚、示范应用在这里先试探索。自2017年起,无锡高新区就重点打造了三大创新平台——江苏省物联网产业技术创新中心、无锡(物联网)技术产权交易中心和苏南国家自主创新示范区无锡高新区一站式服务中心。它们的建成不仅有利于以市场化手段推动物联网产业重大关键技术的突破,调动各创新主体研发积极性,提升技术研发效率;而且还有利于加强物联网产业链中各环节的合作,促进物联网科技成果向各行业转移转化。此外,无锡高新区于2022年就已集聚物联网企业1 600多家,物联网产业规模突破2 500亿元,位列全国高新区第一,且产业人才总量达6.8万余人。

基于此,要加大产业生态体系投入力度,结合物联网跨行业融合发展特点,坚持特色化、差异化、品牌化思路,建设并强化以专业园区和特色小镇为形态的集群载体。要引导和支持有用户资源、有信息化基础的装备制造企业向物联网业务平台型企业转型,加快打造一批有较强影响力的垂直领域应用使能平台(AEP)。要加强标准与专利协同,打造高价值专利技术培育及引进通道,建立物联网行业及重点子领域专利专题数据库,围绕数据库开展深度分析及挖掘,建设不同子技术领域的改制专利池,切实掌握引领产业创新发展的法律权益体系。

第二,大力推动数字化基础设施建设。数字基础设施的建设与部署是一项长期工程,既要坚持全面统筹,又要把握重点。一是加强统筹设计,推动信息通信基础设施建设。尤其是要重视5G、工业互联网等重点领域,加快5G网络建设速度,加快5G网络部署和商用,实现重点区域室外5G网络基本连续覆盖。二是聚焦重点领域,推动基础设施数字化改造。需要集中力量、优先发展起步基础好、应用范围广、经济社会效益大、通用性强的基础设施,如推动道桥、市政公用基础设施智能化改造,推动"数字园区""数字工厂""数字医院""智慧校园"等数字化基础设施建设。三是推动重点数字平台建设。在太湖湾科创城率先建设公共算力算法中心,推动算力、算法、数据、应用资源集约化和服务化创新。四是强化支撑能力。需要综合多种融资、人力资本等支持渠道,夯实数字基础设施研发部署的要素支撑基础。

第三,充分发挥企业,特别是民营企业的创新主体作用。科技创新,企业是主体。据了解,数字领域的重大科技创新及应用的主体绝大多数是民营企业。民营企业在科技创新中的作用不容忽视。无锡高新区在发展数字经济上起步早、起点高、基础好,已形成了以物联网为龙头的新一代信息技术产业、以智能制造为主体的装备制造业、以高端软件为核心的软件产业等数字经济三大千亿级核心产业集群,已培育集聚了朗新科技、无锡先导智能装备股份有限公司、无锡芯朋微电子股份有限公司、无锡力芯微电子股份有限公司、无锡永中软件有限公司等一批业内重点民营企业。无锡高新区虽然在数字经济产业领域的研究取得许多进展,但仍面临不少关键技术问题,亟须加强基础研究。大力支持和推动民营企业成为从事基础研究的重要主体,要充分发挥民营企业尤其是科技领军企业在产业链中的引领支撑作用,结合中小微企业的创新灵活性,形成高效协同的创新联合体,并借助高等院校、科研机构的研究基础和资源,通过有效的产学研合作来攻克企业面临的基础研究难题。

(二) 以外贸竞争力作为推动新质生产力的强劲动能

外贸和对外投资是在世界舞台展现一个区域生产力的最佳场景。作为江苏省及无锡市科技创新和产业发展的前沿阵地、对外开放窗口和转型发展引擎,近年来,无锡高新区一直在促进对外贸易转型升级,在 2020 年和 2021 年分别获批了国家外贸转型升级基地(集成电路)和国家外贸转型升级基地(生物医药)。2022 年的第一、第二季度,无锡高新区出口额达 136.3 亿美元,同比增长 20.8%,其中机电产品出口达 121.22 亿美元,占比高达 88.9%,贸易结构进一步优化。同时,在利用外资提质增效方面,无锡高新区形成了具有国际影响力的日资高地、韩资板块和欧美组团。2023 年的第一、第二季度,无锡高新区高技术产业实际使用外资达 4.26 亿美元,同比增长 365.97%。卡特彼勒公司、普利司通轮胎公司、柯尼卡美能达集团、美国江森自控有限公司等一批跨国企业延伸设立研发、销售总部,外资项目整体呈现出从制造向智造、研发、销售转变的态势。不仅如此,在深化国际经济合作与交流方面,截至 2023 年年底,无锡高新区已累计拥有省级跨国公司地区总部 10 家、功能性机构 13 家,占全市总数 46%,外贸总部经济集聚效应愈加凸显。[1] 如 2023 年 8 月,昇迪凡

---

[1] 无锡国家高新技术产业开发区管理委员会:《无锡高新区建设具有世界影响力的高科技园区行动纲要(2022—2035 年)》(〔2022〕18 号[Z])。

科亚太总部基地项目落户无锡高新区,进一步推动了无锡高新区高端海外软件开发业务的快速发展。上述都是无锡高新区新质生产力在国际贸易领域的映射,即体现了在外贸领域的新质生产力。基于此,我们建议:

首先,力抓优惠性政策向竞争性政策的转型。要继续通过政策引领、平台牵引、项目支撑,高起点、高标准、高水平引育创新元素,推动新旧势能转化,优化并完善高端产业集聚、市场主体培育、创新平台打造、体制机制创新的政策支撑体系,实现从优惠性政策向竞争性政策的转型,在对外开放促进创新、实现高质量发展等方面发挥示范引领作用。实现高水平对外开放的政策支持体系不仅要强调政策的持续性和多元化,更要精准施策,尤其在优化金融生态方面,可建立专班专人负责制,全力落实金融支持稳增长各项政策;在现代化产业体系构建方面,精准定制产业发展全生命周期的"政策包",通过产业链上下游协同发力来实现整个集群的高质量发展。

其次,着力推进科技创新若干措施的落地落实。要继续创新探索"龙头企业+头部资本+地方政府"合作模式,引导创投机构、合作基金围绕创新全链条、企业生命全周期、投保贷联动,匹配多元化融资需求;与最新国际缔约政策接轨,创新行政审批准入方式,为高新区外资企业投资落地保驾护航;加快外来人员工作许可证等材料的办理,进一步提高国外人员往来便利性。同时,无锡高新区要聚焦高端制造、房地产市场、居民消费等关键领域,构建渠道丰富、形式灵活、供给更精准的公共服务要素配置体系,搭建领导干部对接重点外资企业、企业家座谈会、走访调研等工作机制,切实保护外商投资企业产权和企业家权益;主动融入区域一体化、国家自主创新示范区等国家战略,积极践行国务院《关于加快推进政务服务标准化规范化便利化的指导意见》,深入推动"放管服"改革,建设数字政府,推进政务流程的全面优化、系统再造和数字化提升,创新探索"区政合一"体制改革,加快政府职能转变,持续推进"颗粒化"改进,着力解决市场主体关切的难点问题,推动跨境贸易与外商投资便利化水平不断提升。

(三)以人才生产力作为发展新质生产力的关键措施

人才是新质生产力中具有主导作用的核心要素,也是推动科技创新转化为新质生产力的关键力量。因此,发展新质生产力必须践行"人才是第一资源"的理念,着力培养高质量科技人才和高素质劳动者。

近年来,无锡高新区在高质量发展方面取得的成绩,在很大程度上得益于无锡高新区在人才引进和培养方面出台的积极措施。2018年4月,无锡高新区针对战略性新兴产业,出台了《无锡高新区(新吴区)科技领军人才创业项目实施办法》,该政策有效集聚了700多名海内外人才,引育了一批在细分领域抢占行业制高点的企业;针对传统优势企业,出台了《关于促进企业引进和培养人才的实施办法》,给高学历、高职称、高薪酬、高技能人才和高校毕业生提供薪酬补贴、购房补贴、培训补贴等。且自2018年开始,无锡高新区紧跟新时代形势变化和无锡产业转型的需求,先后出台了"飞凤人才计划"及其升级版。[1] 2023年2月,无锡高新区产业人才实训学院揭牌成立。该学院聚焦生物医药、集成电路、智能装备、物联网及数字等产业需求,对本科生和研究生分班授课,开展课题设计等实践体验,开设港澳人才特色班,复旦大学整建制班组团参训,并试点学院实训与复旦大学学分互认,完成实训即可获校内相应学分等一系列创新举措,推动实训引才走深走实。同时,无锡高新区还大力建设高层次人才创新创业平台。2024年4月,无锡高新区获批了国家海外人才离岸创新创业基地,通过"境外离岸创新中心+境内国际合作园区+政策服务"的模式,推动境外站点与境内基地同频共振、双向联动,打通海外创新创业项目从离岸预孵化、到岸再孵化到加速器产业化的全过程,加速集聚一批具有世界一流水平的科学家和研究团队,吸引一批具有核心竞争力的技术在基地内转化落地。[2]

高等院校是教育活动的重要场所,与社会生产力发展有着密切的关联性。新质生产力是旧质生产力发展到一定阶段的新生产物,高等院校人才培养与新质生产力发展之间势必存在相互作用的内在逻辑关系。为此,我们建议:

首先,在工作指导思想上,必须以教育、科技、人才"三位一体"的协同发展

---

[1] 张安宇:《高新区打造"第一资源"强磁场 人才总量破30万》,《无锡日报》2023年5月25日第5版。
[2] 无锡市政府办公室:《无锡高新区获批国家海外人才离岸创新创业基地》,http://www.jiangsu.gov.cn/art/2024/4/10/art_89419_11222660.html。

理念指导高新区教育体系建设。

培育和发展新质生产力,基础在教育、突破在科技、关键在人才,因此必须树立、坚持并践行教育、科技、人才"三位一体"的协同发展理念;要创新统筹协调的体制机制,打通"教育强-人才强-科技强-产业强-地方强"的通道;要全面打造教育、科技、人才一体化绿色创新发展生态,以政策链推进创新链、人才链、资金链、产业链的协同,以重大创新场景需求牵引形成"创新、协调、绿色、开放、共享"的创新生态。

其次,在工作重点及创新措施上,积极谋划和推动无锡职业技术学院升格为大学。

无锡职业技术学院是一所创办于1959年的国有公办的省属全日制普通高等职业院校,其特色专业是"物联网应用技术与数控技术"。较之无锡市其他的普通职业学院,该院校师资力量更强,发展潜力更大,应努力创造条件,争取早日将无锡职业技术学院升格为"无锡职业技术大学"。这有利于提高无锡市特别是无锡高新区对人才的吸附作用。

再次,要充分发挥无锡科技职业学院与无锡高新区(新吴区)"区校一体化"优势,进一步培养具有创新意识、问题解决、团队合作以及可持续发展等能力的复合型、高素质技能型人才。

无锡科技职业学院是江苏省首家由高新区创办的公办高职院校,是无锡高新区培养技能型人才的主阵地,近年来根据集成电路、物联网、智能制造等重点产业集群发展需求,与高新区内龙头企业共建了"芯火集成电路产业学院""奥特维智能制造产业学院""空港物流产业学院""阿里云数字技术产业学院""新吴天极数字艺术产业学院"5所产业学院,打造了协同育人、协同创新的优势载体。

(四)以绿色生产力作为发展新质生产力的重要基础

习近平总书记在主持二十届中共中央政治局第十一次集体学习时指出:"绿色发展是高质量发展的底色,新质生产力本身就是绿色生产力。"这一重要论断向我们深刻阐明了新质生产力与绿色生产力的内在联系。积极推动绿色低碳转型,不仅是应对气候变化和环境危机的迫切需求,更是实现可持续发展的必然选择。

多年来,无锡高新区积极推进绿色低碳技术创新试点示范。截至目前,无锡高新区已成功获批国家绿色工业园区2家,累计成功创建国家绿色工厂12家、国家绿色供应链企业2家、工信部工业产品绿色设计示范企业1家、工信部绿色设计产品4款。此外,无锡高新区还不断强化生态工业园区建设,实现绿色生产。例如,无锡高新区于2022年投入使用的朗新科技产业园(一期),占地面积100亩,是江苏省首批以"零碳"为标签的科技园区。朗新科技产业园的楼宇采用大面积呼吸式玻璃幕墙结构,节能效果显著;园区光储充一体化微电网系统实现对能源的高效利用和灵活调配,大幅提升能源利用效率;能碳管理平台精准核算规划碳中和目标设定和实践路径,高效助力节能减排;海绵城市系统每年可对上百吨雨水进行资源化利用,实现绿化灌溉、水景补水等功能。2023年,朗新科技产业园入驻企业总营收近50亿元,纳税总额近9.5亿元。

此外,在氢能产业这条新赛道上,无锡高新区正加速实现从"跻身"到"领跑"的精彩蝶变。据我们所了解到的数据显示,目前无锡高新区新能源产业规模达800多亿元,正加速向千亿元规模迈进。在新能源尤其是氢能领域,集聚了博世中国氢燃料电池中心、先导智能氢燃料电池智能制造装备、隆基氢能装备、玉柴芯蓝氢能源总部基地、华润燃气硕放加氢站等一批优质项目,形成了覆盖制氢加氢、燃料电池、氢能源汽车等多领域,涵盖研发测试、生产制造、运营服务等多功能的全链条发展架构。[1] 但无锡高新区的氢能产业发展当前仍面临较大挑战,比如有限的氢能基础设施、偏高的氢气价格、不同区域间的政策壁垒等。

为此,我们建议:

首先,要继续在绿色产业发展方面持续发力,降碳、减污、扩绿、增长协同推进,持续提升产业"含金量";要依托零碳产业园,狠抓技术攻关和推广应用,加快提升产业"含绿量"。

其次,坚持"产业集群+特色园区"发展模式,加快发展物联网及数字产

---

[1] 杨明洁:《"氢"风袭来,无锡高新区布局氢能产业竞逐"千亿赛道"》,《无锡日报》2023年10月17日。

业、集成电路、生物医药、智能装备、汽车零部件、新能源等六大代表性先进产业集群,大力发展清洁能源、节能环保和新材料等绿色低碳产业。

再次,建立健全绿色制造政策体系,如绿色金融,引导金融机构设立绿色产业基金,为绿色项目提供资金支持;建立绿色金融体系,提供绿色贷款、绿色债券等金融产品,支持绿色产业发展。同时,要发挥"灯塔工厂"引领示范作用。构建智能车间、智能工厂、标杆企业梯度培育体系。

最后,在氢能领域,要以园区、企业、项目的"三维共振"勾画氢能发展新路径,持续引进一批优质产业项目,加快培育具有竞争优势的龙头企业,加速科技成果产业化;以产业链、创新链、资源链的"三链融合"营造氢能发展新生态,加深与国内国际知名高校、研究院等智库智囊和行业龙头的对接,聚焦关键领域核心技术,营造以企业为核心,高校、科研院所、新型研发机构等多方参与的产业发展创新生态。

本文作者:黄胜平,无锡国家高新区发展研究院院长、无锡市经济学会会长、江南大学等高校兼职教授(研究员)、无锡吴越文化研究中心主任(研究员);黄程,无锡国家高新区发展研究院、无锡吴越经济社会发展研究所研究人员。

无锡与粤港澳大湾区创新合作研究

曹建标

习近平总书记在江苏考察时强调,中国式现代化关键在科技现代化。区域协同创新已经成为发挥创新资源合力、破解发展路径锁定的关键着力点。粤港澳大湾区(以下简称"大湾区")是我国创新资源最为富集的地区之一,无锡作为长三角区域核心城市,通过深度对接大湾区建设国家战略,加强创新合作,形成创新合力,共同服务和融入新发展格局。

一、无锡与大湾区创新合作重点方向分析

根据大湾区创新资源分布格局和特点,结合无锡的比较优势和合作需求,建议无锡与大湾区创新合作应根据合作对象的特点和优势,明确合作的重点方向,差异化推进创新合作。

(一) 加强与港澳在成果转化和人才交流等方面的创新合作

香港澳门作为特别行政区,其科技创新力量主要集中于各类高校。香港澳门高校资源丰富,拥有多所顶尖高校,如香港大学、香港中文大学、澳门大学等,且这些高校生源和师资国际化、基础研究能力较强,在国际上享有极高的声誉。但因为港澳地区土地面积较小、产业结构单一,城市发展面临着诸多挑战。一是青年人才发展较为困难。因为产业结构相对单一,港澳青年在就业市场的选择机会比较少,向上流动的职业空间比较狭窄,再加上房价贵、租金高等问题,出现青年人才流失的状况。二是发展空间资源极度有限。港澳土地面积有限,港澳高校相当比例的科研成果需要在内地进行异地转化。三是港澳地区缺乏制造业支撑。制造业在港澳本地GDP的占比仅在1%左右,港

澳大学的理工科专业,如电气电子、机械工程、生物工程、材料工程,因缺乏产业应用场景,科技成果转化率相对较低。

因此,无锡与港澳地区的创新合作应聚焦于成果转化和人才交流等方面,利用无锡雄厚的产业基础,为港澳高校提供科研成果的转化空间和应用场景。一是要双向对接港澳地区的创新资源。吸引港澳高校在无锡合作,设立更多新型研发平台;引导无锡的优质企业和科研院所在港澳地区设立"科技离岸中心"或平行孵化器。大力支持无锡创新主体联合港澳合作伙伴开展"产学研"合作,组织无锡科技园区、投资机构和科技型企业精准对接港澳科研成果,推动更多港澳地区科创成果在无锡落地转化。二是利用港澳"超级联系人"的独特作用链接全球创新资源。积极对接香港科技创新联盟和澳门全球独角兽创新合作中心等国际化创新组织,融入面向全球的创新创业互通平台,吸纳更多的海外优秀人才,对接更多的全球创新成果。三是吸引港澳人才来锡创新创业。支持无锡高校、科研机构、企业等创新主体面向港澳青年开展创新创业交流活动。

(二)加强与广州在基础研究和平台互动等方面的创新合作

广州是国家在华南布局大学、科研机构和产业/企业科研机构的重地,是中国科教中心之一,科教资源以专业全见长,基础研究能力居大湾区城市首位。广州不仅拥有中山大学、华南理工大学等重点高校,中国科学院分支机构,众多的产业和企业研究机构,还拥有南沙科学城、中新广州知识城、粤港澳大湾区技术转移研究院等创新合作平台。但因为受传统商贸业发展路径的惯性影响,广州整个社会的创新文化和创新氛围相较于深圳显得不足,缺乏大型科技龙头企业,高新技术企业引领作用不突出。因此,无锡与广州创新合作的重点应该是鼓励无锡的科技型龙头企业在基础研究领域、未来产业领域,以产业链创新联合体等形式加强与广州的高校科研机构合作。比如,基于无锡产业发展的共性需求,面向广州高校科研机构联合开展基础与应用研究专题项目。

此外,无锡要加强与广州创新合作平台的互动合作。比如,基于和新加坡合作的共同点,无锡新加坡工业园可以与中新广州知识城结成伙伴园区,引进中新国际联合研究院在无锡设立分支机构;基于拥有中国船舶科学研究中心、深海技术科学太湖实验室等科创资源和打造全球海洋科学与工程创新中心的发展目标,无锡太湖湾科创带可以与广州南沙科学城构建基于深海技术科学领域的伙伴科学城;在深化科技体制改革方面,无锡要积极链接广州粤港澳大湾区技术转移研究院等创新资源对接平台,探索建立常态化合作机制,共同汇聚起企业、高校院所、服务机构、金融资本、产业园区等多方资源,提供双方创新资源对接合作交流的渠道和平台。

(三)加强与深圳在企业创新和成果转化等方面的创新合作

不同于大湾区其他城市,深圳科技创新力量主要来自各类高科技企业,呈现出明显的"6个90%"现象,即90%以上的创新型企业是本土企业、90%以上的研发机构设立在企业、90%以上的研发人员集中在企业、90%以上的研发资金源于企业、90%以上的职务发明专利出自企业、90%以上的重大科技项目发明专利源于龙头企业[1]。深圳开创了以企业为科技创新主体的"深圳模式"。科技创新以市场需求为导向,突出应用性,通过龙头企业"向上"联手科研院校,以需求牵引基础研究;"向下"开放资源,与中小微企业形成融通共享的开放式创新生态。

因此,无锡与深圳的创新合作要聚焦在产业创新、企业创新和创新成果转化等方面。其一,在产业创新合作方面,无锡和深圳可以围绕集成电路等两市互补性很强的产业,协同部署创新链,共同打造产业创新联盟。比如,无锡可以与深圳市半导体行业协会联合组建无锡-深圳集成电路公共服务平台创新联盟,聚集两地包括集成电路设计、制造、封测、设备、材料、电子设计自动化/知识产权(EDA/IP)等产业链企业,以及应用终端企业、相关科研院所、供应链、金融、知识产权、媒体、产业园服务等配套服务机构与企业,共建共享形成强大的半导体与集成电路产业资源池。其二,在企业创新合作方面,鼓励无锡企业重点对接深圳的龙头企业,不仅要融入华为、腾讯、中兴、比亚迪、大疆创新等深圳龙头型企业的产业链,还要融入这些龙头型企业的创新链。比如,鼓

---

[1] 楼玮玥:《跨越转化鸿沟 链接科创未来》,《杭州》2022年第24期。

励无锡相关企业积极加入由深圳龙头型企业整合科研系统力量共建的企业联合创新中心和创新联合体,探索协同攻关模式。其三,在科技成果转化方面,当前,深圳亟须拓展产业发展空间,重点企业产业链上下游跨区域布局的情况十分突出,科技成果跨区域转化亦然。无锡可以通过聘用一批深圳当地资深技术转移专家,探索项目信息跨地区互通合作机制,实现资源共享和科技成果在无锡落地转化。

(四)与大湾区其他城市在竞合中实现差异化创新合作

大湾区的普通地级市虽然有一些以培养应用型人才为主的本土教育型大学和全国著名大学兴办的校区、独立学院,相较而言,仍普遍缺乏科技创新型大学和研究机构。因此,普通地市科教力量薄弱已成为大湾区科技创新的主要短板。这些城市一方面要积极招引香港、深圳等高能级城市创新资源设立分支机构,另一方面要积极对接高能级城市促进科技成果转化落地。比如,佛山提出要推动形成"广州创新大脑+佛山转化中心"区域创新发展格局,开创"深圳创新+佛山产业"联合发展新局面,加快推动"香港科创+佛山产业"合作转化,打通佛港科研成果转化"最后一公里"。因此,无锡与这些城市的关系更多是竞合关系。在现实条件下与佛山、东莞、珠海等政府开展创新合作,是基于竞争方的博弈,互补优势不甚明显。况且这些城市比无锡更加具有区位优势,均居于香港、深圳等大湾区核心城市"1小时圈"范围内。因此,在与大湾区核心城市创新合作过程中,无锡要依托比较优势,差异化推动与这些城市进行协同创新、错位发展。

二、构建无锡与大湾区常态化创新合作机制

(一)建立无锡与大湾区创新资源共享机制

科技创新券跨区域兑现,是对区域协调发展路径的有益探索,将有助于不同地区优势互补,助推区域间科技创新和产业融合。依托无锡市科技资源共享服务平台、深圳市重大科技基础设施和大型科研仪器共享平台、广东省科技资源共享服务平台等创新资源共享服务平台、科技创新券平台,有效联通无锡与大湾区的科技创新资源,率先实现两地创新券跨区域使用、兑现,推动重大科技基础设施和大型科研仪器开放共享。考虑到该项创新合作工作的复杂程度,可以先行联合打造无锡-深圳科技创新券综合服务平台。无锡-深圳科技创新券以购买科技服务作为主要服务内容,将深圳市正在实施的成果(专利)管理、竞争情报分析、技术评价、概念验证、成果熟化、技术转移、人才培养、需求深度挖掘等支持内容全部纳入无锡创新券的支持范畴。

(二)建立无锡与大湾区重大科研专项合作机制

鼓励无锡与大湾区的一流科研院所、高等院校展开战略合作,围绕国家紧缺急需的领域联合开展战略研究和基础研究,共建高水平研发机构,联合争取国家重大技术创新平台、重大科技基础设施、重大科技专项落地。加快提升无锡科技领军企业的创新引领能力,以市场化方式联动产业链上下游、科研机构等力量,主导或参与组建无锡-大湾区跨区域创新联合体,围绕重大任务加强创新资源跨区域跨领域配置,加快科技创新共同体建设。聚焦制约"卡脖子"的关键领域,共同梳理需要无锡与大湾区跨区域解决的,具有可行性的科创项目,通过"揭榜挂帅""赛马制"等新型项目管理模式,组织开展关键技术联合攻关。

(三)建立无锡与大湾区人才交流合作机制

着眼无锡与大湾区的融合互动,积极促进人才交流和联合培养,完善跨区域人才服务网络,不断加强高端人才的双向流动和跨区域创新创业。其一,建立无锡与大湾区人才公共服务合作机制,支持无锡与大湾区的公共就业和人才服务机构、青年联合会、社会组织等联合举办人才招聘、沙龙、研讨会、论坛等活动,促进人才互动交流。其二,共建青年创业就业基地。充分发挥无锡创新创业生态优势,推动大湾区青年创业人才尤其是科技精英采取柔性流动方式,在无锡创新创业。

(四)建立无锡与大湾区科创成果转移转化机制

一是举办重点企业与大湾区高校科研院所产学研合作对接会。为推动

"产学研"深度融合,建议不定期邀请大湾区高校科研院所专家团队来锡举办合作对接会。通过搭建"产学研"合作平台,推动校企双方聚焦重大需求开展交流对接,围绕联合攻关前沿核心技术、共建企业创新研发平台、转移转化重大科技成果等主题展开沟通,力求取得产学研合作的丰硕成果。

二是吸引大湾区研发机构来锡创设新型研发机构。大湾区系统建设布局高水平创新基地,拥有香港应用科技研究院、粤港澳大湾区技术转移研究院、中国科学院深圳先进技术研究院等丰富的科研院所资源,积极吸引大湾区研发机构来锡创设、培育一批市场导向的新型研发机构、研发平台,加速成果转移转化。

三是引进大湾区品牌科创载体资源。大湾区拥有一批大型的、品牌化的孵化器和众创空间,培育了一批创新型企业,形成了相对成熟的管理经验和做法实践。积极对接引进大湾区品牌孵化器、众创空间,通过设立分支机构、与无锡载体签署合作协议等方式,引入大湾区科创孵化的先进管理模式,实现载体间在领域、能级方面的错位发展。以此为依托,培育建设一批无锡标杆创新载体,加快孵化一批硬科技企业,促进无锡创新产业培育和发展。

四是建立科技中介跨区域服务机制。科技中介服务机构是市场机制的重要载体,是区域创新体系中的重要节点。建议无锡与深圳市的科技中介同业公会、广州创新创业服务资源共享平台、大湾区科技创新服务中心、大湾区技术经纪人之家等平台建立常态化合作机制,加快跨区域技术经理人才队伍建设,聘用一批大湾区当地资深技术转移专家作为"特聘技术经纪人",依托技术经纪人的资源优势,探索项目信息跨地区互通合作机制,共同打造无锡-大湾区科技成果转化全流程协作网络平台,实现资源共享和科技成果在无锡落地转化。

三、加强无锡与大湾区创新合作的保障举措

(一)建立常态化对接机制

建立健全长效对话机制,深入探索重点领域一体化制度创新,探索共建多层次主体项目共商、责任共担、利益共享机制。整合提升无锡-粤港澳大湾区合作处作用,将其作为常设机构,进一步强化和大湾区工作的协同性及紧密

性,统筹涉大湾区各部门、各板块工作,采用灵活方式派驻人员,提高对接大湾区部门、机构的深度和效率。

(二)建立清单化推进机制

按照"项目化、清单化、节点化、责任化"工作方式,围绕无锡与大湾区产业共链、科创共融等重点领域以及无锡联动对接大湾区的重点区域,梳理形成一批有机结合无锡与大湾区发展所需、有较高显示度的重点项目,并按照推进顺序,整理形成年度重点工作事项清单,明确责任部门和进度要求,以项目化和清单化方式滚动推进,确保各类合作事项能落地、快实施、早见效。

(三)建立政策评估考核机制

将无锡深度对接大湾区的年度重点工作事项清单纳入各部门年度考核,建立重点工作定期报告、监测分析和动态评估制度。同时定期对已出台政策和重点事项进行评估,分析重点项目清单的推进情况和推进成效,为后续政策制定和清单确立提供参考。设立无锡市-粤港澳大湾区科技创新合作项目,进一步支持无锡高校、科研机构、企业与大湾区的高校、科研机构、企业开展科技创新合作,重点支持方向可以为大湾区研发机构来锡创设新型研发机构奖励、大湾区科技成果转化项目补助及大湾区科技合作项目配套等。

(四)建立放权赋能支持机制

实践表明,区县级政府对接大湾区的积极性、主动性普遍较强,一些对接成效明显。无锡部分板块也已在产业、创新等方面与大湾区的重点机构、重点区域形成了合作框架、构建合作联盟。建议无锡市在市级统筹的基础上,通过优化市级审批流程、精简审批层级等方式,向区县级政府放权,加大各区县与大湾区联动对接的自由度,鼓励各区县(市)充分发挥主观能动性,积极对接大湾区。

(五)积极争取国家政策支持

因为无锡与大湾区创新合作涉及长三角与粤港澳两大国家战略协同的问

题,建议积极"向上"争取,把无锡作为长三角和粤港澳大湾区战略协同的试点城市上升到国家政策层面,由国家部委指导建设、无锡设立工作专班,做好各种支撑和保障工作。尤其是在柔性引才、港澳人才及其家属在锡生活便利、人才资格互认以及解决财政科研资金"'出市'难、跨境流动更难"问题等方面积极争取获得国家政策支持。

本文作者:曹建标,无锡市发展改革研究中心副主任、高级经济师、无锡市新产业研究会特约研究员、首批太湖文化优秀青年。

破解科技成果转化难题的路径探讨

肖 栋

成果转化是推动科技创新"关键变量"转化为新质生产力"最大增量"的关键环节。党的二十届三中全会强调要深化科技成果转化机制改革,这是党中央为提升国家创新体系整体效能,以科技现代化为支撑引领中国式现代化伟大征程作出的重要部署。

数据显示,目前江苏省内高校的科技成果转化率为16.1%、科研院所的为27.7%、企业的为34.3%。在2023年国家创新型城市创新能力评价排名中,无锡位居全国第16位、地级市第2位。从创新能力构成看,无锡原始创新能力优势明显,但成果转化能力有待提升。如何消除科技创新中的"孤岛现象",跨越科技成果转化"死亡之谷",是当下无锡急需攻克的难题。

一、科技成果转化的定义及其主要方式

《中华人民共和国促进科技成果转化法》明确规定:科技成果,是指通过科学研究与技术开发所产生的具有实用价值的成果;科技成果转化,是指为提高生产力水平而对科技成果所进行的后续试验、开发、应用、推广直至形成新技术、新工艺、新材料、新产品,发展新产业等活动。科技成果转化主要有以下几种方式。

(一)自行实施转化

自行实施转化是指科技成果所有者运用自身资源和能力,对其拥有的科技成果,开展持续研发、产品化、商品化等市场化的科技成果转化活动。自主实施转化的特点是:科技成果的所有者与转化实施者相重合,不发生知识产

权的权利转移;成果所有者自行承担转化的风险;成果所有者获得全部转化收益,独享后续开发成果的所有权。

(二) 科技成果转让

科技成果转让是指科技成果所有人将科技成果(大多为知识产权)转让给科技成果受让人的活动。成果转让具有以下特点:转让方收取费用,但不与科技成果转化的效果直接关联;成果未来收益与风险通过转让合同全部转移;受让方通常是取得知识产权所有权,对优化企业市场竞争格局有一定作用;受让方一次投入的转让费用较低,但后续研发成本会有较大支出。

(三) 科技成果许可

科技成果许可是指科技成果所有人通过与被许可人订立技术许可合同,授予被许可人实施科技成果的权利,由被许可人开展科技成果转化的活动。科技成果许可方式是国外普遍采用的技术转移方式,其特点如下:不转移科技成果所有权,被许可人只获得使用权;当科技成果中的专利权被宣告无效,被许可人受到的损失相对较小;许可形式有多种类别,可供灵活选择。

(四) 合作实施转化

合作实施转化是指科技成果所有人以科技成果为合作条件,采取多种形式与他人合作,完成科技成果商品化的活动。它是供求双方各自发挥其研究开发、产业应用优势形成良好互补,实现收益共享、风险共担的转化方式。合作实施转化的特点为:有利于发挥研发机构和企业在科研能力、市场开发能力上的互补作用;聚合多方资源,形成风险分担机制,降低成果转化的市场风险与技术风险。

(五) 科技成果作价投资

科技成果作价投资是指将科技成果以确定价格并以资本形式投入企业,取得企业股份的转化方式,其实质是科技成果从技术要素转变为资本要素的过程。科技成果作价投资有利于使科技成果供求双方形成更加紧密的利益共同体,共享利益、共担风险,共同推进科技成果转化。尤其重要的是,通过作价投资可以将科技人员通过股份权益进行利益"捆绑",有利于激发科研人员的积极性。

二、美国科技成果转化平台的主要形态与无锡的比较分析

美国作为世界科学中心,成功地把科技创新与经济发展融合成了相互促进的有机体,并且围绕政府机构主导、高校学术界主导、企业需求主导与行业协会主导这四种形态,形成了较为成熟的成果转化商业模式及其对应的共生体结构,值得我们研究借鉴。

(一) 政府主导型

以美国产业与大学合作研究中心(I/UCRC)、北卡罗来纳州三角科研园区(NCRTP)、麻省生命科学中心(MLSC)为代表,这类平台由政府创建的机构(包括政府基金会、研究中心、产业园区管理机构等)牵头,联合行业内多个利益相关方,发挥产业界、学术界、政界之间的"桥梁"功能。政府关注从科技研发到商业化的全过程,主要发挥统筹作用,但避免直接介入研发创新活动。在无锡,由政府主导、多方参与的成果转化平台主要有以太湖实验室为代表的各级实验室、以市产业创新研究院为代表的新型研发机构、以太湖湾科创带等"一带多城"为代表的创新功能区。

(二) 企业主导型

以美国生物技术公司渤健(Biogen)为代表,企业作为市场需求主体担任平台主导方,提出研发选题并资助研发部门开展科研项目,目的是满足市场或特定领域的需求,推动科研成果的商业化和市场化,从而在高风险领域实现持续创新并获得高额回报。无锡市由企业主导的"政产学研"合作平台以华进半导体封装先导技术研发中心有限公司(以下简称"华进半导体")为代表,开创了头部企业集聚多元主体的市场化运作模式,获批建设国家制造业创新中心。

中科芯集成电路有限公司、江苏法尔胜股份有限公司、华进半导体、无锡威孚高科技股份有限公司等4家企业入围江苏省创新联合体试点,无锡中微高科电子有限公司牵头组建的"长三角Chiplet集成技术创新联合体"入选长三角创新联合体建设试点。

(三)高校主导型

以麻省理工学院媒体实验室(MIT Media Lab)、斯坦福大学技术许可办公室(OTL)为代表的平台,由高校作为主导方,围绕学术界的大量创新资源与专利,构建有利于科学技术实现产业化的生态。在需求提出方面,既有高校内部面向政府资助提出的纵向项目,也有由外部企业提出的横向项目。在成果转化阶段,既可由高校的研究团队成立项目公司自主进行转化,也可由高校的孵化器或技术转移办公室代为运营和转化。与此相对应的是,无锡近年来先后与北京大学、清华大学、华中科技大学、中国科学院等高校院所建立了稳定的合作关系,一批院士工作站、校企联盟已发挥显著作用。坐落在无锡的江南大学以国家大学科技园建设为抓手,形成了"四链"融合发展。

(四)行业协会主导型

以国际移动通信标准化组织——第三代合作伙伴计划(3GPP)、英特尔架构实验室(IAL)为代表的平台,由行业协会通过标准来协调不同研发主体的利益诉求,使商业化过程中企业之间的产品能够实现兼容和互补。行业协会的核心业务活动流程在于组建委员会、提出研究选题并制定标准、推动商业化三个环节。这一模式在无锡尚未破题,主要是尚无行业组织具备统一相关行业标准、构建行业规则的实力。

三、国内先进城市促进科技成果转化的主要举措

近年来,国内一些城市纷纷聚焦科技成果转化和产业化能力的提升,着力解决科技与经济"两张皮"问题,在深化科技体制改革、完善政策体系、畅通转化渠道、优化完善服务等方面持续深化实践,相继出台了一系列具有当地特色

的科技成果转化法规和政策。

(一) 北京

2019年11月,北京市人大常委会通过了《北京市促进科技成果转化条例》。该《条例》主要的制度创新体现在以下几方面:一是通过赋予科研人员更大自主权、明确高校院所自主转化管理权限、细化科技成果转化奖励和报酬等收益分配制度、明确担任领导职务的科技人员获奖励报酬的规定、明确科技成果限时转化措施,来全方位保障创新主体的合法权益;二是通过建立有利于促进科技成果转化的考核评价制度、明确高校院所加强成果转化队伍建设的义务、规定高校院所可以将仪器设备出租出借或作价投资并取得收益、规定高校院所科技成果转化年度报告义务和全市科技成果信息会汇交制度、规定高校院所负责人在科技成果转化活动中的勤勉尽责制度,来全维度地提升高校院所成果转化动力;三是通过发挥企业成果转化主体作用、解决中小企业研发能力弱等问题、加强企业科技人才流动、规范和保障各类服务机构活动,来全链条支持和服务科技成果转化;四是通过加强市区政府促进保障措施、加大科技成果转化高端人才培养与引进力度、明确政府采购支持创新制度、加强公共研发等各类服务平台建设、支持科技成果转化应用场景建设,来全要素构建转化良好生态环境。

(二) 杭州

2022年11月,杭州发布了《杭州市构筑科技成果转移转化首选地实施方案(2022—2026年)》。该《方案》提出,到2026年,杭州力争实现打造全国颠覆性技术转移先行地、全国首个成果概念验证之都、全国最佳创业梦想实现地、构建万亿级科技大市场。为了实现上述目标,杭州将从科技成果的供给侧、需求侧、服务侧出发,实施创新提能、攻坚提质、服务提效"三大行动"。随后,杭州市科技局、财政局联合印发了《构筑科技成果转移转化首选地的若干政策措施》。该《政策措施》围绕促进高质量科技成果供给、畅通科技成果转化链条、支持科技成果转化交易、促进技术服务机构发展、增强科技金融服务能力等五方面提出了12条具体支持措施,覆盖了高校、科研院所、科技企业、新型研发机构、科技中介服务机构、创业投资机构及科技人员等科技成果转化全链条上的各个节点。

(三)成都

2023年7月,成都市委办公厅、市政府办公厅联合印发了《成都市进一步有力有效推动科技成果转化的若干政策措施》,对有力有效推动科技成果转化,以及促进创新链、产业链、资金链、人才链深度融合作出部署。《政策措施》围绕建设科技成果转化中试平台、打造成果转化服务生态集聚区、提升企业成果吸纳转化能力、培育以成果转化为导向的新型研发机构、加强国资国企创新转化激励、鼓励科技人才创新创业、发挥场景应用对成果转化的牵引作用、加大科技金融对成果转化的赋能力度、升级成果孵化转化载体、建立西部(成都)科学城成果转化机制等共10个方面,提出了28条具体政策措施。主要发力点体现在四个方面:一是推进成果就近就地转化,二是完善成果转化服务链条,三是改革成果转化体制机制,四是发挥创新平台成果溢出作用。

四、破解科技成果转化难题的对策建议

无锡市锚定"打造国内一流、具有国际影响力的产业科技创新高地"战略定位,一体推进"一带多城"、重大创新平台、科创孵化载体建设,持续提升科技创新承载能力,在科技成果落地转化方面取得了多点突破、多维成果。但也应看到,一方面,无锡对国内名校、"大院大所"的高价值科研成果利用率仍然偏低;另一方面,一些急需技术支撑的无锡中小企业很难找到适配的科技成果。笔者认为,无锡破解科技成果转化之"难",顶层设计应着力解决三个方面的问题。

(一)源头问题——解决"没得转"

知识创造是技术转移和成果转化的源头活水。作为知识创造主体的高校,科研偏重基础理论研究,选题来源往往以个人或团队追踪科学前沿热点和自身学术积累为主,对国家重大战略需求、地方经济社会发展需要尚未形成有组织、体系化的布局支撑。即便是应用型科研项目,也多止步于实验室阶段的理论应用研究,与实际产业化之间存在巨大"鸿沟"。无锡当地本科院校少,一

方面要深化与江南大学的市校共建合作,力求在契合度、融合度、贡献度上实现新突破,特别是在无锡重点产业领域开展形式多样的高校与实体经济精准对接活动,逐步提高科技成果本地转化率,另一方面要围绕已与无锡缔结合作关系的国内知名高校的学科优势,常态化地开展无锡企业技术需求的挖掘、对接和服务工作,研究提出有组织科研的主攻方向,推动成果源头的有效供给。

(二) 模式问题——解决"不想转"

产、学、研各方之所以容易形成"孤岛",致使成果转化形成"堵点",是因为各方的利益诉求和关注点并不相同。高校科研评价体系重点强调项目级别(特别突出纵向项目)、经费数量、发明专利授权量、论文级别及数量、成果奖级别等方面,而应用型科研项目和科研成果转化指标的权重不高。科研院所除追求提升基础研究和应用研究水平外,还应注重将实验室中的研究成果转化为可市场化的产品或服务,并获取经济回报。企业之所以关注创新、愿意购买高校院所的科技成果,是为了提高自身的市场竞争力。无锡应引导各类平台深入梳理可行的商业模式,从而使"产学研"各方都能通过成果转化实现各自利益。建议将创新共同体建设和商业模式构建的水平作为平台新建、调整乃至退出的核心评价指标,着力打通"基础研究-应用研究-应用开发-商业变现"的市场化逻辑。

(三) 能力问题——解决"不会转"

优质化、专业化服务是科技成果高效转化的"金钥匙"。被称为"科技红娘"的技术经理人,在科技成果转移、转化和产业化的过程中,从事科技成果挖掘、培育、孵化、熟化、评价、推广、交易等工作,并提供金融、法律、知识产权等相关服务,是连接创新链与产业链的关键纽带。但长期以来,无锡技术经理人队伍面临着行业标准缺失、知识体系不完善、职业发展路径不明等挑战。解决这些痛点问题,应在专业系统培训、能力水平评价、智能工具赋能、专技职称评聘以及激励政策制定等方面综合施策。在当前技术转移机构发育尚不健全的背景下,无锡应把技术经理人的培养重点放在技术供需的两端,尤其是高校、科研院所、新型研发机构、科技企业、科创载体的相关技术管理人员，通过激发他们的"内驱力"，提高科技成果转化的成功率。

本文作者：肖栋，无锡市科技创新服务中心主任、无锡国家高新技术开发区发展战略研究院高级研究员、无锡市新产业研究会特约研究员。

参考文献：

中国科学技术信息研究所：《国家创新型城市创新能力评价报告2023》，科学技术文献出版社2024年版。

无锡市科学技术局、无锡市新产业研究会组编：《无锡市科技创新发展报告（2023）》，上海社会科学院出版社2023年版。

魏炜、林毓聪、廖静秋：《研究型平台的商业模式构建逻辑：美国的经验与启示》，机械工业出版社2023年版。

无锡"跨境电商＋产业带"的发展及建议

徐惠娟

"跨境电商＋产业带"是跨境电商与产业带双向促进、相互赋能的新模式，是发展新质生产力的内在要求，有利于促进数字经济与实体经济的融合创新、培育外贸新动能、促进外贸转型升级高质量发展。无锡是产业大市、开放大市，近年来无锡市积极推动跨境电商发展，围绕无锡产业特色和优势产业集群，争创"跨境电商＋产业带"品牌。

一、国内"跨境电商＋产业带"发展状况

经过二十多年的发展，我国跨境电商进出口规模持续扩大。据海关总署测算，2023年，我国跨境电商进出口额达2.38万亿元，比上年增长15.6%。其中，出口额达1.83万亿元、增长19.6%，进口5483亿元、增长3.9%，占外贸进出口比重为5.7%。全国跨境电商主体已超10万家，建设独立站已超20万个。主要出口商品有服饰鞋包、玩具家纺、电子数码、智能家居等。2023年，江苏省跨境电商进出口742.1亿元，同比增长13.7%，其中南京、苏州分别为293.4亿元、123亿元。2024年上半年，我国跨境电商进出口额达1.22万亿元，同比增长10.5%，高于外贸整体增速4.4个百分点。

自2015年3月至今，商务部在全国共推出七批共165个跨境电商综合试验区。按商务部最新发布，深圳、广州、杭州、上海、宁波、苏州、青岛、郑州、厦门、重庆等10个城市被考评为2023年度跨境电商发展成效显著城市，列为第一等次。我市被评为成效较好城市，并位列第二等次。

"跨境电商＋产业带"是指跨境电商通过数字化、协同创新、精准营销、智能物流等方式,推动产业带数字化,促进产业带企业实现产品创新、自主品牌培育、高效履约、直达国际市场,推动跨境电商进一步高质量发展。近年来,我国"跨境电商＋产业带"呈现出集聚化、品牌化、高端化和全球化等新特点。2022 年,广东、浙江、山东、江苏实现了跨境电商综合试验区地级市全覆盖,"跨境电商＋产业带"集聚效应日益显著,形成了义乌小商品、永康保温杯、威海渔具、汕头澄海玩具、佛山建材、广州汽车配件、长三角包装印刷、深圳消费电子及新能源、山东机械等"跨境电商＋产业带"品牌。除传统产业领域外,新兴产业也在加快发展。出口目的地从以欧美为主,逐步向东南亚、中东、拉美等新兴市场拓展。江苏省提出要重点培育 30 个跨境电商产业带建设;南京市计划培育 10 个跨境电商产业带;苏州市重点聚焦智能家电、机械设备、纺织面料、丝绸非遗、光伏产品等产业;南通家纺、连云港水晶等跨境电商产业带也加快发展。

亚马逊全球开店、阿里国际站、拼多多国际(Temu)、希音(SHEIN)、抖音小店(TikTok shop)、速卖通等主要跨境电商平台纷纷推出了产业带计划。如阿里国际站 2019 年推出"全球产业带计划",在全国范围内建设 10 个标杆产业带,深度扶持、赋能全国 100 个产业带;希音推出全国 500 城产业带计划、亚马逊全球开店于 2023 年 8 月推出"产业带启航十条"及企业购产业带加速器,力争三年覆盖"100＋产业带",从商机拓展、品牌打造、本土化服务、人才培育和品牌标杆塑造等方面推动跨境电商与产业带融合发展。

二、无锡推进"跨境电商＋产业带"建设工作情况

近年来我市跨境电商发展较快。据无锡海关统计,2023 年我市跨境电商进出口 99.4 亿元,同比增长 37.4%,占全市外贸进出口比重为 1.4%,占全省跨境电商进出口比重的 13.4%,位列全省设区市第三位;2024 年 1—6 月,全市跨境电商进出口 34 亿元,同比增长 10.9%,全市在海关备案的跨境电商企业有 573 家。另据中国(无锡)跨境电子商务综合试验区综合服务平台统计,2023 年全市跨境电商进出口 104.5 亿美元,较 2020 年翻了两番。2024 年 1—6 月,跨境电商进出口 50.8 亿美元,同比增长 52.2%。主要特点有:一是经开区、梁

溪区、锡山区的跨境电商进出口占板块外贸比重较高,2023年分别为38.1%、10.2%、3.8%;二是东盟、美国、欧盟、印度和我国香港地区是我市跨境电商进出口前5大市场,2023年除对欧盟进出口同比下降16.1%外,其他市场依次分别增长29.1%、160%、47%和119.8倍;三是海关报关以"9710B2B"和"9610B2C"为主要模式,占我市跨境电商进出口总值的比重分别达到62.1%、33.4%;四是我市民营企业跨境电商进出口占跨境电商进出口总值的96.3%。五是我市机电产品跨境电商出口41.8亿元,增长22.9%,占我市跨境电商出口总值的42.7%。其中,家用电器、摩托车和太阳能电池分别出口2.7亿元、2.1亿元和1.8亿元,分别增长72.3%、90.3%和306%。劳动密集型产品跨境电商出口38.9亿元,增长83.7%,占比39.7%,其中服装及其衣着附件和纺织纱线出口分别为9.3亿元和7.1亿元,分别增长89.7%和117%。我市服装及衣着附件跨境电商进口5786.7万元,增长17.4%,占我市跨境电商进口总值的42.3%。

无锡作为制造业和外贸大市,拥有适合跨境电商发展的丰富产业带资源。2023年,我市在省内率先启动"跨境电商＋产业带"培育计划,探索实施"一板块一特色"品牌"出海"行动,无锡红豆网络科技有限公司、无锡新亚安全用品有限公司、无锡尚佰环球电子商务有限公司等3家企业入选省级跨境电商知名品牌,全市跨境电商企业注册海外商标达到92个。我市推动"跨境电商＋产业带"建设主要做了以下方面工作。

(一) 市委、市政府高度重视,强力推动跨境电商加快发展

我市自2018年获批中国(无锡)跨境电子商务综合试验区后,迅速成立了跨境电商综试区建设领导小组,由主要领导和分管领导担任组长和副组长,全市30家相关部门和单位作为成员单位。市委、市政府主要领导高度重视跨境电商发展,市委杜小刚书记明确提出加强跨境电商产业链、供应链、价值链、创新链和服务链"五链共建"的发展要求,为无锡跨境电商发展明确了具体路径;市政府赵建军市长多次专题调研跨境电商发展,听取企业意见建议。市商务局、海关等部门围绕自身工作职责积极谋划推动跨境电商工作,优化各项服务。

(二)制定行动计划,加大跨境电商政策支持力度

我市制定出台《中国(无锡)跨境电商综试区高质量发展三年行动计划(2022—2024)》,着重推行"八大工程",全面推动跨境电商量质齐升、蓬勃发展。2023年制定出台了《无锡市推进跨境电商高质量发展的实施意见》,进一步围绕市场主体引育、载体平台建设、产业发展创新、贸易便利化提升、发展环境优化等五大核心领域制定了18条具体工作举措。2024年,依托"太湖人才计划",多渠道、多层次引进电子商务师、互联网营销师等复合型跨境电商人才。针对跨境电商出口海外仓退税周期长、企业资金周转慢等问题,2024年制定出台《无锡市关于支持跨境电商9810"白名单"企业的十项措施》,加快拓展跨境电商海外仓出口。目前,我市有关跨境电商的政策支持力度在国内处于领先水平。

(三)发挥产业特色优势,加快"跨境电商+产业带"布局

推动全市各板块发挥产业特色和集群优势,布局跨境电商产业带:江阴纺织服装、宜兴紫砂、梁溪宠物经济、锡山电动车、惠山汽车及零部件、滨湖高端精密智造、新吴时尚家纺及新能源、经开文化艺术品等"跨境电商+产业带"建设初显成效。江阴市加快"跨境电商+纺织服装产业带"建设,云蝠跨境电商产业园和澄江跨境电商产业园共集聚纺织服装产业链企业500多家、年出口额超2亿美元。无锡市锡山区加快发展"跨境电商+电动车产业带",与阿里巴巴展开战略合作,2023年10月启动长三角(无锡)电动车跨境电商产业园,以"政府搭台、企业参与、协会推动、市场开拓"四线联动方式,加速孵化跨境电商卖家、打造跨境电商品牌、培养跨境电商人才。无锡市锡山区目前共有两车出口企业202家,上半年出口2.6亿美元,同比增长38%。电动车整车出口近3年年均增速达27.6%,产品远销100多个国家和地区。惠山区积极引进深圳前海数字贸易科技服务有限公司,对接数百家汽车零部件企业,推动跨境"出海"。

(四)加强跨境电商产业园建设,不断完善发展载体

一是加快建设跨境电商产业园。全市共建成16家跨境电商产业园,其中

4家为省级园区,提供从生产到金融、物流等的全方位服务。二是布局海外仓建设。我市累计有26家企业在19个国家布局49家海外仓,其中省级公共海外仓7家,数量居全省第一。三是高效推进国际物流枢纽建设。加密大阪和仁川的客运航线,开辟首尔、(德国国际快递公司[DHL])德国莱比锡、墨西哥城全货机航线,为无锡跨境电商业务提供便捷的空中通道。四是成功举办三届长三角跨境电商行业发展峰会及交易会。2024长三角跨境电商交易会吸引20家主流跨境电商平台、60家生态服务企业、400家优质工厂及超2万名国内外采购商参展,品牌影响力日益显著。

(五) 加大跨境电商平台引育,赋能产业带企业发展

围绕"一系统、两中心、N平台"目标,共引育跨境电商综合服务平台、综合服务中心、人才培训平台、决策咨询与高端智库服务平台、品牌营销服务平台、跨境B2B营销服务平台等7家公共服务机构,服务企业超600家,为80余家企业免费建设独立站。与中国制造网合作,在国内首创建设"无锡跨境电商产业带线上专区",包括电动车、汽摩配、机械和新能源4大产业,共500余家企业、超4 000款产品入驻平台,助力形成我市产业带"出海"新优势。与国内领先的非标零部件领域专业服务平台——上海海智在线网络科技有限公司签署战略合作协议,赋能我市更多工业中间品企业以跨境电商方式积极开拓海外市场。指导云蝠集团公司完成"长三角云蝠跨境贸易综合服务平台"建设,实现企业自主流畅报关、合规出口退税。指导无锡(前海)跨境电商产业园打造汽车零配件产业专业采购、集散、服务中心,并完成线上交易平台开发。

三、当前存在的问题

虽然近年来我市"跨境电商+产业带"发展取得了一定进步,但与头部城市相比,仍存在较大差距。

(一) 产业起步较晚,发展规模偏小

对比国内领先城市,我市跨境电商差距较大。如,2023年,深圳跨境电商进出口超 3 000 亿元,上海、宁波、广州超 2 000 亿元。省内南京、苏州分别为 293.4 亿元、123 亿元。我们实地调研的杭州、宁波分别是第一、第二批国家跨境电商试点城市,具有明显的先发优势。其中,宁波于 2023 年跨境电商进出口额达到了 2 301.8 亿元人民币,同比增长 14.8%;跨境电商企业数量达到 1.7 万家,建成了 16 家省级跨境电商产业园区,并培育了 37 个省级跨境电商出口知名品牌。相对而言,无锡跨境电商发展起步较晚、基础较弱、规模较小。跨境电商发展初期主要以服装、日用消费品等传统产业的 B2C 为主。我市的出口以工业中间品及外资企业母公司的订单加工为主,发展跨境电商有一定难度。调研中发现我市有一些跨境电商成功案例,但也有不少企业对跨境电商的热情不高,有的经过尝试觉得难度大,平台收费高、约束多,交了不少学费但成效不明显。

(二) 发展生态不完善,产业赋能不足

与广东、浙江等跨境电商发达地区相比,我省及我市缺乏像阿里巴巴、希音等知名跨境电商平台以及平台服务商,在国际物流、金融保险、国际税务、品牌孵化、信息技术、运营推广、知识产权、教育培训等方面,跨境电商服务商的服务能力不足,难以持续赋能产业带工厂企业。同时,因为我市跨境电商产业集聚度不高、揽收运费较高、口岸载体功能较少,不足以吸引跨境电商平台在锡布局集货仓,"出海"物流成本整体偏高。政府部门及有关行业协会、教育机构在如何不断创新,更好服务跨境电商企业方面还有待提升。

(三) 品牌效应尚未形成

2023 年,杭州跨境电商企业数超 6 万家,其中规模 2 000 万元以上的跨境电商品牌企业数量已达 1 000 家以上,其中亿元以上企业数也有 200 家以上,形成了纺织服装、家具制造、羽绒床上用品、制笔、文化体育用品、灯具照明等 16 个跨境电商特色产业带。2023 年底,无锡跨境电商进出口规模在 500 万元以上的企业仅为 111 家。而落户在广州的希音一家企业于 2023 年出口就达 320 多亿美元。龙头企业的缺失使产业缺乏引领和带动力量,无法形成品牌效应。我市在传统产业方面,还未形成像义乌小商品、永康五金、顺德家电、温州鞋服等知名跨境电商产业带品牌,大力培育的"465"现代产业集群在跨境电商方面还未见显著成效。

(四) 专业人才短缺

与传统外贸方式相比,跨境电商对外贸人才团队的要求更高,需要懂产品设计、数字营销策划、大数据分析、供应链管理、智慧物流等各方面知识,需要直接面对国际市场需求做出快速反应,需要既懂产业又懂跨境电商的高素质、复合型、现代化新型人才。调研中,企业普遍反映缺乏有经验的跨境电商专业人才。云蝠跨境电商产业园反映必须付出更高的工资待遇才能吸引到外地的跨境电商人才。众星集团有限公司、无锡尚佰环球电子商务有限公司将跨境电商运营团队设在广东、上海。近年来,虽然无锡部分院校开设了跨境电商专业,每年可培养300多名跨境电商专业人才,但还远远不能满足企业需求。

四、对我市"跨境电商+产业带"建设的有关建议

推动我市"跨境电商+产业带"发展,是发挥我市产业优势、抢抓数字化发展机遇、培育外贸新动能、促进外贸转型升级、发展新质生产力的重要抓手。跨境电商让产品直接触达海外顾客,有利于促进产品创新、提高履约效率、树立品牌形象、提高利润空间、扩大贸易量。主要建议如下。

(一) 进一步加强宣传发动,抢抓"跨境电商+产业带"新机遇大数据

近年来跨境电商以其快速的发展速度、巨大的市场潜力、强大的带动作用成为全球贸易新势力。据有关数据显示,预计到2026年,全球电子商务B2B规模将达到36.2万亿美元。据测算,我国跨境电商B2B出口复合增长率将保持在15.6%,预计到2025年,将达6.9万亿元。目前,国内许多城市都把发展跨境电商作为培育外贸新动能的重要抓手。如,苏州最近提出,到2026年,全市跨境电商进出口要力争达1500亿元,三年增长12倍。下一步,我市要顺应跨境电商发展的大势,积极对标国内跨境电商领先城市,进一步广泛宣传发动,形成追赶发展跨境电商的浓厚氛围。要根据我市跨境电商及产业集群发展的特点,深入研究、找准工作定位、明确发展目标。除商务、海关、外汇管理、贸易促进、税务等传统外向型部门之外,发改、工信、科技等产业相关部门要主动融入,共同参与研究"跨境电商＋产业带"工作,形成广泛工作合力。我市"465"现代产业集群各产业链推进机构不仅要研究有关产业链的招商引资等工作,也要研究如何通过发展跨境电商拓展国际市场等问题。要进一步加大培训和政策宣讲力度,认真贯彻落实好国家、省、市出台的有关跨境电商及产业带的各项政策。要宣传跨境电商成功案例,树立行业标杆,充分调动企业发展跨境电商积极性。

(二) 进一步完善跨境电商产业生态服务体系

培育引进跨境电商产业链上下游服务商,建立健全适应跨境电商发展的生态圈,打造良好的跨境电商发展环境,提升跨境电商产业服务能力。针对我市以B2B类产品为主和国内尚缺此类平台的现状,加快培育和引进一批跨境电商细分领域龙头企业。加大与亚马逊、易贝(eBay)、阿里巴巴等国际知名跨境电商平台和美客多(Mercado Libre)、虾皮(Shopee)、来赞达(Lazada)等新兴市场区域电商平台的合作力度,积极争取平台区域性集采和运营中心落地我市。要探索打造集选品中心、直播中心、人才培训、供应链配套服务等多业态集聚的跨境电商产业园。充分发挥现有省级、市级公共海外仓效能,开展"公共海外仓提质增效专项服务行动",打造集仓储、配送、售后于一体的海外仓2.0模式。完善国际物流服务体系,发挥苏南硕放机场区位优势,开辟加密重要市场货运线路及航班,为跨境电商发展提供更加便捷高效的物流服务。全力办好"长三角跨境电商交易会",进一步提升展会的专业化、市场化、规模化、品牌化及国际化办展水平,充分发挥信息交流及贸易对接作用。

(三) 进一步壮大跨境电商市场主体,打响无锡"跨境电商＋产业带"品牌

2023年,无锡各类市场主体数达114万家,有进出口业务的企业数在

13 000家左右,而在海关注册的跨境电商企业为573家,我市跨境电商发展的空间和潜力还很大。苏州2023年已培育2 000万元以上的跨境电商品牌企业近400家,跨境电商品牌超5 400个。我市各级政府部门、行业协会、专业机构要加强引导,奋起直追,推动有条件的企业开展跨境电商业务。要充分发挥各板块以及相关行业协会的作用,依托我市省级以上外贸转型升级基地,聚焦纺织服装、新能源、汽车及零部件、电动车、紫砂陶瓷、集成电路、机械设备等优势特色产业,实施"跨境电商＋产业带"提速发展计划。要加快推进产业带企业数字化智能化转型,以适应跨境电商场景为重点,推动数字化车间和智能工厂建设,探索智能设计、生产、管理、服务模式,树立一批"跨境电商＋产业带"数字化转型的典型标杆。推动产业带企业之间开展合作,建立我市"跨境电商＋产业带"联盟,助力产业链上下游的协同发展。适度降低跨境电商企业相关政策门槛、扩大受益面,确保更多中小企业获得资金支持。鼓励企业通过注册境外商标、搭建独立站等方式开展全球拓展活动。积极组织企业参加国内外知名展会、贸易洽谈会等活动,建立与海外采购商的直接联系,拓展销售渠道,打响无锡跨境电商产业带品牌。

(四) 支持企业强化跨境电商人才引进培养力度

加强企业对专业跨境电商领域知名团队和优秀人才的引进,在"太湖人才计划"中增加"电子商务人才认定实施办法",给予相应政策支持,推动优秀人才选择无锡、扎根无锡、赋能无锡。针对跨境电商人才缺口,要充分发挥在锡高校和职业院校的作用,建立市场需求导向的人才培养机制,优化跨境电商学科专业建设;要结合我市产业特点,开发符合"跨境电商＋产业带"需求的专业、课程及企业实训案例;要依托跨境电商主要平台,积极邀请有丰富实践经验的企业、行业专家授课。深化市级跨境电商实训基地建设,促进产教融合。鼓励企业参与高校人才培养,提供实习实训机会、开展订单班、共建实验室等,使人才培养更加贴近企业需求。温州全市设立了7所市级跨境电商学院,组建了46位行业专家组成的跨境电商专家库,举办跨境电商人才技术仿真大赛,近三年完成跨境电商职业技能人才培训达3万人次。这些经验值得我市学习。

(五) 加强研发创新和知识产权保护，营造优良营商环境

支持以龙头企业为主体，与高校、科研院所共建研发机构，加大产业带研发投入，提高科技成果落地转化率。优化产业带的国家制造业创新中心、产业创新中心、国家工程研究中心等制造业领域国家级科技创新平台的布局，支持面向重点领域，开展关键共性技术研究和产业化应用示范。聚焦关键领域、重点侵权环节，组织开展"跨境电商＋产业带"知识产权保护行动。聚焦产业带企业实际需求，鼓励引导国内外权利人申请知识产权海关保护备案，提升企业知识产权维权能力。促进跨境电商企业进行品牌全球推广，倡导更多外贸企业重视知识产权创造、运用、管理和保护，提升其国际经营的合规意识和风控水平，帮助其加强与国际经贸规则和标准的对接。加快推进无锡国际邮件互换局的建设，加速完成交换站与相邻的无锡空港的功能叠加，形成跨境物流新优势。商务、海关、税务等部门要积极研究有利于"跨境电商＋产业带"发展的管理新模式，加快建设一站式跨境贸易数字化综合服务平台，帮助企业合规经营、防范平台风险，不断提升跨境电商便利化水平。

本文作者：徐惠娟，无锡市人大常委会民宗侨外工委主任、无锡市新产业研究会特约研究员。

面向人民生命健康谋"新"布局
——推动无锡生物医药产业高质量发展的调查报告

谭 军　王华华　刘玉娟
易玉洁　许 阳　汤春松

党的二十届三中全会提出:"坚持面向世界科技前沿、面向经济主战场、面向国家重大需求、面向人民生命健康","完善推动新一代信息技术、人工智能、航空航天、新能源、新材料、高端装备、生物医药、量子科技等战略性产业发展政策和治理体系,引导新兴产业健康有序发展"。生物医药产业是当今世界创新最为活跃、成长最为快速的战略性新兴产业之一,也是无锡发展新质生产力的地标性支柱产业之一。为进一步了解无锡生物医药产业的发展情况,课题组采取实地走访、电联等方式访谈了相关企业及单位,并搜集了美国波士顿、剑桥,日本神户以及我国上海、广州等发展生物医药产业世界知名城市的做法与经验,对标前沿提出了无锡生物医药产业面向人民生命健康谋"新"布局的对策建议。

一、无锡生物医药产业发展概况

作为无锡"465"现代产业集群重点打造的地标性产业之一,无锡坚持依靠政策、资金、人才、科技、市场等方面的作用,推动生物医药集群规模不断扩大,产业特色优势渐显,生物医药集群入选先进制造业集群"国家队"。

(一)生物医药产业的发展稳中有进

2023年,无锡生物医药产业全口径规模首次迈上2 000亿元台阶,挂牌市生物医药产业发展促进中心的从业企业总数超2 100家。其中,规上企业493

家、上市企业15家、世界500强企业6家,形成了8个优势产业链、6个生物医药专业园区。近五年,无锡生物医药产业年平均增值率超13%,略低于集成电路产业年增值率,成功蝉联中国生物医药产业发展指数20强城市。据市科技局统计,2024年1—6月,无锡生物医药企业数量达2 158家,全口径营收达923.03亿元;646家规上企业贡献巨大,营收达834.4亿元,占比90.4%。

(二)生物医药产品研发体系完备

生物医药产业是面向人民生命健康的高知识、高技术、高创新密集型产业。科技研发是生物医药产业领域里的先进生产要素集聚、搭建产业体系"四梁八柱"的原始起点。无锡通过"揭榜挂帅""赛马制"等形式支持生物医药企业科技研发(R&D),支持生物医药前沿基础领域和关键核心技术的基础理论研究,推动实现一批"从0到1"的原始技术创新突破,形成了较为完备的生物医药产品研发体系,不断提升生物医药产业集群高端化、智能化、绿色化、国际化的发展水平。截至2024年6月,无锡在建重大创新平台项目共计10个,总投资26.78亿元,包括中国药科学无锡创新药物和生命健康研究中心(新吴区)、无锡合成生物学和生物制造研究中心(锡山区)、元创健康产业科技研究院(宜兴市)等。

(三)生物医药企业规模日益壮大

截至2024年6月底,无锡生物医药企业数量达2 158家,规上企业646家、流通规上企业172家。近年来,无锡通过做大做强生物医药"链主"企业,推动更多企业进入中国500强、世界500强等"一企一策"的激励性政策,刺激生物医药企业发展,让企业有干劲、有闯劲,既使得无锡药明生物技术股份有限公司(以下简称"药明生物")、阿斯利康制药有限公司(以下简称"阿斯利康")等龙头企业持续巩固行业领先地位,也使得通用电气医疗系统(中国)有限公司(以下简称"通用医疗")、江阴天江药业有限公司、国药控股无锡有限公司(以下简称"国药控股")等骨干企业以及江苏知原药业股份有限公司(以下简称"知原药业")、费森尤斯卡比费卡华瑞制药有限公司等重点企业更有发展的韧性和上升空间。

(四) 生物医药产业链相对齐全

生物制药的上游产业主要是由原材料、制药设备以及生物技术构成；产业链中游是生物制药的研发生产环节，生物制药的产品主要包括单克隆抗体、疫苗、重组蛋白、血液制品、诊断试剂等；下游流通消费层主要是医药的销售和消费；生物医药外包服务合同研究组织（CRO）、合同生产组织（CMO）和合同销售组织（CSO）涉及生物制药产业链中下游。无锡生物医药产业链相对齐全，全覆盖生物医药产业链上中下游以及外包服务，重点在生物医药产业链中游布局较多，培育了一批产业带动力强的生物医药"链主"企业，包括药明生物等，并以"链主"企业带动上下游企业加速集聚，形成具有影响力的生物医药产业链、产业集聚区和产业生态圈。

二、国内外相关城市主要做法

生物医药产业是面向人民生命健康，关系国计民生、经济发展和国家安全的战略性新兴产业，是健康中国建设的重要基础，也是加快形成新质生产力的重要领域之一。如何通过产业政策进一步激发创新活力和发展潜力，推动生物医药产业持续稳健发展，让生物医药创新成果更好地惠及民生，是当前地方政府产业创新重点关注的实践议题。作为全球生物医药顶级城市和区域，国内上海、广州等地"面向国际、链接全球"，在发展生物医药产业方面作出了一些探索和实践，取得了一定成绩，为无锡进一步推进生物医药产业高质量发展提供了重要参考。

(一) 美国波士顿—剑桥区域生物医药集群

美国波士顿—剑桥区域是全美生物医药产业最发达的城市带。波士顿市与剑桥市隔查尔斯河相对，该区域位居全美生命科学集群之首，拥有美国最大的生物医药集群，而肯德尔广场，更是被称为全球医药产业的"华尔街"。目前，全球排名前20的制药公司，有19家都在肯德尔广场有自己的大本营，成百上千家生物医药公司，从初创企业到全球知名大药厂都能在肯德尔广场找到了自己的生态位。

波士顿—剑桥区域发展生物医药产业呈现 2 个主要特点。第一，获得资金支持力度大。目前，该地区在获得美国国立卫生研究院（National Institutes of Health，NIH）资金方面排名全美第一，共获得了 8 954 项资助，总计 52.19 亿美元。另外，波士顿—剑桥区域生物医药产业领域在获得的风险投资方面也排名第一，2023 年获得了 76.7 亿美元，2024 年上半年获得了 30.4 亿美元。第二，科研实验室空间巨大。根据马萨诸塞州生物技术委员会（MassBio）的数据，波士顿—剑桥区域在发展生物医药产业的实验室空间方面也排名全美第一，拥有 6 190 万平方英尺的空间。第三，生物医药方面专利数量大。该地区在专利方面排名第二，拥有 23 853 个专利。

波士顿—剑桥区域发展生物医药产业的主要经验如下。一是重视产权保护。波士顿—剑桥区域发展生物医药产业，尤其是生命科学产业，因其科研周期长、投资风险大、沉没成本高的特点，特别重视科研成果及风险投资的产权保护问题。二是关注早期风险投资。这些地区在生物技术等新兴领域进行早期投资，其影响力可以持续三十多年。三是生物医药科学成果具有前瞻性。这些地区产生了生物医药领域大量且高质量的科学研究成果，即使在行业成熟后，科学水平依然很高。四是构建生物医药产业的合作网络。波士顿—剑桥区域建立了生物医药产业的广泛合作伙伴网络，其网络包括区域外的组织和个人。五是生物医药产业集群的拓展。波士顿—剑桥区域的生物医药产业，不是简单依赖单一的生物医药大企业、头部企业，而是形成了多样化生物医药产业集群及其严密的组织结构。

（二）日本神户医疗产业城

目前，日本神户医疗产业城（英文译为 KBIC：Kobe Biomedical Innovation Cluster）经过近 20 年的规划建设，已成为具有全球影响力的生物医药创新策源地和日本最大的生物医药创新组团，位列全球前三。日本神户市重视医药产业科研产权保护，对于生物医药产业发展的规划，有以下主要经验。

一是系统规划医疗产业城。神户港湾人工岛是神户市中心城区南侧的专业性功能组团，以生物医药、物流仓储、居住功能为主，通过神户大桥可便捷联系神户市中心，车程约 12 分钟。KBIC 项目是港湾岛功能核心区，项目面积

3.9平方千米,定位于以再生医疗为特色的生物医药创新城区。

二是重视生产要素配置的集约性。神户医疗产业城创新了空间的要素配置,用地紧凑度、功能混合度和交通可达性是其激发医药产业创新的重要空间特征。神户市规划KBIC创新空间重点考虑对创新主体的用地提供方式、创新人群的交流合作需求以及便捷高效的交通设施布局。对于生物医药城区而言,降低专家、教授、医生、病患等各类人群的时间成本是核心诉求。

三是发挥医药产业创新的锚定效应。医药产业离不开计算、超算,日本理化学研究所启用了KBIC的全球最快超级计算机"富岳",对于治疗药物和防疫对策效果进行模拟演算。事实上,早在2012年,KBIC即拥有当时全球最快超级计算机"京"。不断迭代的全球第一算力,强化了KBIC对于创新人才和机构的锚定效应,尤其是吸引了全球顶级实验模拟专家和企业集聚于此。目前,神户医疗产业城围绕全球第一超算计算机"富岳",布局了面向社会开放的超算服务中心、神户大学先进跨学科研究与人才中心、兵库大学信息科技校区,已形成开放共享的超算科研与服务集群。[1]

(三)上海生物医药产业发展经验

作为中国生物医药产业发展的核心城市,上海市汇聚了众多特色园区,通过协同发展,形成极具活力的产业创新生态系统。目前,上海已形成七大生物医药产业园区。这七大园区在协同共促产业链创新升级的同时,充分展现了产业特色,体现了差异化的协同发展,例如张江的智能制造、临港的国际医疗服务、"东方美谷"的美丽健康、北上海的高端制造、青浦的信息技术、湾区的中药制剂。据上海市经信委披露的数据,截至2023年底,上海生物医药产业已经从过去总产值不足50亿元的小产业成长为工业产值近2000亿元、总规模达9337亿元的新兴产业。

上海市发展生物医药产业的主要做法如下。

一是重视生物医药科技研发成果的产权保护。近年来,上海市知识产权

---

[1] 陈浩、俞静:《日本神户医疗产业城的创新要素配置》,《国际城市规划》第39期。

局持续加强生物医药领域的知识产权保护工作,先后依法审理了一批有影响力的生物医药专利侵权纠纷行政裁决案件。一方面,强化源头保护,依托浦东新区知识产权保护中心,面向区内生物医药等产业提供快速预审、快速确权、快速维权一站式服务,支持加快生物医药产业专利布局。另一方面,着力完善知识产权侵权纠纷鉴定工作体系,制定《关于加强上海市知识产权鉴定工作的实施办法》以及《关于加强本市医药采购领域知识产权保护的实施意见》,组建知识产权技术咨询专家库,加强生物医药等领域专利侵权纠纷行政裁决技术支撑。

二是提高生物医药产业链供应链的韧性和安全性。上海重视集成电路、生物医药、人工智能等三大先导产业的协同发展,由上海市人民政府办公厅印发《关于支持生物医药产业全链条创新发展的若干意见》,进一步创新产业政策和对企服务,建立生物医药产业的企业需求服务清单,涵盖行业龙头和极具创新能力的独角兽企业、专精特新企业,在产业对接、企业融资上市等多个方面提供"点单式"指导服务,倾听企业发展中的产业链强链、补链需求,广泛链接资源,深化项目招引,帮助企业解决成长壮大过程中的多层次需求,实现上海生物医药产业链供应链的韧性和安全,进一步活跃产业生态。

三是强化生物医药产业的前沿国际合作。无论是源头科研创新、前沿国际合作,还是新兴技术赋能,园区之间基于各自发展特色的合作与联动,无疑是促进上海生物医药产业自主创新能力的关键。以上海市张江生物医药基地为例,该基地力推产业交叉融合和集成创新,对接生物医药产业领域的前沿国际合作,并强化与张江机器人谷的合作,聚焦于"AI+生物医药""AI+医疗器械"的"谋新"发展。

四是科学推进生物医药产业园区的集聚化发展。以上海市静安区为例,静安区集聚了丰富的三级甲等医院资源,其带来的强大平台带动效应、丰富的生物医药产业要素、医疗创新资源等都是源头创新方面优势发展的资源依托。而在吸引全球医药龙头企业集聚、推进国际合作项目方面,上海市静安区也体现出较为显著的优势。此外,数字经济和区块链创新也在为静安区通过技术赋能,助力上海生物医药产业更有竞争力。

(四) 广州市生物医药产业发展的主要做法

近年来,广州生物医药产业蓬勃发展,成为全国首批战略性新兴产业集群城市之一。2023年,广州生物医药与健康医疗产业总产值达1 178亿元,是广东省唯一连续三年获国务院激励表彰的战略性新兴产业集群,其产业规模、企业数量和创新平台数量等均位居全国"第一梯队"。广州市发展生物医药产业的主要做法如下。

一是瞄准创新药的科技研发作政策激励。创新药又被称为生物医药产业"皇冠上的明珠",是评判一个地区生物医药产业创新能力的重要标志。广州重视创新药的科技研发激励和产权保护,通过《广州促进生物医药产业高质量发展的若干政策措施》,提出多条创造性、突破性政策措施,从支持一般创新到支持重大创新,如,支持范围明确针对1类新药、2类高端新药,以及三类医疗器械和二类高端医疗器械,实现珍贵的创新药"从无到有",并进一步推动产业化、市场化、健康便民化。对于新启动的临床Ⅰ、Ⅱ、Ⅲ期研究的新药项目,经评审,广州市分别给予最高不超过300万元、500万元和1 000万元经费资助,单个企业每年累计获得的奖励资金最高可达1亿元。

二是全链条支持生物医药产业的高质量发展。为落实《广东省发展生物医药与健康战略性支柱产业集群行动计划(2021—2025年)》要求,广州市聚焦创新、集聚、生态化、国际化等四大关键方面,打造生命科学合作区和研发中心,布局生命科学、生物安全、研发外包、高端医疗、健康养老等领域。同时,对生物医药产业领域的企业发展,广州市按"一事一议"原则,市、区共同给予人才奖励、研发和产业化奖励、投资入股、贴息贷款等全链条支持,最高支持额度达50亿元,支持期限最长5年,并对项目用地、规划、审评审批,以及企业产品进出口等开设专门服务通道。

三是推动生物医药"龙头企业+产业园区"集聚发展。目前,广州市已集聚生物医药企业6 000多家,位居全国第三。通过产业规划构筑以"广州国际生物岛"为核心,以南沙科学城、中新广州知识城和航空枢纽为南、北两极的"一核两极"高端生物医药产业空间布局,打造以"广州国际生物岛"为园区品牌的"一岛多园"政策先行先试集聚区,包括广州粤港澳大湾区生命健康产业创新区、广州国际医药港、广州白云生物医药健康产业基地等。另一方面,广州市培育了广药、金域医学、香雪、达安基因、万孚生物、百奥泰、迈普①等各领域龙头企业,吸引了阿斯利康(Astrazeneca)、百济神州、诺诚健华(Innocare)、美国 GE 生物医药、龙沙(Lonza)、恒瑞医药、中山康方生物医药有限公司、费雪派克(Fisher&Paykel)、和睦家医疗集团等国内外知名企业进驻,形成了生物医药"龙头企业+产业园区"集聚化发展模式。

三、无锡生物医药产业高质量发展建议

学习贯彻党的二十届三中全会精神,面向世界科技前沿,参考美国波士顿—剑桥区域生物医药集群、日本神户医疗产业城等城市的做法,面向人民生命健康,借鉴上海、广州等城市发展生物医药产业的经验,结合无锡生物医药产业实际,加快打造生命健康科创新高地,进一步推进无锡生物医药产业的高质量发展,建议从如下几方面着手。

(一)完善生物医药产业领导专班工作机制

一是更好地发挥生物医药产业链"链长制"作用。"链长制"是推进生物医药产业链提质升级的重要抓手。它一头连着"链长",另一头连着"链主企业",共同整合生物医药产业"链上"企业的各方资源。建议完善生物医药产业"链长制"领导小组,由市委、市政府主要领导挂帅"链长",科技、卫健、工信、医保、数据等相关部门主要领导作为责任人,负责生物医药产业发展推进工作的统筹协调,强化顶层设计,整合调动各方面资源,推动生产要素向生物医药产业集群集聚,解决生物医药产业发展的重大问题,特别是生物医药产业数智化以及产业链"全链""强链""补链"的专业性工作,大力发展生物医药产业领域的新质生产力。重视发挥生物医药"链主"企业的带动作用,鼓励"链主"企业打造健康医药产品、特色医药产品、名牌医药产品,以生物医药"链主"企业"一企带一链,一链成一片",引领全市生物医药中小企业融入生物医药产业链分工体系;围绕生物医药关键核心技术开展"产学研"联合攻关,争当生物医药企业

---

① 全称分别为广州医药集团有限公司、广州金域医学检验集团股份有限公司、广州市香雪制药股份有限公司、广州达安基因股份有限公司、广州万孚生物技术股份有限公司、百奥泰生物制药股份有限公司、广州迈普再生医学科技股份有限公司。编注。

标准的"领跑者",共同促进生物医药产业链提质升级。

二是更好地完善生物医药产业专班工作机制。建立健全生物医药院企融合发展季度联席会议制度,每季度召开生物医药企业座谈会,面向人民生命健康,对标世界科技前沿,鼓励生物医药企业强化自主研发,做好生物医药企业、产业和园区发展需求的精准服务对接,让无锡生物医药产业链"链"出新合力、高质效和大医药。深化落实无锡《无锡市生物医药产业链链主企业工作方案》,强化生物医药政策兑现的服务工作,发挥政策对企业主体的虹吸效应,吸引产业链上下游关键配套企业落地无锡。加快出台《支持生物医药创新产品推广应用实施细则》,进一步优化生物医药产业政策,加强对生物医药产业发展的统筹指导,加大对合成生物、AI制药等新兴产业领域的支持和服务。完善生物医药企业进医院开展产品推介会的工作机制,促进生物医药企业和医院常态化合作,合理推广生物医药创新产品的临床应用。

三是更好地优化生物医药产业综合服务机制。为生物医药企业搭建更多的沟通交流平台,对标世界科技前沿,面向人民生命健康,实施生物医药产业链上企业常态化走访,动态掌握最新供需关系,实现生物医药产业上中下游企业之间资源要素的有机整合,推动无锡生物医药产业数智化、高端化升级。加快建设无锡生物医药产业数据大脑,进一步规范生物医药产业统计口径,梳理生物医药相关企业,会同生物医药产业发展促进中心,更好地服务生物医药企业共享数据资源。

(二)加大生物医药产业发展引导力度

一是强化生物医药产业科技研发的政策引导。对标上海等城市发展生物医药产业科技研发的现状和激励政策,加大对生物医药产业科技研发的政策支持力度,尤其是在生物医药领域的原始创新方面。以政府出资产业投资基金为牵引,吸引天使投资、耐心金融等社会资本关注无锡生物医药产业,重视对未来健康、细胞疗法、合成生物、脑科学、AI制药等前沿技术、热门赛道的投入。

二是推进生物医药产业结构高端化升级配置。借鉴美国波士顿—剑桥区域生物医药集群、日本神户医疗产业城、上海生物医药前瞻产业布局等经验,可进一步提升生物医药产业链高端环节占比。积极布局高端植(介)入产品及可降解材料、人体组织器官修复再生等生物医用材料,手术机器人、计算机断层扫描（CT）、磁共振成像（MRI）等高端医学影像设备，起搏器和人工心脏等高端植介入设备产品的科技研发和市场化，锚定新型疫苗和紧缺生物制品市场，支持合成生物、AI制药、未来健康等高精尖领域的新兴产业布局。

三是推动生物医药产业数智化升级提质提速。对标上海、广州生物医药产业数智化水平，科技、卫健、工信、大数据管理等部门可协同推进生物医药产业数智化升级的提质提速，加强高性能计算机在药物靶标筛选、药物分子设计、药物临床数据分析、药效早期评价等方面的应用，提升生物医药工厂、生产线和车间的数智化水平，着力解决生物医药产业链、创新链、价值链、供应链之间的衔接韧性和各链条内部的资源配置效率问题，打造"互联网＋AI＋生物医药"新生态。

（三）完善生物医药产权保护体制机制

一是推进生物医药产业"耐心型"投融资分配协作机制。生物医药产业的高质量发展，离不开健康的资本融纳和利益分配机制，尤其是研发周期长、投入高、风险大以及快速产业化难的生物技术和新医药领域，更需要资本投资方的耐心和韧劲。工信、科技、发改、财政、证监等部门可联手，共同推进生物医药产业"耐心型"投融资分配管理协作机制，按照"谁投入、谁研发、谁分红"的产权保护原则，联合生物医药转型升级基金、国家中小企业发展基金等加大投入，实施"生物医药产业-耐心金融"一体化专项，带动更多"耐心资本"在生物医药领域投早、投小、投硬科技。

二是优化生物医药产业领域产权保护落实落地机制。进一步发展生物医药产业领域的专业化知识产权运营机构，开展生物医药领域知识产权全链条运营服务，促进生物医药产业知识产权的价值实现与科技成果的转化。市场监督管理、科技局、卫健等部门可联合执法，优化生物医药产业领域产权保护落实落地机制，健全生物医药产业知识产权和投资产权"双保护"机制，推动落实药品数据保护制度，依法保护药品临床试验数据和非临床数据，为生物医药产业领域的产权受损者提供产权保护法律服务，终身追责侵权者及追缴其非法所得。

（四）健全生物医药产业全周期治理机制

对标上海发展生物医药产业的经验，引导县（区）从各自生物医药产业基础和资源禀赋实际出发，顺应"以治病为中心"转向"以健康为中心"的新趋势，合理规划、精准培育和错位发展生物医药产业,构建生物医药"企业—产业链—产业生态"全周期治理机制,高质量发展面向人民生命健康的生物医药,满足人民群众对生命健康更有保障的新期待。

一是培育生物医药产业高水平企业梯队。工信、卫健、科技、医保等部门可联合规划,按照生物医药产业"有高峰也要有高原"的发展思路,参照药明生物、阿斯利康、通用医药、国药控股、知原药业等市里知名领军药企发展之路,引导更多生物医药领军企业前瞻性谋划新赛道,强化医药科技研发,通过领军企业内部创业、投资孵化以及外部金融支持等方式培育更多的生物医药产业高水平企业。建设生物医药产业创新型中小企业孵化基地,梯度培育生物医药产业领域的专精特新中小企业、高新技术企业和"小巨人"企业,为无锡溢出新质生产力、实现"锡药强"提供更多生物医药产业的推进力量。

二是打造生物医药产业特色产业链。无锡可鼓励有条件的市县(区)先行先试,对标北京、上海、广州等地生物医药产业园区创建情况,进一步推动无锡生物医药产业特色化集聚发展,不断创新生物医药产业全周期治理机制,建设数智化的生物医药供应链、产业链,促进创新资源汇聚,加速数据、知识等生产要素高效流通。建设无锡生物医药产业的先进技术体系,打造无锡生物医药世界级产业链,实施生物医药特色产业链全生命周期管理机制,并逐步推动无锡生物医药优势产业链于2027年产业规模上3 000亿元台阶、于2030年产业规模上4 000亿元台阶、于2035年产业规模上6 000亿元台阶。

三是构建生物医药产业协同创新生态。构建生物医药产业协同创新生态,推进生物医药"企业—产业链—产业生态"点线面一体化发展机制。科技、卫健、教育等部门可加强生物医药产业领域的"产学研用"协作,打造生物医药产业创新联合体,构建大中小企业融通发展、产业链上下游协同创新的生态体系。同时,强化"国—省—市—县(区)"生物医药产业的标准互认和要素互通,面向人民生命健康需求,提升生物医药产业链、供应链韧性,构建产品配套、软硬一体、创新协同的生物医药产业生态,更好地发展无锡生物医药产业。

本文作者:谭军,无锡市委党校副校长、无锡市新产业研究会特约研究员;无锡市委党校:王华华、刘玉娟、易玉洁、许阳、汤春松。

从产品出口迈向企业"出海"
——对无锡生物医药企业融入全球发展的思考

徐重远

2024年5月14日,美国白宫发布公告称,总统拜登指示美国贸易代表办公室(USTR)对来自中国的180亿美元进口商品提高关税,其中包括部分医疗耗材产品。其中,注射器和针头的关税税率将在2024年从0%提高到50%,包括口罩、部分呼吸器在内的个人防护装备(PPE)的关税税率将从0%—7.5%提高到25%;医用橡胶手套的关税将自2026年起从7.5%提高到25%。美国长期以来是中国医疗器械的第一大出口市场。美国提高相关产品关税,意在减少对华医疗供应链依赖。9月23日,美国《生物安全法》的立法有新进展,新版法案相较于旧版本法案不仅增加了与基因业务相关的大量内容,还更名为《禁止外国获取美国基因信息法》,并且进一步聚焦人类数据相关业务。该新版法案的核心依然聚焦限制美国公司与特定生物技术供应商签订合同,包括禁止采购或获取这些供应商生产或提供的生物技术设备或服务。接着,美国食品药品监督管理局(FDA)对中国药企掀起了一波警告,无锡药明康德新药开发股份有限公司、深圳华大基因股份有限公司、深圳华大智造科技股份有限公司及其子公司(Complete Genomics)等被点名,这也随即引发剧烈关注。在诸多事件中,无锡一批以产品或服务出口为主的生物医药企业受到冲击,尤其是一些医疗器械企业陷入被动,影响企业发展生态环境。由此进一步加快了生物医药行业企业推进海外产能布局落地,从产品出口走向企业"出海"。

近年无锡生物医药企业面对国际政治经济与贸易的风云变幻,"出海"成为企业在全球不确定因素下的战略选择,是百年未有之变局的主动应对,是

"走出去"的国际化行动。一些龙头企业已主动在海外布局,不仅产品"出海",研发、生产、供应链、营销链都有"出海",一些中小企业已在"出海"的路上,还有企业在准备"出海"。2023年至今,无锡生物医药企业"出海"增长明显,从设海外分支机构到成立独立投资公司,再到收购当地同行项目,形式多样。它们"出海"目的地,总体已从最初的欧美地区为主,逐步扩展至东南亚、中东以及"一带一路"共建地区。从行业看,无锡医药类企业以欧美地区为主,医疗器械企业以东南亚、中东和非洲地区为多。

当前,国内部分领先的企业在非本土市场的收入已占30%—40%,而这一比例在成熟的全球化企业中能达到80%,中国企业"出海"潜力无限。2023年,中国产生"出海"业务收入的企业数量占该行业所有上市企业数量比例最高的是汽车与零部件行业,占89%;医疗业占63%。不论主动"出海"还是被逼"出海",一股"出海潮"在生物医药行业涌动,"出海"不仅仅是寻求全球布局,捕捉海外市场机遇,还是企业打造国际竞争力的选择。

经过调研,无锡生物医药企业"出海"的动因主要有以下几点:一是无锡生物医药产业经过几十年发展,具备一定实力,到"走出去"的时候了,"出海"给行业带来国际市场,价格也有空间,要到全球市场上提升企业竞争力;二是国内市场容量有限,竞争"内卷"厉害,要从做14亿人生意到学会做80亿人生意;三是走高质量发展路,"出海"有助于生物医药企业与国际标准接轨,吸收先进技术和管理经验,企业要走向国际化,实现全球资源配置;四是在一些具有技术壁垒和专利保护的创新药领域,"出海"更是企业实现差异化竞争的重要途径;五是主动应对国际贸易保护主义与欧美关税打压产品出口,为企业寻求新的生存空间与新出路。

企业"出海"的国际化行动,应从企业发展层面作审慎考量。

生物医药企业"出海"要谋定而后动。"出海"不是所有企业必选项,每个企业应根据自身实际情况和市场环境做适合自己的战略选择。第一,"出海"需要企业具备足够的实力和资源,包括资金、技术、人才、管理等方面的能力,否则"出海"会面临更大的风险和挑战。生物医药行业项目投资大、周期长,海外业务耕耘的前期更是投入较大,必须谋定而后动,切忌盲目跟风。第二,"出海"的首要条件是拥有一个让当地患者受益、具有强大国际竞争力的好产品,它是"出海"最坚实的"大船"。好产品要符合欧美及所在国的监管标准,要有一个好价格。还要看企业过去是否在相关领域有出色成绩,国外客户比较看重企业经营的稳定性和持续性,技术和质量体系是否符合国际标准。第三,拥有一支强有力的国际化团队,需要面对复杂的国际市场环境和监管要求,这对大多数企业来说是一个很大的挑战。本土成长的企业有各自的国际化历程。有的产品"出海",但与企业国际化不是一个概念。企业需要有建设国际化的能力,它包括技术能力、国际市场营销能力、企业公共关系能力,还有就是开放包容的国际化企业文化。招纳国际化人才的时候,要秉承国际化的文化理念,除了懂产品、懂行业,团队还需要懂不同国家的法律法规、注册流程、当地的文化习俗与医疗系统、治疗诊断的特殊性。

生物医药企业"出海",要有清晰的战略目标与路径。一是明确自身定位和发展目标,包括目标市场、产品定位、营销策略。通过对目标市场的深入调研和分析,制定精准的市场进入策略。二是选择合适的"出海"路径,是自主"出海"还是借"船""出海"或联手"出海"。企业应根据自身实力、产品特性和市场需求等因素选择合适的"出海"方式。实力较强的企业可以选择自主"出海",通过在海外建立研发中心和销售网络实现全链条布局。中小企业"出海"会面临更多难题,可以选择借"船""出海",主要包括许可协议(license out)、专利授权,即本土药企将自己产品的海外或全球权益卖给海外企业,由海外企业负责后续工作,借助海外企业的资源和经验快速进入市场。联手"出海",一种是中外联手模式,即中国企业和海外药企联合开发,分担成本和收益,可以共享资源、技术和市场,加速产品开发和市场推广;另一种是国际化产业带模式,即通常由一个相对有规模、国际化的产业头部企业在海外市场建立基地项目,根据产业链需要,组织产业带上的中小企业合力执行,能降低中小企业"出海"风险。对大企业来说,在其周边建立国际化产业带有利于快速响应其需求,能降低运费、关税等成本。由中小企业构成的产业带能够成为大企业全球化有价值的补充。对产业带上的中小企业来说,借大企业供应链稳固自身在海外的市场地位,减少所在国的本土化阻力。第三种是生物医药企业"出海"前就要将自身纳入国际行业规范系统。遵守国际规则与标准,严格接轨,包括药品注册法规、临床试验规范、质量管理体系。企业应建立健全合规体系,确保产品符合国际标准和市场需求。第四种是要树立发展共赢理念与原则,无论去哪个国家或地区，企业的经营战略和观念要实现共赢，在发展自身的同时要为当地社会经济发展作贡献，才能可持续发展。

生物医药企业"出海"要做好十大风险防范。全方位风险预判和应对是"出海"前要充分作好的准备，在充分评估海外市场挑战的前提下，制定应对之策，保持开放的心态、敏捷的行动力。根据"出海"市场挑战，建议关注以下十个方面。一是目标地地缘政治与社会稳定风险。二是所在国与地区的生物医药产品监管法规与合规风险。特别要认真研究所在地产品注册成本与制度，不熟悉目标市场注册法规，可能导致产品无法获批上市。三是市场准入风险。针对临床证据、技术标准或本地化适应性做好扎实的基础调研，防范准入受阻。四是法务制度和文化差异风险。一方面是文化理念差距带来的风险，对当地患者教育成本、品牌建设、售后服务等有影响；另一方面是跨文化管理挑战和沟通不畅，可能影响企业的运营效率和决策执行。对此要全局优化供应链，做好运营与供应链应急预案，包容当地文化习俗，生产与管理尽力本土化。五是产品专利与知识产权风险。谨慎审视海外知识产权风险，砌好产品可能涉及专利或商标侵权的预案围墙，审查自身产品宣传、购入的零部件来源，合同中要涉及知识产权内容条款，避免侵权等法律诉讼和赔偿风险。六是品牌与声誉风险。有些国际地区对中国品牌信任度不足，或企业未履行社会责任，可能影响市场对产品的接受度和声誉度。保证产品与服务质量，融入当地企业文化价值观十分重要。七是医疗数据隐私与安全风险。许多国家医疗数据的隐私保护法规非常严格，如，欧盟《通用数据保护条例》(GDPR)。如果中国企业产品涉及患者数据采集、存储和传输，而未能遵守当地的数据隐私法规，会面临法律诉讼和巨额罚款。八是当地合作伙伴选择风险。通常在中国企业"出海"中，最重要的是产品经销合作人的选择，这是产品进入当地市场最关键一环。没有深入对当地市场经销合作伙伴尽调，可能导致市场开拓失败与经济损失。九是金融与汇率风险。"出海"企业防范金融汇率波动风险是一大重点，汇率直接影响利润，导致财务风险。要用好外汇对冲工具实现有效风控，拓宽企业国内外各种融资渠道，保证健康资金流；另外，对某些地区与国家的资金结算方式与一些特殊情况要事先调研清楚，保障国际结算安全，规避收付风险。十是目标地人力资源素质水平与成本风控。企业"出海"的成败，团队与员工队伍至关重要。首先要有高素质稳定的国际化人才团队；其次是专业素质好、成本合理的当地员工队伍，具有本土人才管理及组织配套能力，以及本土生态圈融入与调动能力；再次，要有与当地工会组织较强的协调力，避免由于缺乏对当地风俗文化、工作生活习惯的充分理解，而面临很难快速调度和管理当地人员的挑战，避免劳工法务方面的风险。

政府支持打造"无锡海外生物医药产业飞地"，走上城市GNP经济增长之路。近年来，党和国家领导人多次指出要拓展国际视野，立足中国，放眼世界，带动企业在更高水平的对外开放中实现更好的发展，促进国内国际双循环。这宣示了我国在新时代坚持深化改革、扩大开放的坚定决心，为广大企业指明了前行方向。

面对当前复杂的国际形势与市场激烈竞争，无锡生物医药企业已经启动了新一波的"出海"，正驶向国际化"深海"。通过海外投资建厂、设立研发机构、技术转让、国际注册认证等多种方式，全方位参与全球市场竞争与合作。无锡生物医药企业"出海"不仅是拓展市场空间、提升自身竞争力，以及实现高质量发展的选择，也是建设无锡生物医药地标性产业的战略需求。在这方面，政府的主导和推动作用非常重要。虽然这股"出海潮"也引发了对产业外迁和相关行业就业压力的担忧，但在产业升级转型、成本比较优势转移的背景下，产业链、供应链布局调整符合经济规律，短期内这种风险可控。

建议政府及相关部门，第一，要全面重视新形势下企业"出海"现象，深入调研分析实际情况。第二，要鼓励并且协助企业"出海"，全力护航企业放心"出海"，加大为企业"走出去"作指导的力度，维持无锡生物医药研发、制造的竞争力和全球市场份额。第三，出台相关专题政策，让生物医药企业"出海"时"根留无锡"，避免全链式外迁。第四，建立中小企业"出海"服务体系，鼓励平台型企业建立"出海生态"。支持专业服务机构开展全球化布局，拓展跨境服务功能，提升对外投资保护、税收、融资、汇率、法务、财务、市场信息和咨询等方面的服务水平，完善产业安全预警和审查制度，降低企业"出海"风险与试错成本，营造企业"出海"创新发展的良好环境。第五，扩大海外投资和生产，继续强化无锡生物医药产业研发、制造实力，保障企业"行得远"，培育一批有全球视野、能实行全球战略的世界一流企业。第六，部署全球产业链、供应链、营销链格局,打造一块块"海外无锡生物医药产业飞地";打通内外全链,努力形成生物医药产业发展内外部融合、内外双向循环的新模式。在建设无锡地标性新兴产业的实践中,探索出一条城市从 GDP 接轨 GNP 高速增长的新路。

本文作者:徐重远,无锡市生物医药行业协会首席专家、无锡科技人才协会高级顾问、无锡市新产业研究会特约研究员、原无锡市科技局副局长兼无锡市工商联副主席。

无锡打造车联网及智能网联汽车产业新高地研究

周及真　赵华伟

当前,传统汽车产业正与汽车电子、汽车芯片、人工智能等新型数字技术和智慧城市建设加快融合,从而对车联网及智能网联汽车产业发展形成巨大的推动作用。无锡新能源汽车和电车产业发展处于全国领先地位,如何继续抢占制高点,打造车联网及智能网联汽车产业新高地,这已成为当前尤为重要的一大课题。

一、无锡车联网及智能网联汽车产业发展历程回溯和经验做法成果梳理

(一) 产业发展在波浪中前进、螺旋式上升

1. 孕育起步阶段(2017年前)

无锡车联网及智能网联汽车产业发展最早起步于物联网产业,以传感器、通信为主,智慧交通道路感知也是其中的重点方向。2017年9月,工信部、公安部、江苏省人民政府在无锡共同建设国家智能交通综合测试基地,LTE－V2X车联网小范围的应用测试在2023年世界物联网博览会(物博会)期间亮相,获评5G汽车通信技术联盟(以下简称"5GAA")优秀案例,获得5GAA成员的高度评价。近年来,无锡与中国移动、公安部交通管理科学研究所、华为、无锡市公安局交警支队、中国信息通信研究院、江苏天安智联科技股份有限公司等各方联合,开展车联网LTE－V2X城市级应用示范重大项目,率先实现全球首个城市级开放道路LTE－V2X车路协同技术的规模应用部署,完成

LTE-V2X车路协同技术的端到端验证。

2. 徘徊上升阶段(2018—2020年)

2018年后,车联网及智能网联汽车产业内出现了关于技术路线的争论和左右摇摆。2018—2019年时,业界还普遍认为要发展车路协同,但这需要政府实施大规模城市建设。这不太现实,所以当时路测设施建设实际上停滞了几年。但大车企市场敏感度很高,首先考虑其能力所及之处——认为全面提升单车智能是市场主导方向。

2019年无锡获批互联网先导区,同步开启200多个路口车路通信的较大规模建设,将路口的信息收集并发送给汽车,在路端与汽车直接通信,此后经历了一次自动驾驶爆发期。

3. 加速起飞阶段(2021年至今)

2021年,国家工信部发布了智慧城市基础设施与智能网联汽车协同发展(以下简称"双智")试点方案,实质为"车路协同＋单车智能"融合推进。无锡把握住该政策机遇,开始构建车联网体系,成长为全国首个国家级车联网先导区和首批"双智"试点城市、国家唯一传感网创新示范区和新型智慧城市建设先行城市。

随着技术迭代和市场发展,近年来,整车汽车行业竞争加剧,加装车路协同前装设备的成本提高,车企对车路协同不是特别积极——因为这不是完全必要而只是一个提升的选项。直到特斯拉完全实现了单车视觉识别。目前,中美技术路径都以单车智能为主、车路协同为辅。单车智能若实现无人自动驾驶,安全可靠程度可达80%,配合车路协同可能提升到90%。

2021—2023年,无锡制定了全国首部《智能网联汽车交通事故处置指导意见》,发布了《智能网联汽车管理实施细则》《无锡市智能网联汽车道路测试与示范应用管理实施细则》《自动驾驶上路管理实施细则》并持续修订更新至3.0版本,以完善智能网联汽车交通事故处置,2023年实施了全国首部车联网地方立法。

2024年,国家工信部、公安部、交通运输部、住建部、新组建的自然资源部等五个部委合力实施"智能网联汽车'车路云一体化'应用试点"。总共40座城市申报,所有大城市基本都给予了密切关注。最终,无锡获评全国首批"车路云一体化"应用试点城市，无锡新吴区、锡山区、经开区获评先行先试区名单，将获得相应的资金支持，从而得以在建设、应用、产业、配套保障政策、标准和安全等方面，全方位推进车联网及智能网联汽车产业发展。

(二) 近年来经验做法丰富、成效显著

近年来，无锡坚持体系化、规模化、市场化发展路径，持续推进车路云一体化建设，采取了一系列做法，取得了多方面显著成效。

1. 政策法规体系不断完善

地方立法、管理规范、地方标准等工作走在全国前列，出台全国首部车联网地方性法规和开放创新程度领先的管理实施细则，构建了较为完善的政策法规体系。

2. 城市级投资建设运营体系初步形成

明确将市交通产业集团有限公司旗下车联网产业发展集团有限公司定位为城市级平台型企业，承担全市车联网基础设施投资、建设和运营工作。

3. 全域服务能力不断提升

形成了全国规模领先的车联网基础设施覆盖，与车企、通信运营商、电子/数字地图供应商以及行业应用企业形成紧密合作，落地了信号灯推送、公交优先、无人接驳和环卫物流运输、汽车前装研发量产的测试验证等代表性服务，成功开展了自动驾驶小巴微循环服务。

4. 产业发展不断加速

2023年，全市205家重点企业实现营收达233.9亿元，同比增长18.65%；2024年1—5月营收84.75亿元，同比增长18.5%；新吴区、经开区、锡山区、滨湖区等4个重点板块分别实现营收43.04亿元、17.24亿元、9.85亿元、5.18亿元，分别同比增长12.0%、81.4%、2.4%、4.3%。无锡与中国移动、吉利等央企及龙头企业形成深度合作，落地吉利（无锡）协同创新中心和国资委"新能源汽车战略新型项目"，培育了天安智联、车联天下、斯润天朗、晓枫汽车[1]等骨干企

---

[1] 全称分别为江苏天安智联科技股份有限公司、无锡车联天下信息技术有限公司、斯润天朗（无锡）科技有限公司、无锡晓枫汽车技术股份有限公司。编注。

业,推动威孚高科、航天大为、宝克①等企业加速转型升级。

二、无锡车联网及智能网联汽车产业发展现状的分析思考

(一) 汽车产业各类技术路线:同步推进,尚未见分晓

面向未来,汽车到底是以电动还是氢能驱动为主,国内外尚存在争议。各类能源驱动汽车的几条技术路线尚在同步推进,但目前哪条技术路线能走通尚未见分晓。随着全球对双碳和气候治理的关注度提高,"双碳"达标期即将到来,将来新能源广泛推开将是大势所趋。一直以来,无锡以发展内燃机为主,未来将由燃油动力转而向电动、氢能等多元动力进军,发展碳中和发动机、高效内燃机、新型合成燃料、电池电控高端化、氢能储能等。无锡即将出台一整套氢能配套补贴政策,涉及氢燃料加油加氢站、氢燃料电池汽车、氢燃料动力船,同时带动制氢行业加快发展。

(二) 自动驾驶的两条技术路线之争:单车智能对垒车路云协同

自动驾驶的未来发展有两条技术路线选择,一条是单车智能,另一条是车路云协同。如果把车路云协同和单车智能各自理解为"大脑"和"小脑",那么车路云协同是在宏观上告诉汽车如何从这个"房间"开到那个"房间",并支撑起整个城市的智慧交通系统;而单车智能无法在宏观上判断"房间"是如何规划的,只能针对自身所处的环境做出决策,如超车、转弯等。因而,整个社会还是需要云控去做路径规划,即所谓"大脑"的概念。业界对于到底将单车智能还是车路云协同作为产业发展重点,方向上一直有所摇摆。

产业发展过程中虽然不断摇摆,但两个选择没有完全的对和错,不是零和游戏,而只是在某个阶段更关注某个方面,所谓在特定阶段及合适的时间做合适事情。在当前阶段,车路协同应用于各类场景,而单车智能是对车路协同的赋能。两者并非相互排斥,而是呈现不断融合的趋势,这依赖于终端数据推送的稳定性。在未来整个交通体系中,车联网和车路云协同都是支撑自动驾驶

---

① 全称分别为无锡威孚高科技集团股份有限公司、江苏航天大大为科技股份有限公司、宝克(中国)测试设备有限公司。编注。

的不可或缺的环节,两者能力须同时提升。

(三) 因地制宜发展:警惕一哄而上,避免先发劣势

无锡虽是"双智试点"城市,但缺乏整车厂商,当前要做车路云一体化,辨识度和可操作性不是很强。无锡一直以来相对保守,投入力度不如其他城市大。这主要是因为技术路径一直在更迭,到底选择 5G 还是直联通信,现在国际上和行业内没有一个完全的定论。鉴于先发劣势,城市一旦投资基础设施,几年后可能淘汰不用,所以应当尽量避免做先驱和无谓牺牲。考虑到大量的试错成本和机会成本,政府确应适当持保守态度。

当前整个产业发展氛围太过火爆,很多城市都在大举投资,例如内蒙古资源型城市鄂尔多斯准备投资 70 个亿来发展车路云一体化,但应警惕这样的一哄而上可能导致类似当年光伏产业过剩的结果。2024 年全国两会期间,习近平总书记提出:"发展新质生产力不是忽视、放弃传统产业,要防止一哄而上、泡沫化,也不要搞一种模式。"这体现了深刻的问题导向和现实观照,也是求实效、谋长远的必然要求。当前,全国各大城市都在奋力往前奔,而无锡应结合本地实际,因地制宜地深入思考适合做什么、这个阶段应该更关注什么、要填补什么缺口空白。

(四) 产业重点应用场景:自动驾驶的环卫车和物流车

目前,无锡自动驾驶汽车的重点应用场景主要是环卫车和物流车。环卫车主要布局在锡东新城商务区,是功能型低速无人装备。相关车企已不是研发制造企业而是运营企业,2024 年以 1 亿元费用承包了整个锡东新城商务区的环卫业务。由于完全遵循市场化方式运作,车企有积极性提升利润空间,未来可升级为机动车。

传统的物流机动车在同城配送方面类似于货拉拉,是为大型企业做配套运输服务的。部分车企以完全市场化行为开发自动驾驶物流快递车,去年在无锡投放约 200 辆,实现了爆发式增长。上汽集团的自动驾驶公司为上汽大通汽车有限公司做零库存供应链配送,自动驾驶卡车从周围零配件企业送货

到工厂，路程只有1—2千米。综合保税区的无锡村田电子有限公司等企业在工厂和仓库之间设置了自动驾驶配置，工厂和仓库的装卸都实现了自动化，自动驾驶车只须停到泊位就可自动卸货，从而形成了完整的自动化供应链。由此可见，自动驾驶可降低驾驶成本，提升"最后一公里"的配送效率。

（五）构筑产业发展良好环境：完善基础设施和数据质量

车联网及智能网联汽车产业的发展重点在于，先把基础设施建好，再把数据用好。只有充分提升数据数量和质量，才会创造更大的市场空间。如果整个基础设施实现低成本改造，数据规模和质量得到提升，那么商业价值也将得到提升。例如，锡东新城商务区在道路上设置了很多感知终端设备，对路口的车流量、尾气排放等大数据进行分析优化，为交警提供优化方案；梁溪区、经开区、锡山区等信号灯将实时数据提供给百度地图和高德地图，后者再结合算法为用户提供倒计时。

当前，无锡已基于数据实现了信号灯推送和公交车优先通行。车企对实时交通数据要求很高，主要将数据用于培养自动驾驶模型或算法。无锡交通产业集团作为车联网及智能网联汽车产业的国企主体，专门成立了车联网集团有限公司，作为无锡整个投资建设主体和数据授权运营主体。

三、无锡车联网及智能网联汽车产业发展面临的挑战

当前，无锡车联网及智能网联汽车产业发展面临的挑战如下。

（一）大型车企缺失，产业集聚偏弱

各地政府都认为整车产业尤为重要，对当地经济贡献很大，因而都在抓紧上马，使得整车企业发展内卷严重。但整车资质须由国家发改委批准且政策在逐渐收紧，因而城市发展整车产业受到很大限制。

（二）面临技术壁垒，产业规模较小

无锡传感器产业发展面临技术壁垒，很多核心技术都掌握在国外企业手中，例如中国跟美国得克萨斯州竞争时面临专利诉讼问题。目前，无锡只做某

个细分领域,利润率较高但产值不高。企业倾向于保持在这个利润率最高的规模而不扩张,若扩张则人员成本会增加、利润率会降低。

(三) 城市间竞争激烈,产业同质化严重,高端人才吸引难

无锡与苏州、常州等周边兄弟城市的产业同质化较为明显、竞争尤为激烈。虽然无锡的地理位置在长三角中较偏中心,物流条件、物流场景都很优越,但由于城市能级偏弱,吸引高端产业和人才尚有难度。

(四) 产业数据合规性、合法性和质量难以达到要求,较难实现商业化

目前,我国尚未出台特别针对车联网及智能网联汽车产业数据的专项法规,但这并不意味着汽车数据完全不受任何规制。如果产业数据合规性、合法性和质量难以达到市场要求,则其本身就很难实现商业化。

(五) 顶尖行业协会少,联系不紧密

无锡与工信部、公安部等中央部门联系较为紧密,但与大城市相比拥有的国内顶尖行业协会较少且联系还不紧密。

(六) 汽车共享化趋势,将导致车企销量下降

未来汽车逐步实现共享化,汽车使用率将迅速提升,不是每家每户都需要买汽车,车企销量下降将对汽车产业造成极大打击。

四、无锡打造车联网及智能网联汽车产业高地的对策

(一) 努力抢抓智能化自动驾驶发展的新机遇

近年来,新能源产业发展领军城市——常州,并未推动自动驾驶,而是一以贯之聚焦新能源汽车,抓住了新能源汽车这一风口,发展尤为迅猛。而无锡燃油车产业缺乏整车厂商,错失了新能源汽车发展风口,不能再错失智能化自动驾驶的风口,应着力抢抓历史机遇,大力推动智能化自动驾驶发展。很多城市都明确开放自动驾驶的巡游出租车;而无锡经开区的小巴士上路超过一年,速度相对较慢,未曾发生主动事故而只发生过被动事故,安全性和可靠性基本得到保障。

（二）借鉴先进城市做法，加大宣传效果、善用资金投入

首先，加强持续性宣传。例如，武汉大量引入自动驾驶百度车"萝卜快跑"，做足了宣传引导和招商工作。无锡应谋求与汽车工业协会合作，加强对外宣传，提升宣传效果。应依托隶属于公安部、受行业普遍认可的权威机构——公安部交通管理科学研究所（公安交科所），以前端研发服务于造车和用车，为企业提供公证上牌和背书。

其次，善用有限的资金投入。先进地区如北京亦庄、上海临港、广州等投入力度较大，亦庄每年投入3—4个亿，其他几座城市投入超10亿以上。苏州相城区聚焦自动驾驶招商，南天城路密布自动驾驶器，并大力强化优惠政策，为独角兽企业萌萌哒科技发展（杭州）有限公司提供一栋办公楼和10个亿的补贴。而无锡总体财政投入偏小，应在控制投资总量的基础上用最小的资金投入达到最好结果。

（三）完善基础设施、数据、政策等各类产业发展环境

国家层面有待出台配套标准，规范自动驾驶车企运营。省级层面有待出台地方标准，规范车型、大小和载重量。各地资金补助、退税等招商政策大同小异，只有打造好政策环境、基础设施和数据环境，才能持续保持竞争力。

1. 营造高质量政策环境

无锡拥有良好的数据基础，且基本搭建好了完善的政策框架体系，上有立法、下有管理规定，公安部门配套出台了《智能网联汽车交通事故处置指导意见》，今后应进一步完善车联网立法，升级、细化、落实相关产业管理制度。

2. 打造高质量基础设施

车联网的新机遇在于推进新基建。可以预见，基于城市路口信号机、感知设备等大规模新基建更新，公安部将推出具有很强市场地位的行业标准，这将为企业提供巨大机遇，企业都将依照此标准来生产新产品、注册设备设施。当前，路测设施建设的全面升级是一个海量市场，无锡拥有部分企业但规模有限且参与度较少。无锡应通过"智能网联汽车'车路云一体化'应用试点"项目的实施来带动本地企业参与，通过基础设施的提升来跟上试点实施的脚步，从而

形成爆发式增长。

3. 创造高质量数据环境

车联网和工业互联网都是基于数据的应用方案,增长点在于生产性服务业提供支撑制造业发展的营商环境。企业不仅需要大量资金支持,而且需要良好的基础性环境。很多企业评价无锡的政策开放力度相当大,今后应进一步扩大优势,创造更高质量的数据环境。应将无锡交通产业集团打造成为数据授权运营商。无锡市数据局成立后出台了第一个文件《公共数据授权运营管理办法(试行)》。有了数据授权运营商身份,就相当于有了特许经营能力。城市掌握了这套数据,就等于掌握了整个车联网资产。基础设施投入需要成本但无法单独创造附加值,只有其产生的数据才有附加值。因而,无锡交通产业集团要着力完善数据质量,根据企业的数据需求去打造技术设施,而不是盲目地开展全域覆盖大规模建设,实际操作要以应用为导向。

(四) 发挥市级牵头优势,整合全量数据,建立数据大试验场

无锡要实现产业可持续发展,项目实用性才是根本要求,要结合自身特点解决实际问题、充分发挥优势禀赋。无锡是非常特殊的存在——城市规模较小、数据便于整合。从一开始,车联网就是由市级层面牵头来实现整体联动,能拿出城市全量数据,因而具有巨大优势和强大的市场吸引力,目前,已与上海、浙江德清等三家运营平台公司实现了1 000多个路口的数据交换。

目前车联网和智能网联汽车产业发展有两个应用方向:一是车联网的数据应用,二是自动驾驶车辆的应用。两者也在不断融合,将车辆在路上的感知数据提供给车企,从而加快前装量产的应用。未来,应以单车智能为主,将看不到的数据告知车辆,将信号灯或路口流量排队的应用做精做好,提升车企自动驾驶能力。无锡可依托全量数据建立开放性大试验场,给车企做各种测试、前装研发,服务于车企造车。例如,倒计时、什么时候驾驶等数据要提供、展现给用户看;这些数据若要作为自动驾驶的决策依据,就需要保证数据的数量和质量。目前车联网主要服务于智慧交通治理,将能汇聚到的交通实时信息提供给车企或市场去开发应用服务。而政府应提高基础数据质量,提高和扩展数据门类,使得公安交管治理实现更显著效果。

(五) 充分结合车路协同, 提高智能网联汽车终端渗透率

前些年, 电车渗透率很低。国家推动充电桩建设、实施新能源车补贴, 目前, 新能源车渗透率已超过50%, 因而智能网联和自动驾驶的爆发期也不会太遥远。在应用维度方面应结合车路云协同, 继续提升智能网联汽车的终端渗透率, 增加智能网联汽车数量。智能网联汽车不等同于所谓的自动驾驶, 其实是通过路测信息辅助行为来运作的, 这涉及前装——整车厂出产汽车具备这个功能, 以及后装——存量车加上终端从而具备智能网联功能。车联网依托物联网去感知交通数据, 汽车需要前装或后装传感器, 部分车企可能不需要加装传感器和联网——因为这不是刚需, 这就需要政府培育。根据经济学"供给自动创造需求"原理, 往往有供给之后自然而然就有需求。因而, 无锡应加快培育有实体化产品的专精特新、"小巨人"、隐形冠军等企业, 以产业提供新供给去创造新需求。

(六) 积极招引域主企业, 推动智能化域控制器产业

特斯拉优先选择单车智能而不是车路云协同, 不是单卖车而是卖服务, 从而引领了汽车智能化浪潮。在特斯拉带来的域控制器风潮推动下, 汽车大致分成五个域——车身域、支架域、提升底盘域、加舱域、自动驾驶域, 跟原本的汽车车身件、内饰件类似, 但需要很多智能化的域控制器。这是一个较大市场, 每个域都有一个"域主"企业。无锡未来可积极招引、着力培养智能网联汽车领域"域主"企业。车联网、智能联网汽车、单车智能需同时推进, 应积极招引自动驾驶桌面算法企业。

五、无锡车联网及智能网联汽车产业发展的未来前景展望

(一) 以交通产业集团统筹区际基础设施建设

为避免各区分散发展, 无锡交通产业集团可设立一个车辆产业发展集团, 按照区际统一模式来统筹基础设施建设, 由市政府提供支持资金, 以注资、补贴、服务采购等方式来支持, 同时国企要符合商业闭环的要求。基础设施建设主体是路测设施, 国家层面主导方向是实现整个云控平台和路测设施之间的关联使用。

(二) 积极与整车企业对接测试研发合作

发展智能化网联车不一定要引进整车企业,而只需在原有车上增加辅助功能即可。目前,无锡正与各大主机厂对接,在车辆测试、能力研发等方面寻求合作。比如,无锡正与吉利、上汽集团对接,将在所有的城市快速路上匝道的盲区路口加装感知设备,将感知数据提供给车辆,使其做出参考决策。

(三) 继续开拓公交、物流、环卫等应用场景

1. 自动驾驶微循环小巴士

当前,人才市场上公交司机招聘困难,大型公交车的乘坐率较低。因而,无锡交通产业集团与厦门合作,在经开区运行了微循环小巴士,实现了24小时运营,形成按需发车模式。未来公共交通新模式将以小型化为主,其中自动驾驶小巴车将成为一大趋势,技术迭代将节省一大批安全员和驾驶员。

2. 自动驾驶同城配送物流车

同城配送的自动驾驶物流车也具有良好的市场前景。比如,为学校和企业送餐、送蔬菜一般在凌晨,道路交通条件较好。若能实现自动驾驶,完善前后端装载、卸货等流程,就可实现相应的自动驾驶场景。目前,给中小学送餐和送食材都是燃油车,未来可实现电动化、自动化。整个配送系统固定,但凌晨四五点真人配送尤为辛苦,且电池容量不够导致冷链物流较难支撑电动化的续航里程。未来可开发一款燃油车,作为支持这种里程的物流车并退污染化。无人快递车送至小学门口后卸货,也涉及基础配套——小学门口需配备充电设施来使箱子保持低温状态。

3. 探索不固定线路的新场景

目前,应用体验、智能车、传统车联网赋能交通管理的一些场景都是固定的,但未来需解决一些不固定线路的新场景。比如,网约出租车去机场、枢纽的新快速路实现自动驾驶。车企愿意在城市开放自动驾驶,但不愿在新快速路进行无人化运营,因为一旦发生事故对企业估值影响较大。

(四) 推动汽车产业向智能化、网联化、电动化、舒适化等方向转型

传统燃油车因为控制系统的限制,其动力组织很难做到自动驾驶,而新能

源电控车可以匹配自动驾驶系统,这将进一步推动汽车动力的更新。若当前电能驱动汽车模式更加固化,网联化和智能化能站住脚,就将避免争议。如果自动驾驶路线能够走通,也就能证明电动化这条路是必须的。无锡市基本的信号设施比较完备,大部分都是网联化信号设施。如果全国大批量更替信号设施,就可通过新基建拉动内需并顶住房地产下行压力。未来汽车产业将向电动化、智能化和网联化转型,重要环节包括各种传感器、汽车芯片、自动驾驶的算法等。可发挥集成电路产业、半导体、人工智能等技术优势,聚焦智能网联汽车、自动驾驶算法等企业,在汽车网联化上形成新的产业增长点。若未来汽车充分实现电动化,那么20万元—30万元的汽车也将具备原本的高端功能甚至百万级功能。若电驱电控的配备一致,那就要比拼舒适性——发展空气悬挂、新型底盘等方向。

(五) 从产业发展上升为产城融合、系统性技术融合

城市和应用场景要结合起来,还要讲究实用性。不仅仅把人解放出来、实现自动驾驶,更关键的是通过整个智能网联化,提升交通效率和安全性。2024年上半年,国家层面提出城市更新,将"智能网联汽车'车路云一体化'应用试点"的投入纳入城市更新这个大课题中,未来几年将加大投入力度。北上广深等一线城市已实现基础设施全覆盖。

自动驾驶车与真人驾驶车的混行阶段将会面临如何治理的大问题。就算未来全部改换自动驾驶车了,还可能涉及安全、数据、控制等很多问题,需要进行更大规模的城市治理变革。未来车联网和智能网联汽车产业发展应该扩展到整个产城融合的范畴,使其具有技术融合系统性。整个产业向机器人业态转型,产业链完全可平替,汽车逐渐被视为机器人,未来汽车即为自动驾驶机器。机器人陪护产业也将得以兴盛,将各类产业串联起来。

本文作者:周及真,中共无锡市委党校教育长(教授)、无锡市新产业研究会特约研究员;赵华伟,江苏信息职业技术学院汽车与智能交通学院高级工程师。

人工智能(AI)与企业发展深度融合现状探究

——以无锡日联科技股份有限公司为例的调查报告

毕小平

以人工智能(AI)为代表的第四次工业革命浪潮正在席卷全球,深刻影响着人类社会的发展。人工智能赋能增效千行百业,已经成为加快形成新质生产力、助推高质量发展的强大引擎。《中共中央关于进一步全面深化改革 推进中国式现代化的决定》明确提出:"加快推进新型工业化,培育壮大先进制造业集群,推动制造业高端化、智能化、绿色化发展。"

长三角是中国经济发展最活跃、开放程度最高、创新能力最强的区域之一。自长三角地区一体化发展上升为国家战略以来,聚焦集成电路、生物医药、人工智能等重点领域和关键环节取得了一系列突破性成果,同时面临着创新动能不足、产业同质化严重、协同发展机制不健全等诸多挑战。如何找准发展定位,特别是通过科技创新与产业创新有机融合,加速构建智能制造生态体系,聚焦聚力向高质量、高效率、可持续方向发展就显得尤为重要,也是当前亟待解决的重大现实课题。

无锡日联科技股份有限公司(以下简称"日联科技")作为长三角地区的一家高科技上市企业,近年来围绕检测技术开发和成果转化,在人工智能领域进行了有益探索,培育形成了一批智能场景,实现了更高效的资源配置和管理。通过对日联科技成功案例的深入分析,能为广大企业实现产业升级提供借鉴、树立标杆,有助于整体推动长三角地区因地制宜地发展新质生产力,持续推进创新链与产业链的深度融合,形成未来产业的主战场和前沿阵地。

一、日联科技基本情况

日联科技是科创板上市公司,从事工业 X 射线检测仪器和装备的研发、生产,总部位于无锡,分别在深圳、重庆、马来西亚建有三个全资工厂,是国内工业 X 射线龙头企业,国家级专精特新重点"小巨人"企业。

公司现有员工 900 余人,建有两个研发中心、一个检测技术研究院,承担了国家多项重大专项的攻关课题,拥有 400 余件国内外专利和软件著作权,已为全球 70 多个国家的工业制造领域提供了检测设备和技术,被业界誉为"工业医生"。

公司"十年磨一剑",一举攻克了"微焦点 X 射线源",打破了美日垄断,成功解决了"卡脖子"问题,被工信部认定为"国际先进、国内领先"。

二、日联科技应用 AI 技术效果评估

作为一家高科技企业,日联科技在人工智能与智能制造融合应用方面已提前布局,构建了国内最大的覆盖集成电路及电子制造、新能源电池、铸件焊件、食品异物检测等场景应用的 X 射线图像数据库,研发了基于机器视觉和人工智能的质量检测系统及 X 射线图像增强算法,在业界处于领先地位。

(一) 核心竞争力实现新提升

日联科技通过引入 AI 技术,使得智能检测设备的检测精度和效率明显增强。在电子元器件检测中,通过图像处理和机器视觉技术,能快速识别产品的细微缺陷,提高了检测速度和精度,准确率达到 99.5% 以上。在生产制造过程中,通过智能调度,能对生产计划、工单、用料进行自动生成和精准下发,缩短了生产周期,提高了原材料利用率,智能制造指数、全员劳动生产率显著提升。在数据分析与管理系统中,通过 AI 技术智能看板,实现实时监控,确保问题早发现、早预警、早处置,产品优良率不断提高。在"产学研"合作和人才培养中,公司采取"走出去"与"请进来"的方式加强交流学习,增强企业的人才凝聚力、技术支撑力,并依托企业自身的先进检测应用技术研究院,与科研院所无缝对接。

（二）品牌影响力得到新加强

日联科技在无锡、重庆、深圳以及马来西亚建立了生产基地和研发中心，通过智能调度、故障预测、人机协作等技术，实现了生产过程集约化、自动化，为制造业转型升级提供了示范。公司深耕行业20多年，积累了丰富的客户资源，与华为、安费诺（Amphenol）、比亚迪、立讯精密（Luxshare）、宁德时代、国轩高科等客户建立长期稳定的合作关系，树立了良好的行业口碑。近年来在机器学习、深度学习、图像处理等领域不断发力、重点突破，取得了多项重要成果。同时，积极参与行业标准制定，提高话语权，极大地增强了企业品牌影响力。

（三）行业辐射力取得新成果

日联科技帮助多个行业领域企业实现了智能化转型，在战略新兴行业头部客户领先应用方面发挥了突破和引领作用。公司的智能检测设备和自动化生产线解决方案在集成电路、半导体、新能源电池、航天军工等战略性新兴产业广泛应用，有效保障了下游企业平稳发展。公司通过技术创新和市场拓展，不仅在国内市场占据领先地位，还积极开拓国际市场，产品远销全球70多个国家和地区，创造了大量就业机会，带动了相关产业发展，为区域经济发展注入了新动能。

三、日联科技的成功实践对长三角地区高质量一体化发展的几点启示

日联科技在人工智能技术应用方面的有益探索与成功实践，为长三角地区打造引领国内AI风向标、加速形成具有国际竞争力的人工智能产业集群、实现高质量一体化发展，提供了成功样本，给人启发和思考。

（一）发挥政府主导作用

全国两会期间，习近平总书记在参加江苏代表团审议时强调，要"牢牢把握高质量发展这个首要任务，因地制宜发展新质生产力。面对新一轮科技革

命和产业变革,我们必须抢抓机遇,加大创新力度,培育壮大新兴产业,超前布局建设未来产业,完善现代化产业体系"。

要完善扶持政策。从发展目标、重点任务、保障措施等多个维度进行顶层设计,鼓励和支持区域内企业在 AI 技术领域有所作为。可通过设立专项基金,支持企业在关键技术攻关、创新平台建设方面进行投资,同时提供税收减免、贷款贴息等优惠政策,持续营造人工智能与制造业融合发展的良好氛围,渐进式推动人工智能赋能新型工业化,为打造"AI+制造业"先行区做好政策保障。

要优化营商环境。通过建立"一站式"服务平台,简化审批流程,优化服务质量,为企业提供政策咨询、项目申报、资金支持等全方位贴心服务。联合高校、数字化服务商、各领域专家深入一线,驻点企业,长期帮带、把脉会诊,培养数字化人才,化解个性化问题,助力打造市场化、法治化、国际化一流营商环境。

要加快转型布局。坚持以应用为导向,重点帮助企业普及和推动数字化转型,找准突破口、打通关键点,以快见效强信心。依托实体经济、场景资源、企业集聚等先发优势,引导工业垂直类大模型企业面向研发设计、生产制造、供应链管理、销售服务管理等全产线应用场景进行深度布局,鼓励 AI 场景应用产品的开发,培育 AI 大模型应用土壤。

要深化区域协同。发挥政府力量正向推动作用,找准区域利益、企业利益的"平衡点",通过统筹协调和共建协商研究,设计新政策、新制度,着力化解瓶颈问题。要打破区域、行业壁垒,尤其在税收和人才流动政策方面坚持统一规划、统一标准,切实促进区域内资源自由流动和高效配置,促进区域协同、良性、一体发展。

(二) 发挥企业主体作用

企业是推广应用人工智能技术的主阵地,必须强化主体观念,围绕协同网络构建、跨领域融合创新、智能产业链重构等,主动作为、大胆探索。

要强化基础研究。注重与高校、研究机构信息互通、资源共享、双向互动、密切合作,结合实际实施人工智能软硬件设施和数据服务等创新项目,因地制宜完善云计算平台、大数据存储和处理等基础设施，提升人工智能基础研究水平。

要加大创投力度。创投是发展新质生产力的重要力量，人工智能技术已成为企业战略投资的一大方向。要积极把握这一趋势，及早制定策略，扩大创投"朋友圈"。要加强与头部创投机构、金融单位、行业协会、产业龙头的联系，常态化开展创投大会、融资路演、投研活动、行业论坛等，探索创投发展的新路径。要依托孵化器、众创空间、"产学研"合作联盟等创新创业平台，开展创业辅导、投融资服务和项目合作，促进成果转化，挖掘商业价值。

要拓展应用场景。通过人工智能技术在制造业各个环节的应用，包括但不限于设计创新、质量提升、能效优化、成本节约等方面，可以借鉴广东省在供应链优化方面的"链式改造"模式，采取"点线面"一体化推进策略，加快重点行业数字化转型。要制定个性化方案，从小应用场景入手，选择核心业务场景进行数字化改造，夯实 AI 发展的生态底座。要加强线上线下宣传推介，总结推广一批有实效、可复制的应用场景示范小案例，逐步扩大覆盖面、影响力，促进人工智能技术在制造业的普及应用，渐进式推动人工智能赋能新型工业化。

（三）发挥区域主责作用

如今的长三角，无疑是中国最重要的经济引擎之一。提升创新能力、产业竞争力、发展能级，才能携手打造强劲活跃的发展增长极。

要打造科创共同体。长三角区域内具备各类功能、拥有不同规模的城市。要强化中心城市在人口、企业、生产、资本、技术、流通、服务、资源等方面的集聚辐射效应，通过制定产业发展规划，以 AI 技术应用为突破口，锚定新质生产力，优化产业布局，形成优势互补、错位发展的产业格局。例如，可以在上海重点发展金融、科技服务业，在无锡重点发展高端制造，在杭州重点发展数字经济等，形成各具特色的产业集群。

要增强区域创新力。聚焦新能源汽车、智能装备、新材料、人工智能等战略性新兴产业和未来产业，突出区域分工和强强联手，提升区域产业的整体形象和知名度。可以依托区域内重点企业和产业园区，打造一批具有国际影响力的区域品牌，提升区域产业的国际竞争力。通过举办国际展会、论坛等活动,宣传推广区域品牌,吸引吸纳行业龙头和国际客户关注并投资,为长三角转型升级提供科技创新支撑。

要丰富数据资源库。数据是现代企业的重要资产,AI的强大分析能力为大数据处理带来革命性跃升。长三角不同区域之间要基于人工智能、大数据等技术优势,充分挖掘当地沉淀的海量行业数据,构建一批工业知识库和数据集,通过对历史数据及市场动态定性定量分析,提升感知能力,系统精准掌握行业动态,快速响应市场需求。

要强化人才先导性。把培养人工智能应用技术人才作为前置和重要任务,通过实施高端人才引进计划,吸引更多的高层次人才到长三角工作创业;通过校企合作,建立实训基地,为企业输送实用型人才;通过搭建人才与企业的对话平台,促进人才与企业的双向互动;通过在重点高校和职业院校设立人工智能、大数据、智能制造等专业,培养一批具备数据分析、云计算等技能的专业团队,为区域产业发展提供智力支撑。

四、长三角地区应用人工智能技术应把握的基本原则

长三角地区作为中国经济发展的重要引擎,具有体量大、应用场景丰富等区域禀赋和多样化城市人工智能应用领域的独特优势。在应用人工智能技术时,应把握好以下原则。

(一)坚持循序渐进

在引入人工智能技术时,避免盲目追求"大",注重深耕垂直场景,结合自身业务的实际需求和发展阶段,循序渐进、稳步推进。可以先从小规模的试点项目开始,例如,在客户服务、供应链管理或数据分析等领域进行初步尝试。通过先行先试积累经验,做强技术储备,经科学评估后逐步扩大应用范围,确保每一次技术升级后能够促进企业业务流程的智能化、自动化,确保在激烈的市场竞争中占据有利地位。

(二)坚持因地制宜

数字化转型是当前企业转型升级、创新发展的大趋势,但要防止过度依赖

数字技术而忽视传统生产模式和生产管理。企业应避免"数字化包治百病"的过度思维,将人工智能技术与其他管理手段有机结合起来,优势互补、相得益彰。要坚持以人民为中心的发展思想,注重企业文化建设,确保技术进步与人才培养协调发展,全面提升企业整体竞争力。

(三) 坚持协同发展

在推广应用人工智能技术时,各个企业之间、企业内部的分工协作至关重要。管理层要注重跨行业、跨部门对接沟通,打通信息"孤岛",促进数据资源共享,深化创新技术交流。要针对新一轮产业革命大背景下的新业态、新模式、新特点,深化跨区域、跨行业、跨层级共享,加强企业内部研发、产能和订单协同,最大限度地激发创新意识、创新动力、创新效应。

(四) 坚持示范带动

长三角地区龙头企业在人工智能领域探索实践动手早、做得好,经验较为丰富,对于整个区域乃至全国具有示范引领意义。这些企业可以通过自身的经验分享和技术输出,帮助其他中小企业消除顾虑心理,破除技术壁垒,加速数字化智能化转型。例如,利用自身在产业链中的优势地位,通过提供技术咨询、决策服务,搭建公共技术平台,开展联合研发项目等,推动上下游企业共同参与,形成良好的产业生态,为区域经济高质量发展贡献力量。

总之,日联科技的成功案例表明,AI技术在推动企业创新发展中具有强大的倍增效应,是推动企业数字化转型和智能化升级的关键之举,将在高质量发展进程中扮演愈加重要的角色。长三角地区理应在推进"AI+制造业"机制创新、产业创新、协同创新,实现人才密度、科研强度、创新速度等方面继续走在全国前列,真正以双轮驱动、远近结合的长三角方案促进从人工智能产业高地迈向全国乃至全球产业高峰。

本文作者:毕小平,无锡日联科技股份有限公司法律顾问、无锡市新产业研究会特约研究员。

无锡新能源产业发展中需重点关注的问题与思考

刘 洋

新能源产业作为绿色生产力的代表,正逐步成为全球能源转型的焦点。今年以来,新能源产业发展呈现出新趋势、新特点、新格局,我市新能源产业高质量发展面临新的机遇与挑战。现就当前新能源产业发展中需重点关注的问题作如下汇报。

一、总体情况

近年来,无锡市紧紧围绕建设"有国际影响力的新能源产业总部基地、新能源高端装备制造基地、新能源优势产品生产基地和新能源技术创新策源地"等目标,依托雄厚的产业基础和先发优势,聚焦"光伏、风电、储能、氢能"这四条产业链,加快打造新能源装备之都,形成了以"先进产品＋高端装备＋检测认证"为特色的产值超2 000亿元的产业集群。

在新能源制造领域,全市以江阴市、宜兴市、锡山区、惠山区、新吴区为主要产业集聚区,覆盖硅片、光伏电池、辅材辅料、光伏组件、光伏专用设备、风电整机、风电核心零部件、锂电池、正极材料、锂电全产业链装备、氢气制取、氢气储运、氢气应用以及检测认证等诸多细分领域,建成了无锡(江阴)新能源产业园、无锡(锡山)新能源产业园、宜兴氢枫氢能产业园等一批特色产业园,拥有远景能源、先导智能、尚德电力、弘元绿能、隆基氢能、博世动力总成、上能电气、极电光能[①]等188家规上企业,其中上市公司达21家。同时,建成了国家

---

① 全称分别为江阴远景能源科技有限公司、无锡先导智能装备股份有限公司、无锡尚德太阳能电力有限公司、弘元绿色能源股份有限公司、无锡隆基氢能科技有限公司、博世动力总成有限公司、上能电气股份有限公司无锡第一分公司、极电光能有限公司。编注。

太阳能光伏产品质量检验检测中心、国家高端储能产品质量检验检测中心（江苏）、长三角太阳能光伏技术创新中心、上海交通大学无锡碳中和动力技术研究院等一批产业创新平台。

在新能源应用领域，无锡市形成了光伏发电、风力发电、储能电站、氢能汽车等各类新能源应用场景。截至2023年底，全市光伏累计装机规模达319.2万千瓦，超额完成"十四五"新增光伏装机目标（《无锡市"十四五"能源发展规划》目标为253万千瓦，《市政府办公室关于大力推进全市光伏发电规模化开发应用的实施意见》目标为280.35万千瓦）。其中，分布式光伏并网容量284.95万千瓦，全市单位面积分布式光伏发电装机容量约566.96千瓦/平方千米，位居全省第一。同时，无锡市已建成50 MW/100 MW·h独立储能电站，用户侧储能规模超130 MW·h；建成加氢站2座，氢能营运车辆11辆。

二、当前新能源产业发展需重点关注的问题

一是新能源产业全产业链洗牌，对我市产业发展形成冲击。自2023年下半年以来，光伏、储能行业爆发式扩张，出现全产业链产能过剩，随之而来的便是惨烈的行业竞争。高库存、低开工、裁员、亏损保市场成为企业经营常态。一些企业甚至已经停产、破产、退出。中国光伏行业协会（CPIA）数据显示，2024年上半年投产、开工、规划的产能项目数量下降75%，超过20个项目宣布终止或延期，行业开工率整体维持低位。

无独有偶，锂电行业形势也不容乐观。蜂巢能源科技股份有限公司董事长杨红新此前曾公开表示："锂电市场的淘汰正在加速。今年，储能企业有可能淘汰掉50%，动力电池企业到今年年底可能不会超过40家，且明后年仍将是加速淘汰的阶段。"在杨红新看来，2024年是锂电行业深度调整的元年，产能过剩、融资变差、价格内卷、经营挑战等问题都在今年集中体现。在这样的大环境下，我市新能源企业很难独善其身。据苏锡常资本圈发布的《无锡A股上市公司2024上半年净利润排行榜》文章显示，一些知名新能源上市公司净利润和市值涨幅均排名靠后。

二是新能源产品价格下降较大，对营收和利税产生较大影响。光伏方面，继2023年第四季度组件价格跌至1元以下后，2024年组件价格继续下跌。以

N型TOPCon组件价格为例,据再生能源与科技研究顾问公司(Infolink Con Sulting)数据,从2024年1月中上旬的0.98元/瓦,降到了9月份的0.74元/瓦,降幅达到24.49%。

锂电储能领域,2024年上半年,磷酸铁锂电芯已下滑至0.4元/瓦时,314安·时电芯渗透率不断提高后,280安·时型磷酸铁锂电池均价下跌45%,市场进入每瓦时"0.3元时代";储能系统价格接连跌破0.6元/瓦·时、0.5元/瓦·时,全面迈入"0.5元时代",4小时储能系统已进入0.4元/瓦·时时代,多位业内人士均表示,已经跌破成本价。

新能源产品价格大幅下降,直接导致企业营收和利润的下降,进而导致地方增值税和企业所得税等税收收入降低。短期来看,受库存积压、需求不振、成本下降等因素影响,产品价格会持续走弱。长期来看,随着市场需求的逐步回暖和产能的优化,价格可能会在2026年出现好转。

三是新能源产业技术迭代加快,对我市产业布局提出挑战。当前,新能源产业各个领域都在推进产能向新质生产力升级,追求更低成本、更高效率、更佳可靠性的新技术层出不穷。风电机组呈现大型化、智能化发展趋势,陆上风机主流机型达到10兆瓦,海上风机则已进入20兆瓦时代;光伏组件N型全面替代P型,少银化/无银化技术、SMBB/0BB技术成为当前降成本主流技术,更前沿的晶硅与钙钛矿叠层技术实验室效率也在进一步提升。锂电池则向着更高能量密度、更高安全性、更长寿命方向发展,正极加锂技术、硅基负极材料、金属负极材料、固体电解质电池等成为重要技术路线。

新能源技术的快速迭代,必然导致产业链重构和传统产品竞争力下降。因此,如何优化我市新能源产业结构,合理布局未来新兴产业应成为重点关注的课题。在招商引资中,正确处理好主流技术和未来技术的关系,也应成为各级政府重点思考的问题。

四是新能源绿色贸易壁垒加剧,对我市产品出口产生影响。2023年以来,欧盟碳边境调节机制(碳关税)和《欧盟电池和废电池法规》相继生效。欧盟碳关税在西方国家引发了连锁反应,近年来,各国相继形成了各类碳壁垒或隐形碳壁垒。这些碳壁垒正在从高碳行业向清洁行业蔓延,对我国外贸"新三样"及新能源产业发展带来了深远影响。随之而来的是其他国家支持"本土制造",美国、印度、中东等地新能源制造体系加快形成。

为了规避各种贸易壁垒,越来越多的企业开启全球布局。在多重因素叠加下,我市新能源产品出口将受到较大影响。以我市某硅片企业为例,原本该企业产品主要出口到东南亚,服务当地电池厂商。美国对东南亚四国光伏产品发起新一轮双反(反倾销、反补贴)调查,直接导致该市场覆灭。

五是新能源企业竞争优势下降,对我市企业转型提出要求。2024年9月,胡润研究院发布了《2024胡润中国新能源产业集聚度城市榜》(*Hurun China New Energy Cities 2024*),列出了新能源产业集聚度最高的中国50强城市。尽管无锡名列产业集聚度榜单第7,但在新能源优质企业集聚度上仅位列第9,落后于常州、苏州等地。在新能源投资热度榜单上,未能挤进前十。这从侧面反映出我市当前新能源企业终端产品竞争优势有所下降。

从品牌效应看,尚德电力发展陷入困境,我市在组件环节缺乏一体化的龙头企业,行业带动作用不足。风电方面尽管有远景能源这样的龙头企业,但由于生产基地较为分散,整体带动能力有限。弘元绿能、环晟光伏(江苏)有限公司、江苏日托光伏科技股份有限公司等本土组件品牌,因品牌知名度较弱、产能规模较小,市场占有率还较低。

从市场环境看,尽管国内光伏装机规模持续扩大,但集中光伏电站以国企投资为主,集采招标优先考虑"出货量排名前十"的企业。而我市企业已连续两年缺席"前十榜单",跻身央国企组件供应链机会不大。分布式光伏市场则由于电网接入空间不足、可利用屋顶资源减少等原因,市场竞争愈发激烈。我市组件企业缺乏价格优势。如何重新获得竞争优势,成为我市众多中小企业和整个行业面临的棘手问题。

三、下一步工作建议

新能源产业是一个长期被看好、投入产出大、大资本追逐激烈而又投资周期较长的行业。面对扩张期需要保持冷静,面对调整期又要善于找到苗头性、结构性的新赛道,把握好未来的新机会。无锡,作为新能源产业起步早、人才集聚、产业门类齐全的经济活跃城市,又处在长三角的中心位置,发展新能源优势多、条件好。只要我市把握好新能源产业发展趋势,充分利用本地区产业基础禀赋,扬长避短、抓住机遇、找准发展方向、久久为功,就一定能够牢固建立有无锡特色的新能源产业比较优势。为此,提出以下建议。

(一) 持续发力新能源装备产业

新能源装备产业在无锡已形成较大的集聚度,"新能源装备之都"已实至名归。建议要多宣传,形成知名度和影响力,同时在政策上给予倾斜,让无锡成为新能源装备项目投资首选地,特别是在一些新赛道领域,要重点引进和培育,形成若干个专业装备产业园区和创新中心。做大做强光伏装备产业集群,不断向上游延伸。依托无锡奥特维科技股份有限公司(奥特维)、先导智能等光伏组件、电池片领域龙头设备企业,打造国内领先的光伏装备制造集群。支持企业巩固在组件串焊、自动化等领域的龙头地位,鼓励企业向产业链上游延伸,加设单晶炉等硅料领域设备生产线。积极招引光伏全产业链设备龙头企业。重点关注晶体硅异质结太阳电池(HJT)、钙钛矿太阳能电池等新型光伏电池技术,引导企业开展前沿光伏电池技术研究。关注钙钛矿设备企业,抓住企业培育期机遇,给予适当扶持,抢占技术转型风口。巩固锂电全产业链装备优势,瞄准固态电池领域装备。依托先导智能、奥特维、格林美(无锡)能源材料有限公司等头部装备企业,完善锂电产业装备配套。加大政策支持,促进企业不断优化生产工艺,提高装备的稳定性和智能化水平,加强上下游企业间的协同合作,降低生产成本,提升整体竞争力。

(二) 重视培育发展氢能产业

氢能产业是21世纪极具发展前景的二次能源,应用领域广、市场空间大,未来10—20年将是氢能产业发展的重要机遇期。无锡市有较好的氢能产业基础和比较完整的产业链资源,具备重点发展的条件。特别是装备制造业和传统内燃机行业这两大独特的产业优势,在国内城市中绝无仅有。氢能全产业链的大发展也给无锡市相关装备企业转型升级提供了天时地利的发展条件。

建议从上到下要进一步重视,从制氢、储运、加氢、氢燃料电池、氢基绿色燃料动力等应用以及氢能生态质量服务体系建设等各个环节梳理产业图谱,瞄准各环节龙头企业和核心团队，引进与培育相结合，用3—5年时间迅速形成产业比较优势和良好产业生态。

建议无锡市依托制氢装备制造先发优势，近阶段将发展重点侧重于氢气制备、加氢站装备、储运装备制造等环节，在第一波氢能发展竞争中抢占先机。还要结合工业领域碳达峰、碳中和要求，将氢能发展融入制造业企业"智改数转绿提"，积极探索工业领域氢燃料替代的示范应用，打造一批工业领域氢能应用的"无锡模式"和特色产品。再有，在氢能交通领域中，氢能重卡（以氢燃料电池为主要动力源的重型卡车）具有高载重、长续航的优势，且作为终端产品可撬动上下游庞大的产业规模。建议全市在氢能重卡领域积极布局，支持相关企业围绕氢燃料电池、氢燃机等加快研发测试，努力实现氢车产业的"弯道超车"。

（三）以技术创新重塑产业竞争力

一是推动关键核心技术攻关，重点围绕N型光伏电池、固态电池、高端装备、钙钛矿、制氢环节PEM电解槽、AEM阴离子交换膜电解槽、用氢环节氢燃料电池膜电极、双极板、空压机等关键技术，支持重点骨干企业联合高校、科研院所及链上企业组建创新联合体，以"揭榜挂帅"等形式，协同加快技术攻关突破。

二是加快重点平台载体建设。强化重点企业创新研发能力，支持远景能源、上能电气、弘元绿能、尚德电力、极电光能、威孚高科、隆基绿能、博世等企业加大创新投入、汇集资源，打造一批具备行业知名度的企业创新中心。在产业标准和检测方面，引导无锡市惠山区同惠新能源汽车创新研究院、国家高端储能产品质量检验检测中心（江苏）等平台将检验检测资源向本地企业倾斜，不断提升企业话语权和产品知名度。

三是做好创新支撑服务。通过设立专项研发资金，支持引导企业加大氢能研发投入。支持相关企业与院校深化"产教融合"，增设相关专业，拓宽人才引育渠道，培养一批氢能技术研究、产品开发和应用检测等创新型人才。

（四）处理好主流技术和前沿技术关系

尽管当前产能过剩，落后产能会最先被淘汰，布局未来前沿技术势在必行,但仍应处理好主流技术和前沿技术关系。应充分研究每个新能源细分领域未来2—3年的主流产品和主流技术,选取最佳时机入局,从而获得最大投资回报。

建议重点扶持本土新能源企业发展,通过设备更新、金融支持等手段,帮助企业渡过难关,建设适应当前市场需求的主流产能。

布局新前沿技术,建议围绕钙钛矿、叠层电池、固态电池等领域展开。上游材料端,聚焦固态电解质、硅负极、氢燃料电池催化剂、质子交换膜等关键薄弱材料开展专项精准招商;中游设备端,依托先导智能、奥特维等无锡智能装备企业,利用好其已与松下、索尼、比亚迪、特斯拉等知名电池企业建立的战略合作关系,大力发展新能源设备产业;下游环节,加强与国内头部企业和新势力企业合作,参照无锡市引入晶澳太阳能科技有限公司光伏新材事业部经验,积极引进比亚迪、理想汽车等整车企业固态电池研发团队、光伏龙头企业材料和设备部门等入驻,在无锡建立生产基地和研发中心。

(五) 打造一批新能源特色园区

要按照《无锡市关于加快特色产业园区建设的实施意见》要求,编制好园区发展规划,完善园区功能配置,加快载体平台建设,高起点打造园区"一园一品"主导产业。聚焦江阴临港经济开发区新能源产业园、宜兴氢枫氢能产业园、无锡(锡山)新能源产业园、村田创新智造园、格林美新能源循环经济低碳产业示范园、无锡奥特维锂电装备产业园、无锡先导集成电路装备与材料产业园等核心园区的发展,推进检验检测创新科技园等重点园区的建设,加快培育新能源专业园区。鼓励各园区加强基础设施建设,引进专业团队,进一步提升园区服务能力和水平,争取国家级、省级特色创新(产业)示范园区,获取更多发展资源。

本文作者:刘洋,无锡新能源商会常务副秘书长、无锡国际新能源展览会项目总监、无锡市新产业研究会特约研究员。

全球半导体产业链重构背景下集成电路企业"出海"东南亚的发展对策

沈潇雯

全球半导体产业发展受到地缘政治、全球供应链重构、技术迭代等方面的影响,正在经历第三次产业链转移。一方面,美国、欧盟、日韩等国家和地区采取了"制造业回流""产能转移""供应链重构"等一系列措施。另一方面,东南亚国家吸引了全球大量半导体企业投资,其半导体产业得到了较快发展,东南亚国家和地区的芯片市场规模2020年约270亿美元,预计2028年将达到411亿美元。江苏省是我国集成电路产业起步早、基础好、发展快的地区之一,该省的集成电路产业具有规模大、产量高、竞争力强、产业链完整等特点。在2023年,该省集成电路产业总产值为3 253.47亿元,同比增长2.23%,居全国第一。无锡市于2023年的集成电路产业总产值为2 071亿元,同比增长8.77%,占全省同业比重45.93%,长期居全省第一。无锡市集成电路企业较早布局东南亚,已有江苏长电科技股份有限公司(长电科技)、无锡日联科技股份有限公司(日联科技)等较为成功的案例,但相较于华为、中芯国际等企业的全球合作布点,投资规模相对较小,技术跃升速度也相对较慢。在当前形势下,美国对华"脱钩断链"愈演愈烈;同时,随着5G、人工智能等技术的深入应用,芯片需求量进一步扩大。无锡半导体企业应抓住市场机遇,加快、加大对东南亚国家及其他地区半导体产业的布局和投入,加强对外产业创新、科技创新合作,构建半导体产业新发展格局。

一、东南亚地区半导体产业的发展现状

东南亚地区一直是半导体出口的重要地区,2022年其芯片出口占全球份额22.5%,位居全球第二,已建立广泛的芯片组装、封装和测试产业集群,新加

坡、马来西亚、菲律宾净出口额份额较大,分别达中国台湾地区的30％、21％、11％。新加坡半导体产业已成为当地支柱产业之一,吸引了不少国际半导体巨头。新加坡还是众多设备企业的亚太区域总部所在地,已形成从上游设备材料、芯片(IC)设计到制造再到封测的成熟产业链。越南已成为美国第三大芯片出口国,与美国在半导体产业合作密切;多家海外巨头在越南增资扩产,越南已成为英伟达"第二故乡"。马来西亚是全球第六大半导体出口国,拥有全球半导体封装、组装和测试市场13％的份额。2023年,马来西亚成为美国最大的芯片组装品进口来源国,占美国芯片进口总量比例达20％。泰国重点打造车用半导体产业链,作为日本汽车在东南亚的大本营,已经吸引索尼、村田电子株式会社(村田)、京瓷株式会社(京瓷)、东芝等日资企业前来设立晶圆制造工厂。印度尼西亚是东南亚地区最大经济体,拥有巨大的红土镍矿储备,未来有望成为亚太地区的替代电子设备制造地。东南亚半导体的产业发展有以下几个主要特点:

(一)全球半导体设备的主要供应者

新加坡为半导体设备厂商在亚太区域开展业务的重要根据地,科磊(KLA)、泰瑞达(Teradyne)、爱德万(Advantest)、网屏(Screen)、东京电子(TEL)、应用材料(AMAT)、库力索法(K&S)等全球领先半导体设备制造商相继在新加坡设立区域总部或生产/研发基地。根据美国一家知名半导体市场研究公司(IC Insights)的调研,2021年,新加坡在全球前道设备市场份额约为20％;根据另一家全球性的市场研究与咨询机构(TechInsights)的数据,以新加坡为主的地区在2021年占全球封装设备市场份额为50.6％,占晶圆制造设备市场份额为22.5％。

(二)封测产业有望提升至10％

马来西亚、泰国、新加坡、越南、菲律宾等东南亚国家已获得全球较大份额的封测订单,垂直整合制造(IDM)公司,如英飞凌(Infineon)、德州仪器(TI)、意法半导体(ST)、恩智浦(NXP),以及外包半导体封装和测试(OSAT)企业,如日月光半导体制造股份有限公司(日月光)、安靠技术(AMKR)、江苏长电科技股份有限公司(长电科技)、南通富士通微电子股份有限公司(通富微电)等,均在东南亚有后道封测生产基地。东南亚国家已涌现新加坡的联合科技(UTAC)、马来西亚的益纳利美昌(Inari)、越南的越南军队电信工业集团(Viettel)等优秀半导体企业。根据国际半导体产业协会分析,IDM 及 OSAT 或将更多地对其后道产能进行重构。据国际数据公司(IDC)预测,到 2027 年,东南亚地区的封测产业的全球产能份额有望增长至 10%。

(三) 晶圆产能占全球比重 4.3%

东南亚地区前道晶圆产能占全球份额相对较小,以新加坡、马来西亚为主。截至 2022 年底,东南亚地区有 63 座晶圆厂,占全球比重 4.3%。根据 IDC 统计,全球半导体前道晶圆产能主要分布在中国。东南亚地区在格罗方德半导体股份有限公司(GF)、联华电子股份有限公司(联电)、世界先进积体电路股份有限公司(世界先进)等海外企业的加大投资、积极扩产的推动下,其晶圆产能有望在 2027 年全球产能份额中有所提升。2022—2024 年,东南亚地区新建 7 座晶圆厂,占全球比重得到进一步提升。

(四) 作为全球半导体资本涌入的重要区域

截至 2022 年 4 月,全球前 20 大半导体企业在东南亚地区共计拥有 27 个制造基地、9 个研发中心、13 个销售中心和 7 个区域总部。较多全球领先的 IDM、OSAT 企业在东南亚地区布局较大份额的后道产能,并积极扩产。东盟的外国直接投资(FDI)来源多样化:来自美国的 FDI 是最大的投资来源,增长 41%、达到 400 亿美元,主要投资金融、电子行业;来自中国的 FDI 增长 96%、达到 136 亿美元,主要投资制造业、电动汽车、数字经济等领域。2021 年,外资对东盟的半导体及电子元器件领域的投资明显增长,半导体和电子元器件领域的投资金额占比分别达 25.2%、21.5%,较 2019 年均增长 19.8%。

二、我国半导体企业"出海"概况

在全球化进程面临挑战、出口业务的风险系数逐步提升的背景下,中国半导体公司"出海"的现象越来越普遍，借助"出海"不断提升在国际市场上的地位。企业进行海外扩张主要有四大驱动因素：战略、成本、市场和风险。当前，以成本和市场为目的进行"出海"的案例较多，以战略和风险为驱动力进行"出海"的案例相对较少。总体来看，东南亚半导体产业链已形成了分工协作的格局，企业选择布局东南亚可以说是主动参与第三次半导体产业链转移。我国半导体企业"出海"主要途径有海外设厂、兼并收购、合作经营、建设海外研发中心等方式。下面介绍的四家半导体企业或总公司位于江苏省或在江苏省有布局。作为半导体出海的先行者，他们通过布局海外，扩张了市场，提升了行业排名，跻身一流半导体企业，较早获得了"出海"红利。

日联科技选择在海外建设生产基地。2024年4月，日联科技首个海外生产基地——马来西亚工厂瑞泰科技——落成。日联科技是提供以X射线技术为核心的智能检测解决方案的"龙头"企业，产品已出口70个国家。瑞泰科技位于马来西亚南部，紧邻新加坡，工厂面积近5 000平方米，主要用于集成电路及电子制造、新能源电池、食品异物等领域AI智能X射线检测装备的生产。瑞泰科技将成为日联科技与马来西亚、海内外客户、高科技人才连接的桥梁和纽带。在国外竞争企业占据集成电路及电子制造领域X射线检测设备市场主导地位的背景下，日联科技的海外布局将有助于企业在2D检测领域，尤其是百纳米级检测精度的检测设备，及3D检测设备领域形成新质生产力，推动核心技术的产业化规模，进一步打破国外企业的垄断。

长电科技是企业兼并收购的代表。兼并收购便于对集团内部组织架构及业务结构进行持续优化，可以快速实现产业链的整合。长电科技分别于2015年、2021年完成了对全球"龙头"封测企业新加坡星科金朋和亚德诺半导体（ADI）新加坡测试厂房的收购。星科金朋当时的体量是长电科技的两倍，资产总额为143.94亿元，实现营收98.27亿元，长电科技同期资产总额为75.83亿元，营收51.02亿元。为此，长电科技引入了国家集成电路产业投资基金（国家大基金）和芯电半导体（上海）有限公司（由中芯国际设立）两家战略合作伙伴，搭建了"三层收购主体"来完成交易，这是企业能成功收购的关键因素之一。收购完成后，长电科技封测业务跃升为国内第一、全球第三大封测厂商。

通富微电采用合作经营模式。产业链整合可以为合作各方带来优势互补和资源共享。在利益分配上,可根据合作各方在合作企业中的股份比例进行分配。2016年,通富微电子投资3.71亿美元,完成对超威半导体(AMD)旗下超威半导体技术(中国)有限公司(AMD苏州)及超威半导体技术马来西亚槟城工厂(AMD槟城)各85%股权的收购,与AMD一起设立了集成电路封测合资公司,合作双方共同参与管理决策和运营。在大客户的带动下,通富超威微电子槟城私人有限公司(TF-AMD Microelectronics Penang Sdn Bhd)和苏州通富超威半导体有限公司营收实现快速增长,2017年合计营收占比为45.3%,该数据于2022年已提升至67.1%。通富微电已成为国内第二、全球第五大封测厂商。

中芯国际是建设海外研发中心的典型代表。中芯国际与比利时微电子研究中心(IMEC)、德国英飞凌、法国泰雷兹集团(Thales)、日本电产株式会社(Nidec)、丰田通商株式会社(TTC)等达成合作研发协议,共同研究和开发先进的鳍式场效应晶体管(Fin FET)、低功耗技术、传感器和射频技术等集成电路制造技术。合作提高了中芯国际在先进制程领域的研发能力,缩小了与全球领先晶圆代工厂的技术差距。随着美国半导体出口管制措施的影响力逐渐扩大,IMEC等海外合作伙伴已经大幅减少与中芯国际的合作,公开的技术合作处于停摆状态。然而,中芯国际已经成为晶圆代工中国大陆第一、全球排名第五的头部公司。其科技进展排名全球第四。在40纳米和28纳米工艺节点上,中芯国际已经达到全球领先地位,目前正处于14纳米水平,并朝着12纳米、7纳米制程迈进。

三、我国半导体产业"出海"过程中面临的问题

一是美国主导的"中国+1"策略逐步形成合围态势。在此策略下,东南亚各国将我国视为竞争对手多过合作伙伴。东南亚各国政府通过促进外国资本与本地企业联营的方式,促使外国芯片制造商转移专业知识;通过向外国资本提供税收优惠以及营利企业所得税减免或豁免等来吸引外国芯片制造商,积极参与美国半导体产业链,联合形成下一代技术联盟,获得原本属于中国企业的市场份额。东南亚不少国家有不同程度的"中国焦虑",这种焦虑也会影响这些国家的政策制定,增加了"黑天鹅""灰犀牛"事件发生的概率,如随着美国

半导体出口管制措施的影响力逐渐扩大,中芯国际的海外合作已大幅减少。在各国都拉起防止关键技术外流的警戒线后,想要成功引进海外优质资源变得愈发困难。

二是半导体行业投融资受周期影响明显。半导体行业是典型的周期性行业,周期长度约为4年,上行周期通常为2年至3年,下行周期通常为1年至1.5年。2023年全球半导体行业处于下行周期,相比前两年的并购热潮,市场热情冷却了不少。此外,几笔大额失败收购案更是引起业界的广泛关注。通观长电科技、通富微电在半导体下行周期中积极进行了并购,获得了超额回报,他们的成功的关键因素是有超越周期的战略定力和战略决心。此外,拥有一支熟悉半导体产业、有国际化经验、高度专业化的操作团队,深耕细作开展后续经营,具备多渠道筹措资本的能力,用好"长线产业基金+国内龙头企业"的投资模式等因素也起到重要作用。同样,日联科技在2023年入驻马来西亚,有利于其扩大在X射线检测设备上的领先优势,既存在风险,也孕育着良机。

三是上下游产业链不完整,当地配套设施不强。东南亚地区普遍存在上下游产业链不完整的缺点,而且其基础设施不完善,公路、铁路、港口、桥梁、通信设施与国内有一定差距。这增加了生产过程的不确定性,且基础设施项目普遍投入大、工期长、回报慢,对将进行海外投资的企业来说前期需要非常充足的建设资金。比如,越南能源供应以及基础设施建设不足,导致电力供应不稳定,半导体产业不仅用电量大,而且对电力稳定性要求极高,越南实施拉闸限电曾导致富士康和三星所在的工业园被迫停工。

四是当地的劳动力素质有待提高。东南亚地区人口超6.5亿,约占全球1/12,是继欧盟后最大的单一市场。其人口结构年轻化,40岁以下青年人口比例约为70%。但是劳动生产率比较低,目前,按可比口径,越南和柬埔寨的劳动生产率分别只有中国的80%和60%。东南亚劳动力成本有上升态势,将进一步挤压劳动力价格竞争优势。此外,专业人力资源不足是东南亚国家存在的普遍问题,半导体人才储备规模离实际需求相差甚远。以越南为例,2021—2025年其半导体产业每年需5 000到1万名工程师,但当前其半导体产业人才总量仅能满足需求量的20%,人力资源缺口较大。

五是营商环境迥异提升了经营难度。半导体行业开展投资会经常遇到的法律风险,包括国别法律差异、合同条款的完整性合法性、商标专利侵权、技术性贸易壁垒、关税壁垒等。此外,还有货款回收困难、汇率风险高、劳资纠纷、与当地政府有效沟通途径匮乏等问题。企业开展贸易投资前应对目标国的法律、法规、政策情况多了解,研判各种风险,减少投资损失,同时准备好各种应急预案。

四、新形势下无锡市助力半导体产业"出海"的举措

在中美科技竞争的背景下,东南亚国家同时保持与中国和美国的紧密经贸关系,其经济正处于高速发展时期,其人口年龄中位数较为年轻,处于有利位置。东盟大部分国家都加入了我国"一带一路"倡议,新加坡虽然没有正式加入,但长期以来与我国尤其是江苏省保持了良好的经贸科技合作关系。如何应对当前东南亚国家分食掉部分芯片封测和电子产品制造产能的挑战?同时,如何利用全球产业链重构带来的机遇,实现技术进步和跨越式发展,实现产业链价值提升,加快培育世界级产业集群和产业巨头?应从以下几个方面着手。

一是着力培育新质生产力。应做好顶层设计,在设备制造、芯片设计、第三代半导体等领域与新加坡等技术优势地区加强合作沟通,培育、壮大新质生产力,垂直强化现有业务,实现优势整合或互补,全面推动半导体产业基础高级化和产业链现代化。以共建实验室、共建产业园等方式,带动更多的企业"走出去"。通过"一带一路"创新合作项目,开展联合研发、技术转移转化和海外应用示范,发展新技术,挖掘培育新产业,使科技创新成为"一带一路"共建国家间合作与交流的重要议题。

二是加强产业供应链合作。不仅要提高国产供应链的能力,还要建立"多方案"贸易渠道,比如在东南亚建立贸易窗口,保证供应链进出顺畅。一方面,出口型企业可以在东南亚建立贸易窗口,改善贸易壁垒带来的限制,同时通过建立本地化的组装车间,充分利用好东南亚国家的人口红利。另一方面,装备材料以及配套的原料、零部件已逐渐成为"卡脖子"的焦点,有必要多点布局,拓宽备份采购渠道,形成"中国+N"格局。

三是提供高效金融支持。建立稳定、可持续、风险可控的金融保障体系,创新投资和融资模式，推广政府和社会资本合作，建设多元化融资体系和多层次资本市场，完善金融服务网络，放大江苏"一带一路"投资基金及各级各类产业投资基金效应，编制集成电路产业重点企业"出海"重大项目清单，引导鼓励社会资本投向清单内企业和项目，加强与国家集成电路产业投资基金对接，支持龙头企业"走出去"，持续围绕半导体产业链进行深度聚焦和挖掘，争取在"一带一路"建设中发挥更大作用。

四是加强企业风险控制。政府部门应提供相应的信息交流平台、专业培训和政策支持，提升企业识别、应对风险的能力。企业在"出海"过程中，会遭遇关税、配额、补贴等贸易保护主义措施，应加强企业"出海"风险控制窗口辅导，提供对相关企业的风险预警与风险评估服务，如项目建设、产品碳足迹认证、本地化部署等。建立完善的风险应对机制，提前制定应对预案，以便在遇到贸易保护主义措施或其他不利因素时能够迅速应对。加强国际合作与沟通，与其他国家的企业和组织建立良好的合作关系，共同应对贸易保护主义带来的挑战。注重本地化经营，尽可能融入当地的社会和文化，减少与当地政府和民众的摩擦。

五是联合开展专业人才培养。与新加坡等处于技术和产业链领先地位的国家和地区开展人才深度合作。新加坡拥有成熟的半导体产业人才培养体系，设有专门奖学金。"出海"企业可与新加坡相关高校、科研机构建立合作关系，共同培养半导体产业所需人才。此外，"出海"企业还可引进新加坡人才培养模式，为自身在全球范围内的业务发展提供有力支持。与东南亚其他国家开展技术产业培训合作。设立半导体技术产业培训项目，为当地培养具备专业知识和技能的人才。例如，红豆集团作为主要投资者的柬埔寨西港产业园，该项目二期建有两所职业大学，既能满足当地产业工人培训需求，也有助于提升当地的产业技术水平，实现互利共赢。

本文作者：沈潇雯，无锡市科技创新服务中心科技情报部长、副研究员，无锡市新产业研究会特约研究员。

后　　记

当书稿最终整理完成，即将付梓之际，回顾《现代化进程中的锚定与突破》一书的编纂和出版历程，心中满是感慨与感谢。

长三角一体化作为国家重大发展战略，其进程中的种种课题吸引着众多有识之士深入探究。在本书的编纂过程中，我们有幸得到了众多咨询专家和学者的鼎力支持。他们凭借深厚的学术功底和丰富的实践经验，深入剖析长三角一体化进程，贡献出一篇篇极具价值的精彩篇章。这些文章凝聚着作者们对区域发展的深度思考与独到见解，字里行间闪烁的思想火花，让我们坚信，其必将为长三角地区乃至全国的现代化发展注入新的活力，提供珍贵的启示与强劲的动力。

无锡太湖学院与无锡万华机械有限公司在本书的出版过程中发挥了极为重要的作用。无锡太湖学院作为知识的殿堂，积极为学术研究搭建平台、整合资源，以浓厚的学术氛围滋养着本书的孕育；无锡万华机械有限公司则以其对文化事业的热忱与社会责任感，为本书的问世提供了坚实的物质保障。在此，我们向两家单位致以最诚挚的谢意。

同时，我们绝不能忘记那些在幕后默默耕耘的同仁们。从资料的收集整理、文章的筛选校对，到整体的排版设计、出版流程的沟通协调，每一个环节都饱含着他们的心血与汗水。他们不辞辛劳，无私奉献，以高度的敬业精神和专业素养，攻克了一个又一个难关，才使得这本书能够顺利出版。

我们由衷地期待，《现代化进程中的锚定与突破》这本文集能够成为长三角一体化、高质量发展的助推力，为中国的现代化建设宏伟蓝图增添一抹亮色，在时代发展的浪潮中留下深刻的印记，为广大读者开启一扇洞察现代化与区域一体化发展前景的窗户，激发更多人对这一伟大进程的关注与思考，共同推动中国向着中国式现代化的辉煌彼岸奋勇前行。

图书在版编目(CIP)数据

现代化进程中的锚定与突破 / 长三角一体化太湖融合创新联盟,无锡市新产业研究会组编. -- 上海 : 上海社会科学院出版社, 2025. -- ISBN 978-7-5520-4701-1

Ⅰ. F127.5

中国国家版本馆 CIP 数据核字第 20252S7D37 号

现代化进程中的锚定与突破

编　　者：长三角一体化太湖融合创新联盟　无锡市新产业研究会
责任编辑：朱敏明　叶　子
封面设计：黄婧昉
出版发行：上海社会科学院出版社
　　　　　上海顺昌路 622 号　邮编 200025
　　　　　电话总机 021 - 63315947　销售热线 021 - 53063735
　　　　　https://cbs.sass.org.cn　E-mail:sassp@sassp.cn
排　　版：南京展望文化发展有限公司
印　　刷：江阴市机关印刷服务有限公司
开　　本：710 毫米×1010 毫米　1/16
印　　张：21
字　　数：329 千
版　　次：2025 年 3 月第 1 版　2025 年 3 月第 1 次印刷

ISBN 978 - 7 - 5520 - 4701 - 1/F・802　　　　定价：128.00 元

版权所有　翻印必究